本书获浙江工业大学研究生教材建设项目（项目
编号：20210110）、浙江工业大学首批创新团队
项目资助

品牌力

创新与实践

杜艳艳◎编著

INNOVATION
AND
PRACTICE
of

BRAND
POWER

ZHEJIANG UNIVERSITY PRESS
浙江大学出版社
·杭州·

图书在版编目（CIP）数据

品牌力创新与实践 / 杜艳艳编著. —杭州：浙江
大学出版社，2023.9
ISBN 978-7-308-23253-1

Ⅰ.①品… Ⅱ.①杜… Ⅲ.①品牌—企业管理 Ⅳ.
①F273.2

中国版本图书馆 CIP 数据核字（2022）第 213635 号

品牌力创新与实践

杜艳艳　编著

责任编辑	李海燕	
责任校对	朱梦琳	
封面设计	雷建军	
责任印制	范洪法	
出版发行	浙江大学出版社	
	（杭州市天目山路 148 号　邮政编码 310007）	
	（网址：http://www.zjupress.com）	
排　　版	杭州青翊图文设计有限公司	
印　　刷	杭州高腾印务有限公司	
开　　本	710mm×1000mm　1/16	
印　　张	19	
字　　数	372 千	
版 印 次	2023 年 9 月第 1 版　2023 年 9 月第 1 次印刷	
书　　号	ISBN 978-7-308-23253-1	
定　　价	65.00 元	

前　言

环顾四周,你看到了什么品牌?华为(HUAWEI)、苹果(Apple)、星巴克(Starbucks)、奔驰(Mercedes Benz)……正如第82届奥斯卡最佳动画短片《商标的世界》(Logorama)所描述的那样,每天有200多个品牌伴随着我们。我们相信,品牌已经成为我们文化和身份中不可或缺的一部分。在某种程度上,品牌构筑了人们辨认世界的思维方式和意义共识,品牌使人们可以抛开种族、地域、语言和文化,建立一种新的对话与信任模式,人们的生活被品牌化了。

存在主义哲学家马丁·海德格尔(Martin Heidegger)曾指出,有一种与世界的关联贯穿并且支配着一切科学。品牌就像一个真正的个人实体,有外在形态和内在本质,有感官、形象、语言、个性和价值观,从而为我们全面认识品牌提供了系统的市场工具与方法体系。

品牌,既是个体体验和感知世界的窗口,同时也是一个国家政治、经济、文化、科技和艺术等综合实力的象征,在国际交往与全球化竞争中代表着国家的实力和脸面。品牌、品牌化、创新力,成为创建和管理品牌的逻辑起点与制高点。2014年,习近平总书记在河南考察中铁工程装备集团时提出了"三个转变"[①],即"推动中国制造向中国创造转变、中国速度向中国质量转变、中国产品向中国品牌转变"。"三个转变"的论述,为中国品牌的建设指明了方向,是新时代推进品牌发展的行动指南。

近年来,随着中国经济发展进入新常态,围绕着中国技术、创新驱动、供给侧改革,国务院连续出台了多个涉及品牌建设的文件。2015年5月,国务院印发《中国制造2025》,力争通过"三步走"战略实现向制造强国转变的目标,推进制造业品牌建设。2016年5月印发《国家创新驱动发展战略纲要》,指出中国要不断创造新技术和新产品、新模式和新业态、新需求和新市场,实现更可持续的发展、更高质量的就业、更高水平的收入、更高品质的生活。2016年6月,国务

---

① 新时期质量工作的行动纲领——全国质检系统认真贯彻学习习近平总书记"三个转变"重要论述[J].中国质量技术监督,2014(6):6-7.

院印发《关于发挥品牌引领作用推动供需结构升级的意见》,在中国品牌发展史上具有战略性的里程碑意义,为发挥品牌引领作用创造了条件。2017 年,国务院批准将每年 5 月 10 日设立为"中国品牌日",大力宣传知名自主品牌,讲好中国品牌故事,提高自主品牌影响力和认知度。中国品牌在国家战略层面迎来新的机遇和平台。

20 世纪全球社会与互联网技术的飞速发展,解构了以往几个世纪人类认知和管理社会的方式。在纷繁复杂的信息丛林中,品牌的重要性愈发凸显,管理和建设品牌的难度也远超以往。本书围绕"品牌力创新",在教育部"新文科建设"和互联网技术突飞猛进的背景下,对"品牌"进行重新定义,站在提升"品牌力"与创新力的战略高度,对品牌和品牌化的科学与艺术进行理论和方法论的阐释与实践研判。本书内容全面丰富,涵盖了"品牌学"的核心理论和全球知名品牌的实践创新,系统阐述互联网时代品牌的再定义与品牌力创新理论,具体包括品牌定位、品牌形象、品牌文化、品牌营销、品牌延伸、品牌资产、整合营销传播、互联网品牌等理论工具和方法论的运用实践。本书甄选出 9 个国际优秀的品牌力创新案例,旨在帮助读者明晰国际品牌管理与创新创业的最新研究与实践,让读者透过案例解读领会经典的品牌理论、方法论与最新的前沿研究和创新实践。

本书是作者从事"品牌学"十余年本科、研究生教学科研及产业实践的成果荟萃。作者在 2017—2018 年美国罗格斯大学(Rutgers, The State University of New Jersey)访学期间,得到商学院杰罗姆·威廉姆斯(Jerome D. Williams)、阿洛克帕尔纳(索尼娅)-芒加[Alokparna(Sonia)Monga]教授的悉心指导,研习了美国商学院的品牌授课模式及案例写作,本书的写作体例深受其影响。本书由杜艳艳确定理论框架和写作体例,邀请浙江高校相关教师及部分研究生参与初稿创作或资料收集。各参编作者如下:杜艳艳(第一、二章),齐二娜(第三章),韩思瑶(第四章),杨海达(第五章),尹潇(第六、九章),陈诗(第七章),江梦琴(第八章),姚含烨(第十章)。全书的统稿与后期校对由杜艳艳、尹潇负责。

本书适用于普通高校广告学、管理学、营销学、品牌学等专业本科生与研究生教学。同样,有志于创新品牌力与实践的企事业单位、城市与地区商务和文化部门等相关机构,也能从中汲取有关品牌的经典理论与智慧。

本书第一稿成书于 2019 年底,得到浙江大学出版社李海燕老师的悉心评阅。2021 年第二稿修缮完稿之际,获得浙江工业大学研究生教材出版立项资助。在此感谢学校研究生院及评委专家的支持。同时感谢家人一直以来对我的鼓励与支持。

杜艳艳
2021 年 12 月 31 日于杭州

目　录

第一章　关于品牌

　　产品是工厂所生产的东西,品牌是消费者所购买的东西。产品可以被竞争者模仿,但品牌却是独一无二的。产品可以很快过时,但成功的品牌却能经久不衰。

　　——史蒂芬·金(Stephen King),英国伦敦 WPP 集团(Wire & Plastic Products Group)

中国品牌的发展经由 20 世纪 80 年代"商标"占位,品牌意识的"觉醒",企业家着力培育自主品牌,到 21 世纪全球化竞争阶段"华为""联想""小米"凭借创新技术和科学化管理,在世界舞台上谱写中国品牌的乐曲,上榜 Interbrand

全球最佳品牌 100 强榜单。① 尽管声音还不够大,但随着"崛起的中国品牌"(2000)、"品牌万里行"(2006)、"三个转变"(2014)、"中国品牌日"(2017)等声势浩大的品牌宣言及建设活动的开展,培育中国"自主品牌",打造"品牌强国",已上升为中国式现代化道路的重要支撑。

经济全球化引燃国际国内竞争,品牌作为国家名片、国家形象的载体在国际交往中变得愈发重要,品牌成为一种精神符号和个性体验的象征,促成企业与消费者、国家与国家之间的集体对话。品牌建设与管理对企业文化和经营哲学的依赖越来越显著,这已是世界性的潮流。

第一节　何谓品牌

一、品牌的缘起

"品牌"(brand)一词源于古挪威语"brandr",意思是"打上烙印"②,表明其生产者或所有者,是所有权的象征。古希腊雅典时期,制造商在他们生产的砖块和葡萄酒上标记个人符号,以便用户识别他们的产品。《牛津英语词典》将其解释为用烧热的器具在牲畜或奴隶身上打下烙印,作为所有权的标记。③

随着商业的发展,品牌由最初的"烙印"发展至"商标"(trademark)。商标是指生产者、经营者为使自己的商品或服务区别于他人,而用于商品包装上或服务标记上的由文字、图形、字母、数字、三维标志和颜色组合形成的标记。商标经过注册之后,就有了法律意义上的专有使用权,成为企业的无形资产。商标是品牌的一部分,但并不完全等同于品牌。

北宋(690—1127)时期,我国已经出现图文并茂的商标:山东济南刘家功夫针铺所用的"白兔"商标(见图 1-1-1),中间是一只"白兔捣药"的图案,上面雕刻着"济南刘家针铺"的字样,图案左右标注"认门前白兔儿为记",下面是一则广告:"收买

---

① 华为于 2014 年入选,至 2022 年一直连续上榜;联想于 2015 年入选,2018 年跌出榜单;小米于 2022 年首次跻身榜单。

② UPENDA K M,MISHRA P. What is a brand? A perspective on brand meaning[J]. European Journal of Business and Management,2012,4(3):122-134.

③ 原文:transitive. To burn with a hot iron,whether for the purpose of marking the flesh (as in the case of criminals or slaves),or of cauterizing as a surgical operation;also figurative. To mark indelibly,as a proof of ownership,as a sign of quality,or for any other purpose;to impress (a word,letter,or device) by way of brand. spec. to mark (cattle or horses) with a brand (orig. U. S.). Oxford English Dictionary,C1440. https://www-oed-com. proxy. libraries. rutgers. edu/search? searchType＝dictionary&q＝brand&_searchBtn＝Search.

上等钢条,造功夫细针,不误宅院使用。客转兴贩,别有加饶。请记白。"这一商标印制在包装物上,被称作我国最早的商标广告。但"品牌"一词则出现得较晚,1999年《辞海》释义:"品牌,亦称'厂牌''牌子'。指企业对其提供的货物或劳务所定的名称、术语、记号、象征、设计,或其组合。主要供消费者识别之用。"①

图 1-1-1　北宋刘家针铺商标广告②

二、品牌定义梳理

品牌是动态发展的,随着学界研究的深入和品牌实践在全球化全媒体时代的拓展,品牌承载了功能、符号和体验等多重价值,品牌的内涵和外延不断拓展,发生了不同层次的演变。

(一)国外学者的定义

1. 大卫·奥格威(David MacKenzie Ogilvy)的品牌关系说

品牌关系说的代表为大卫·奥格威和奥美广告公司。1955年,大卫·奥格

---

① 辞海编辑委员会.辞海[Z].上海:上海辞书出版社,1999:891.

② 图片来源:https://kknews.cc/zh-cn/culture/8l3yq3l.html,现存于中国国家博物馆。

威提出:"品牌是一种错综复杂的象征,它是品牌属性、名称、包装、价格、历史、声誉、广告方式的无形总和。品牌同时也因消费者对其使用者的印象,以及自身的经验而有所界定。"①

奥美广告公司将品牌定义为:品牌是消费者与产品之间的关系。② 品牌是一个商品透过消费者生活中的认知、体验、信任及感情,争得一席之地后所建立的关系。消费者才是品牌的最后拥有者,品牌是消费者经验的总和。

联合利华董事长迈克尔·佩里(Michael Perry)在伦敦的广告协会演讲时提出:"品牌是消费者如何感受一个产品。"③在他看来,品牌是消费者如何感受一个产品,它代表消费者在其生活中对产品或服务的感受而滋生的信任、相关性与意义的总和。

品牌关系说契合了"以消费者为中心"的品牌传播和构建的理念,强调了品牌最终由消费者来决定,但是片面强调消费者的作用,忽略了其他利益相关群体如政府、供应商、技术市场、竞争者等对品牌的影响,忽视了品牌自身因素的功能。

2. 美国市场营销协会(AMA)——品牌符号说

1960 年,美国市场营销协会将品牌定义为:用以识别一个或一组产品或劳务的名称、术语、象征、记号或设计及其组合,旨在区别其他竞争者的产品或劳务。换句话说,品牌是与竞争对手(或未来的竞争对手)区别开来的一种手段。戴维·阿克(David Aaker)等人比较遵从这一定义,麦当劳的金拱门"M"就是品牌视觉标识的显著代表。

菲利普·科特勒(Philip Kotler)提出,品牌是产品战略中的一个主要课题,"品牌是一个更为复杂的符号标志,它能表达出多层意思"④。科特勒认同凯文·莱恩·凯勒(Kevin Lane Keller)关于品牌的界定,他认为最好的品牌启发人想起该品牌的利益,提示产品的质量,象征一定的文化和个性,还体现了使用者的特征。

2007 年,美国市场营销协会将品牌重新定义为:用于识别一个或多个卖方的产品或服务的,以区别于竞争对手的产品或服务的名称、术语、标记、象征或它们的组合运用。⑤ 尽管如此,定义品牌作为标识仍然存在一个问题:没有客户

---

① 宋秩铭,庄淑芬,等.奥美的观点[M].北京:中国经济出版社,1997:301.
② 宋秩铭,庄淑芬,等.奥美的观点[M].北京:中国经济出版社,1997:304.
③ 金雁,王宁,等.都市报业品牌运营[M].北京:中国人民大学出版社,2008:27-28.
④ 菲利普·科特勒.营销管理[M].11 版.梅清豪,译.上海:上海人民出版社,2003:466-489.
⑤ AMA. Definition of Brand (AMA Dictionary)[EB/OL]. (2013-02-09)[2021-08-20]. http://www.marketingpower.com/_layouts/Dictionary.aspx? dLetter=B.

可以存在品牌吗？如果答案是否定的，那么这个定义并没有捕捉到品牌的完整属性。

品牌词典(Brand Dictionary)中将品牌定义为：独特的设计，标志，符号，文字或这些的组合，用于创建识别产品的图像，并将其与竞争对手区分开来。随着时间的推移，这个图像与消费者心中的可信度、质量和满意度相关联。品牌的法定名称是商标，当它识别或代表公司时，它被称为品牌名称。

有研究者认为，这一定义过于机械化，过于强调产品、公司名称和视觉识别，忽略了消费者的主体地位和主动性。品牌符号说也没有提及品牌管理者为品牌制订的品牌愿景与目标，或消费者心目中的品牌联想和认知。

3.约翰·墨菲(John Murphy)——品牌是营销的组合

1988年，约翰·墨菲指出："品牌要素包括产品本身，包装，品牌名称，促销，广告和整体组合。"[①]墨菲认为，婴儿一开始并不知道围绕在他身边的物体叫"人"，一旦他知道了之后，就可以凭借片段的信息来辨认，然后在脑中形成整体，而品牌正是这种"整体"的概念，而不只是所有部位的总和。这个定义指出品牌是营销组合所有方面的积累，强调的是品牌管理者对他们的产品做了什么。

林恩·阿普绍(Lynn B. Upshaw)谈及品牌时提出："品牌是消费者眼中的产品和服务的全部，也就是人们看到的各种因素集合起来所形成的产品表现，包括销售策略、人性化的产品个性及两者的结合等，或是全部有形或无形要素的自然参与，比如品牌名称、标识、图案等这些要素。"[②]

然而，这一定义没有考虑消费者将如何解释和评估品牌信息。企业在营销方面的整合和积累并不一定能够被消费者完全感知。

4.品牌资源说

品牌资源说是将品牌作为一种资产或者权益的价值量化。广告专家约翰·菲利普·琼斯(J. P. Jones)将品牌定义为能为顾客提供其认为值得购买的功能利益及附加价值的产品。[③]

品牌资源说从品牌资产的角度，强调了品牌所具有的有形的、无形的价值。在一定程度上，品牌脱离了产品而存在，可以买卖，具有获利能力。这一说法侧重于品牌在产品溢价和品牌收购中的作用。

---

① MURPHY J. Branding[J]. Marketing Intelligence and Planning, 1988(6):4-8.

② 余明阳,杨芳平.品牌学教程[M].上海:复旦大学出版社,2009:3.

③ 约翰·菲利普·琼斯.广告与品牌策划[M].孙连勇,等译.北京:机械工业出版社,1999:36-38.

　　20 世纪 80 年代国际市场的并购案与品牌资产的评估有关。1988 年,瑞士雀巢公司以 50 亿瑞士法郎的价格收购了英国郎利·麦金塔什公司,收购价是其公司股市价格的 3 倍,公司资产总额的 6 倍。1988 年,世界烟草巨头菲利普·莫里斯公司收购了卡夫食品公司,收购资金达 129 亿美元,是其账面价值的 6 倍以上。品牌资产的概念最早是从公司财务制度来加以界定的。邦纳(Bonner,P. G.)和尼尔森(Nelson R.)(1985)[①]主张,品牌资产是指依附于品牌名称可计算的商誉。

　　5.整体视角的研究

　　整体视角整合了以往品牌知识研究相互分离的概念,并构建了概念体系及其分析框架。[②] 20 世纪 80 年代,整体视角的品牌知识研究初具雏形。最具代表性的是美国学者凯文·凯勒基于顾客的品牌资产模型(customer-based brand equity,CBBE),并以此为基础建构了品牌知识分析框架。

　　凯勒的品牌知识分析框架对品牌理论发展的主要贡献有:(1)提出了品牌知识是品牌资产来源的命题,使品牌知识成为品牌资产理论和战略品牌管理分析的基础概念;(2)构建了综合分析框架,凯勒提出“整体视角”的品牌研究,构建了品牌知识的综合分析框架,并将以往分散的品牌知识概念整合在该框架中。凯勒的综合分析框架大大扩充了品牌知识的内容,将消费者对品牌的认知和情感,以及消费者与品牌的关系等概念纳入品牌知识中。此外,凯勒还在品牌知识的综合分析框架下探讨了品牌要素之间的逻辑关系,例如产品属性对产品利益的作用等。[③]

　　(二)国内学者的定义

　　古老的牌子、招牌,如“张小泉”“内联陞”“稻香村”等,是消费者识别制造者的重要载体,在漫长的历史长河中,已成为中华老字号品牌发展的重要历史文脉。中国消费者自近代起,就非常重视和依赖品牌,“中国人买东西欢喜买老牌……他这东西比牌子不同的货色一样的要贵得多,也是很乐意的”[④]。“认牌”“老牌”,这里的“牌子”兼有品牌名称、商标、品牌历史与品牌商誉等涵义。

---

　　① BONNER PG,NELSON R. Product attributes and perceived quality:foods[M]//Jacob Jacoby, Jerry C Olson. Perceived quality:How consumers view stores and merchandise. Lexington, Mass:Lexington Books,1985:64-79.

　　② 蒋廉雄.从单向视角到整体视角:品牌知识研究回顾与展望[J].外国经济与管理,2008(6):47.

　　③ 蒋廉雄.从单向视角到整体视角:品牌知识研究回顾与展望[J].外国经济与管理,2008(6):48.

　　④ 罗西.牌子和资格[J].机联会刊.1940(18):12.

中国学者对品牌的研究,源自近代中外企业竞争的商标归属权和特点,[①]品牌是企业的一种无形资产,"与银行之存折无异,存款越多,价值愈高"。[②] 改革开放以后,企业家和学者对品牌学的研究也渐趋系统,从概念体系到理论框架要素等,为中国品牌的发展和崛起提供了理论逻辑和智力支持。

1. 屈云波是国内较早从事品牌研究的学者,曾任广东科龙电器公司副总裁,1996 年在《品牌营销》一书中提出,成功的品牌讲求的是个性,就像电影明星、运动偶像或虚构出来的英雄一样。品牌化,不仅仅是加强产品的特性,还与顾客如何看与买这个产品有关。[③]

2. 北京科技大学佘元冠教授在《品牌与名牌:企业名牌战略的理论实践》一书中就"名牌"的概念特征和内涵进行界定:"名牌产品指具有一定知名度、信任度和美誉度的产品。名牌产品的知名度至少应达到非购买者也能知道的程度。名牌产品的信任度至少应达到知道的人们中的 90% 的信任感。而名牌企业是依靠一类或数类名牌商品在国内和国际激烈的市场生产中持续保持较高的商业信誉和市场占有率的企业。"[④]

3. 名牌理论权威专家艾丰认为:"品牌的直接解释就是商品的牌子。但在实际运用中,品牌的内涵和外延都远远超出这个字面解释的范围。品牌包括三种牌子:第一种是商品的牌子,就是平常说的'商标';第二种是企业的名字,也就是'商号';第三种是可以作为商品的牌子。这三种就是人们所说的品牌。"[⑤]

4. 首都经贸大学韩光军副教授在《品牌策划》一书中指出,"品牌俗称牌子,是商品的脸谱""品牌是一个复合概念,它由品牌名称、品牌认知、品牌联想、品牌标志、品牌色彩、品牌包装以及商标等要素构成"。品牌是体现商品(或服务)个性和消费者认同感,象征生产经营者的信誉,被用来与其他商品(或服务)区别开来的名称、标志、包装等符号的组合。[⑥]

5. "营销界泰斗"卢泰宏教授在《整体品牌设计》中提出,品牌最基本的含义是"声明一种特殊的权益和资产"。[⑦] 现代品牌含义不仅有过去的品牌所主张的防御性,制止竞争对手试图抢占品牌所有者的市场,而且还兼具进攻性,可以积极有效地沟通不同层次的潜在顾客,为他们提供充足的理由来购买产品和服务。

① 杜艳艳.中国近代民族品牌的广告传播研究[M].北京:中国社会科学出版社,2017:55.
② 赵君豪.广告学[M].上海:申报馆,1936:51.
③ 屈云波.品牌营销[M].北京:企业管理出版社,1996:4.
④ 佘元冠.品牌与名牌:企业名牌战略的理论与实践[M].北京:机械工业出版社,1997:4-5.
⑤ 余明阳,朱纪达,肖俊崧.品牌传播学[M].2 版.上海:上海交通大学出版社,2005:5.
⑥ 韩光军.品牌策划[M].北京:经济管理出版社,1997:1.
⑦ 卢泰宏,邝丹妮.整体品牌设计[M].广州:广东人民出版社,1998:27.

6.品牌策划大师陈放认为,品牌是一个复杂的巨系统,具体包括质量、服务、形象、文化、管理、创新、广告、公关等要素。[1]

7.品牌战略专家李光斗认为,品牌是"产品的内在质量和外在特征的综合反映。通过行销和广告在市场和消费者心目中所建立的产品形象和性格"。[2]一个完整的品牌定义应从两个不同角度来阐释:从消费者角度来讲,品牌是消费者对企业或产品所有期望的总结;从企业角度来讲,品牌是企业向目标市场传递企业形象、文化、产品理念等有效要素,并和目标群体建立稳固关系的一种载体,是一个产品品质的担保及履行职责的承诺。

8.上海交通大学余明阳教授认为,品牌是在营销或传播过程中形成的,用以将产品或消费者等关系利益团体联系起来,并带来新价值的一种媒介。这一定义强调了两点:第一,品牌是一种媒介,它将企业内部的生产与企业外部的环境联系起来;第二,强调品牌的形成是一种互动的传播过程,它既需要企业赋予产品一定的附加信息,又需要消费群体将自己的感觉、情感、态度附于品牌之上反馈给企业。[3]

9.上海交通大学薛可教授认为,品牌是能给拥有者带来溢价、产生增值的无形资产,它的载体是用以和其他竞争者的产品和服务相区分的名称、术语、象征、记号、设计及其组合,其增值的源泉来自消费者心智中形成的关于其载体的印象。[4]

10.华东师范大学何佳讯教授认为,品牌不是大家所见的东西,品牌是一种感觉,品牌可以根据自己的特征和内涵,挑选合适的角色扮演,与消费者进行沟通。"消费者对产品如何感受的总和,才称品牌。"[5]品牌发挥效应的关键是看消费者购买产品的感觉和消费产品的感觉如何,因此塑造一个好的品牌,就要注意对消费者与品牌接触的每一个触点进行管理。

11.学者年小山在《品牌学》一书中给品牌下的定义是:"品牌是在整合先进生产力要素、经济要素条件下,以无形资产为主要经营对象,以文化为存在方式,以物质为载体,具备并实行某种标准与规范,以达到一定目的为原则,并据此设定自身运动轨迹,因而带有显著个性化倾向的、具备优势存在基础的相关事务,它是由精神、物质、行为有机融合的统一体。"[6]

[1] 陈放.品牌学:中国品牌实战原理[M].北京:时事出版社,2002:2.
[2] 李光斗.卓越品牌七项修炼[M].杭州:浙江人民出版社,2003:3.
[3] 余明阳.品牌学[M].合肥:安徽人民出版社,2002:7.
[4] 薛可,余明阳.媒体品牌[M].上海:上海交通大学出版社,2009:7.
[5] 何佳讯.品牌形象策划——透视品牌经营[M].上海:复旦大学出版社,2000:10-11.
[6] 年小山.品牌学—壹—理论部分[M].北京:清华大学出版社,2003:51.

12. 浙江大学胡晓云教授认为,品牌是基于物质产品(或服务)、消费者的体验感知、符号体系及象征意义等要素的系统生产、互动沟通、利益消费而形成的独特的利益载体、价值系统与信用体系。[①]

三、品牌的内涵

品牌学者的经验界定回答了"我是谁"的问题,在品牌实践和生活体验中,人们对品牌的认知角度众多:价格、承诺、个性、品味、身份等,莫衷一是。结合中外学者对品牌认知的历时性、复合性、价值主体等相关研究,品牌内涵的递进可以简化为以下七重境界:1. 品牌是标识;2. 品牌是承诺;3. 品牌体现多维价值;4. 品牌是体验;5. 品牌是关系;6. 品牌是人类福祉和幸福感;[②]7. 品牌是不断发展的。在进行品牌内涵建设时,应注意以下几个方面的问题。

(一)品牌标识是构建品牌差异的第一步

创建和维护品牌标识被视为形成品牌建设的第一步。品牌识别是指传播主体设计的品牌符号标识,有具体可感的物质载体。[③] 品牌通过名称、图像、颜色、徽标和包装的组合,在客户的心目中为公司或产品增加价值,并且在与客户沟通时必须始终如一并不断加强。加德纳(Burleigh B. Gardner)和利维(Sidney J. Levy)将品牌描述为"品牌名称不仅仅是用于区分产品制造商的品牌;它是一个复杂的符号,代表了各种各样的想法和属性"[④]。它告诉消费者很多东西,不仅仅是它听起来的方式(以及它的字面含义),更重要的是,通过它在一段时间内建立起来并作为公共对象获得的关联体。为了区隔于同类产品,必须给该产品一个语音符号——名称,以便于公众话语沟通——语音识别;也需要一个图形符号标志,配置于"产品"之上,以便于公众视觉识别——区隔于其他产品,于是品牌符号产生了。[⑤]

从技术层面来讲,当企业为新产品命名或设计 Logo 时,意味着品牌名称或 Logo 品牌元素构成了区分竞争对手的识别系统。好的品牌标识能够让消费者印象深刻,能够在众多品牌中脱颖而出,被快速识别。苹果(Apple)——、耐克(Nike)——、星巴克(Starbucks)——,都是品牌标识中突出的代表。品

---

① 胡晓云."品牌"定义新论[J].品牌研究,2016(2):26-32+78.

② 卢泰宏.品牌思想简史[M].北京:机械工业出版社,2020:292.

③ 念瑶.透析品牌——符号学的解读[J].公关世界,2001(2):22-23+35.

④ GARDNER B B,LEVY S J. The product and the brand [J]. Harvard Business Review,1955,33(2):33-39.

⑤ 刘晓彬.符号品牌初解——品牌系列概念解读定义[J].社科纵横(新理论版),2008(2):349.

牌元素分为有形和无形,有形的品牌要素也有很多,要结合公司的品牌架构进行有机结合。同时,外在符号与品牌意识、品牌联想的建立,必须经由传播来完成。品牌标识只是一个符号形式,它是意义的容器,而具体承载怎样的信息,则必须经过长时期的传播。[1]

(二)品牌的核心基础是"好"产品

品牌的价值包含三个重要维度——功能属性、社会属性和情感属性。品牌是承诺,是企业给顾客的誓言,它包含了品质、便利、亲和、信任等诸多元素。这些元素的优劣与否,决定了该品牌是否受到顾客青睐。[2] 品质是指反映品牌所涵盖的产品的耐用性、可靠性、精确性等价值属性的一个综合尺度,它反映品牌形象的一个公认的重要元素。品质好坏几乎成了品牌形象的代名词。[3] "消费社会"已经到了! 消费社会的到来使得消费者渐渐觉醒,"我的消费,我做主",过去靠廉价取胜的法宝逐渐消失,产品和服务的价值意义更加凸显。永远不要忘记,一个成功品牌的基础在于产品本身的高质量,企业创建和发展品牌必须始终把产品质量放在首位,并长久保持一贯性,不断创新提高,决不能降低。

(三)品牌传播可以累积品牌资产

诚如奥格威所言"每一则广告,都是对品牌形象的长期投资"。品牌传播的工具、广告、公关、促销等都必须服务于品牌资产,帮助消费者建立对品牌知名度、美誉度的认识,提高消费者对品牌的忠诚度。消费者会有意或无意地权衡各品牌产品或服务的"感觉"和"意义",以作出购买决定。在同质化时代,品牌通常代表了购买决策中无形的情感因素,往往可能是决定因素。通过品牌,企业可以与消费者建立更紧密、更忠诚的关系。

不难解释,可口可乐在一百多年的营销传播和广告后成为一个伟大的、备受全球消费者喜爱的饮料品牌。"可口可乐之父"原美国可口可乐董事长罗伯特·伍德鲁夫(Robert W. Woodruff)曾说:"只要'可口可乐'这个品牌在,就算有一天,公司在大火中化为灰烬,那么第二天早上,全世界新闻媒体的头条消息就是各大银行争着向'可口可乐'公司贷款。"

(四)品牌帮助消费者简化购买步骤

品牌帮助消费者识别知名品牌和其他品牌,减少了消费者选择商品时的烦恼,品牌还告诉买家关于产品质量的信息,总是购买相同品牌的买家知道他们

① 念瑶.透析品牌——符号学的解读[J].公关世界.2001;22.
② 张蔚.从品牌概念的不同演绎探析品牌的本质[J].当代经理.2006(5):99.
③ 赵锋.刍议品牌整体概念[J].现代商业,2007(10):61.

每次购买时都会获得相同的功能、优点和质量,因此品牌应该对产品质量做出陈述,即客户在可靠性和风格方面可以期待什么,以及它与其他公司产品的区别,从而帮助消费者减少搜索时间,降低购买风险,从而简化购买决策。消费者将品牌视为产品的重要组成部分,品牌可以为产品增加价值。品牌已经变得如此强大,以至于今天几乎没有什么东西是无品牌的。

(五)品牌为消费者定义差异,构建身份识别

品牌为消费者定义差异,基于功能价值的差异化很容易模仿。[①] 另一种差异是通过关注心理价值,使用创造性的沟通和包装,赋予品牌一定的象征性人格。消费者在同类品牌中进行选择时,会评估品牌个性(感知)与他们希望投射的个性之间的契合度。[②] 戴维·阿克将品牌个性描述为"可以帮助品牌战略家的隐喻",有助于与消费者的价值观进行完美的匹配。[③]

人们使用品牌建立自己的地位远远超过宗教或政党,根据我们选择的品牌,我们支持的足球队、观看的电视节目、购买的衣服、开的车,甚至我们吃的东西来评判"我是谁"。所有这些都是其他人用来对个人进行分类的线索。因此,品牌往往不是关于物理属性,而是一系列价值观,这种哲学可以与消费者自身的价值观和理念相匹配。

(六)品牌是动态发展的

品牌不是一成不变的,它是动态的、可变的。在与消费者互动的情境中,扮演不同的角色,具体取决于品牌与谁互动以及何时互动。有些人与品牌的某些方面联系在一起,而有些品牌则与另一个人建立有意义的联结。通常,一个人与品牌的良好关系可以增加信任度、忠诚度、价值感和参与度。聪明而成功的品牌致力于吸引对业务至关重要的所有不同受众,并致力于促进与每个利益相关者的品牌关系。

在不同的情况下,必须确保希望附加到品牌的价值对客户也很重要,并且他们会将其标识为"他们的公司/产品类型"。通过这种方式,还可以将公司或产品品牌指向希望定位的特定客户群,以及哪些人高度重视质量、可靠性客户服务、创新或价格等特定方面。

---

① LAMBIN J J. Strategic marketing: A European approach[M]. New York: McGraw-Hill, 1993: 3-20.

② ZINKHAN G M, WATSON R T. Advertising trends: Innovation and the process of creative destruction[J]. Journal of Business Research, 1996, 37(3): 163-171.

③ AAKER D A. Measuring brand equity across products and markets[J]. California Management Review, 1996, 38(3): 102-120.

第二节 互联网时代重新定义"品牌"

品牌,特别是品牌的发展,通常被描述为在变化的海洋中创造稳定和一贯性。品牌是不确定的世界中的航标。[①]

——汤姆·布劳恩(Tom Brawne)

互联网时代,品牌可以帮助我们在纷繁复杂的网络信息中分辨自己钟爱的内容。品牌象征着我们所共知的信息和所有东西,而且品牌所象征的不仅仅是产品的外表和服务,更是一种流行和价值观。在 21 世纪全球化、数字化和超级竞争的市场中,品牌正试图在极具挑战性的环境中茁壮成长。

一、互联网时代品牌面临的挑战

互联网深刻改变着品牌的生态环境,所有品牌都在发生巨变。移动互联时代,传统的营销手段被重新演绎,消费者、品牌竞争的生态发生着改变。

(一)消费者对价格和品质更加敏感

前互联网时代价格信息往往不对称,卖方占据主导地位。品牌一旦获得了消费者的信任,培养消费者的忠诚度也变得较为容易。然而随着互联网电子商务的飞速发展,全球互通互联意味着更透明的价格,更多元化的渠道,消费者对价格更加敏感,消费更趋理性。此外,随着大数据、云计算、智能算法等技术和 Z世代消费力量的崛起,消费者变得更加挑剔,更加注重个性化高质量的产品和服务体验。

(二)国际化竞争的红海愈演愈烈

在全球化时代,品牌可开拓的市场增多,但同时竞争比以往更加激烈。品牌方所面临的挑战不只是来自国内的竞争对手,甚至还有海外竞争对手;跨区域、跨行业的竞争此起彼伏,品牌进入新市场也愈发艰难。2019 年,华为 Mate 30 手机在全球爆红,高质量的产品使得国产手机的价格终于能够与苹果一竞高下。在全球化市场中,进入新市场最便捷的方法是收购知名度较高的老品牌以获得新市场份额。例如,2008 年印度塔塔集团收购捷豹路虎品牌而进入豪华汽

[①] 汤姆·布劳恩.品牌的哲学:伟大思想家关于品牌的看法[M].张涛,译.南宁:接力出版社,2005:8.

车市场；2010年中国吉利集团收购沃尔沃进入豪华汽车市场，在技术和安全层面改变了中国汽车品牌的国际形象。

（三）合作者ODM发展迅速

互联网时代，品牌发展所面临的压力不只来自竞争对手，还来自合作者。随着网易严选、小米优选、淘宝心选ODM(original design manufacture，原始设计制造商，简称ODM)电商平台的快速发展，越来越多的合作者变成竞争者。零售商巨头如沃尔玛(Walmart)、家乐福(Garfour)、亚马逊(Amazon)也开始与供应商接触，做自主品牌的产品。来自大型零售商的自主品牌惠宜、明庭等也逐渐受到消费者的喜爱，这给传统市场的知名品牌带来额外压力。

二、品牌内涵的变化

世界著名市场战略家杰克·特劳特(Jack Trout)在分析未来市场品牌的意义时指出："有两类竞争者是成功的。一类是强有力的品牌、大的品牌，这类公司能够在全世界范围内谋求利益；另一类是专门化的或定位很好的品牌，这是一些小的竞争者。"[1]哲学家赫拉克利特(Heraclitus)关于"万物都在变化之中"的论断，可以更好地帮助我们理解互联网时代的品牌管理。

品牌无所不在，几乎渗透到我们生活的方方面面：经济、社会、文化、体育，甚至宗教。品牌是市场细分和产品差异化战略的直接结果。品牌建设不仅仅意味着向外界发出名称和信号，表明这些产品或服务已经加盖了组织的标记和印记，还包括改变产品类别，与消费者建立长期互动良好的关系。

（一）品牌是一种身份系统

法国学者卡普菲勒(Jean Noël Kapferer)强调品牌是一种身份结构，具有物质、个性、关系、文化、反映和自我形象六个方面。物质方面代表产品特征、符号和属性；个性代表品格和态度；关系代表信仰和协会；文化代表了一系列价值观；反映代表顾客对品牌的看法；自我形象代表顾客作为品牌用户的内部镜子。[2] 虽然其中一些元素与其他定义（例如个性和形象）重叠，但卡普菲勒的贡献在于强调品牌的重要性不仅仅是各个部分的总和。

品牌认同是发展品牌定位的手段，发展身份不仅可以区分竞争对手，还可

---

[1]　陈晓永.品牌概念全新演绎[J].中外管理导报,2001(1).

[2]　NOEL K J. Strategic brand management：New approaches to creating and evaluating brand equity [M]. New York：The Free Press,1992.

以使企业获得竞争优势。[①] 强大的品牌形象增强了品牌对消费者的意义,将品牌的本质传达给其他利益相关者,并鼓励采取更具战略性的方法。[②] 作为身份系统的品牌是强调期望的定位,而不是关注感知的形象。但是,量化图像和身份的作用是一个需要解决的问题。

(二)品牌是消费者心目中的品牌形象

半个世纪以前,学者马蒂诺(P Martineau)在《哈佛商业评论》(*Harvard Business Review*)率先提出了"商店形象"的研究,将品牌描述为消费者心理功能和心理属性的形象。[③] 另一种定义是"品牌是消费者对产品的看法"。[④] 还有几位学者坚持将品牌概念视为消费者心目中的联想。[⑤⑥] 学者基博(Keeble)更简洁地说:"一旦品牌与消费者接触,它就会成为一个品牌。"[⑦]现在问题出现了,了解品牌的最低客户联系水平是多少? 此外,将它们量化为图像所需的最低水平的想法、感受和态度是什么? 品牌的界限是什么? 这些问题激发了我们将品牌定义为消费者心中形象的局限性的思考。

(三)品牌是一个价值体系

谢斯(Sheth)等人将品牌定义为价值体系。[⑧] 根据他们的说法,消费者在做决策时受五个价值的影响:

1. 功能价值,产品(或服务)与其替代品相比的效用水平。

2. 社会价值,可以被描述为取悦他人的意愿和社会接纳。

3. 情感价值,表现为基于感受和美学的选择。

4. 认知价值,可用于描述早期采用者,因为它涉及新颖性或知识搜索行为(从用普通手机到尝试新智能手机的人)。

---

① FOMBRUNC,SHANLEY M. What's in a name? Reputation building and corporate strategy [J]. Academy of Management Journal,1990,33(2):233-258.

② DIEFENBACH J. The corporate identity as the brand[M]//Murphy,John. Branding:A key marketing tool. Basingstoke:The MacMillan Press,1992:155-164.

③ MARTINEAU P. Sharper focus for the corporate image[J]. Harvard Business Review,1958,36 (6):49-58.

④ PITCHER A E. The role of branding in international advertising[J]. International Journal of Advertising,1985,4(3):241-246.

⑤ ARNOLD D. The handbook of brand management[M]. London:Cornerstone,1992.

⑥ KELLER K L. Conceptualizing, measuring and managing customer-based brand equity [J]. Journal of Marketing,1993,57(1):1-22.

⑦ KEEBLE G. Creativity and the brand[M]//Cowley,Don. Understanding brands by 10 people who do. London:Kogan Page,1991:96-103.

⑧ SHETH J N,NEWMAH B I,GROSS B L. Why we buy,what we buy:A theory of consumption values[J]. Journal of Business Research,1991(22):159-170.

5.有条件的价值,是指取决于具体情况(例如圣诞节、婚礼等)。社会经济和物理方面也被包含其中。在这个角度下,个人品牌代表着独特的价值观。

上述讨论表明,品牌价值体系主要包括五个消费价值。此外,价值体系还应该从其他利益相关者(供应商、员工等)的角度进行讨论。

(四)品牌是个性的彰显

个性是消费者与品牌建立关系的先决条件。[1] 根据美国营销协会的说法:"品牌个性是其卖家所期望的特定品牌的心理本质。"[2]阿克(Aaker)在建立品牌资产的维度过程中,将品牌个性定义为"与品牌相关的一系列人类特征"。[3] 每个品牌都有自己的个性,就像人一样。这种品牌个性应是同一个品类中可持续的差异化,如果你的品牌没有个性,就会很容易受到个性特征明显的品牌的攻击。如果品牌个性没有吸引力,也会失去消费者与品牌建立连接继而形成品牌忠诚的节点,品牌个性是品牌关系研究的前提。

(五)品牌是与消费者之间的关系

品牌是消费者与产品之间关系的表达,一个成功的品牌可以被描述为在客户和公司之间建立了牢固的关系。[4] 品牌关系是品牌个性的逻辑延伸[5],如果一个品牌可以被人格化,消费者就不会只是感知它们,就会和它们产生关系。消费者与品牌是同等重要的两个部分,品牌关系是消费者对品牌的态度和品牌对消费者态度之间的互动。[6][7] 1998 年,美国学者弗尼亚(Fournier)发表关于"品牌关系"理论的奠基之作,以"品牌关系质量"(BRQ)解析品牌关系的维度和结构,提供了度量消费者与品牌关系的方法。[8]

---

① DUBOFF R S. Brands,like people,have personalities[J]. Marketing News,1986,20(1):8.

② AMA. Definition of Brand (AMA Dictionary)[EB/OL]. (2013-02-09)[2021-08-20]. http://www. marketingpower. com/_layouts/Dictionary. aspx? dLetter=B.

③ AAKER D A. Should you take your brand to where the action is? [J]. Harvard Business Review,1997,75(5):135-143.

④ MCKENNA R. Marketing is everything[J]. Harvard Business Review,1991,69 (1):65-79.

⑤ BLACKTON M. Observations:building brand equity by managing the brand's relationships[J]. Journal of Advertising Research,2000,40(6):101-105.

⑥ NOEL K J. Strategic brand management:New approaches to creating and evaluating brand equity [M]. New York:The Free Press,1992.

⑦ BLACKSTON M. A brand with an attitude:A suitable case for treatment[J]. Journal of the Market Research Society,1992,34(3):231-241.

⑧ FOURNIER S. Consumer and their brands:Developing relationship theory in consumer research [J]. Journal of Consumer Research,March 1998,24(4):343-373.

(六)品牌是动态变化的

互联网时代,消费者是自信、成熟且富足的,正如营销学家史蒂芬·金(Stephen King)所言,这将导致"全面的个人主义",并认为这是一种新的价值观,是内在价值感的累积。在一个不断变化的世界中,任何公司都必须不断进行技术和产品创新,拥有与时俱进的前进动力,应对纷繁复杂的消费者利益和个性化需求。但这并不意味着品牌完全改变,而是它必须适应时代。真正的挑战是保持品牌的本质、品牌的连续性,同时表明改变、改进和改革不断发生。公司必须建立一个良好的品牌,并维护它。

三、互联网时代品牌的新变化

(一)品牌社群的出现

1.品牌社群和虚拟品牌社群的概念

2001年,穆尼兹(Muniz)和古恩(Guinn)提出了品牌社群的概念,他们认为品牌社群是由不受实体边界限制、基于某一特定产品或品牌的顾客组成的群体。[①] 虚拟品牌社区是消费者与消费者、消费者与企业之间围绕某种品牌产品的开发、生产、消费等内容进行连续的动态性互动,进而实现价值共创的在线网络平台。[②] 虚拟品牌社群的建立突破了传统品牌社群的时空限制,为企业与顾客、顾客与顾客之间沟通品牌信息提供了专业性平台。顾客在社群分享品牌信息、传播品牌的历史和文化,并通过持续性的互动建立起一种社会关系。因此,品牌社群的实质是以顾客为中心形成的一种非地缘的关系网络,在线品牌社群成功的关键在于顾客的参与。[③] 虚拟品牌社群的价值是形成与提高消费者参与意愿的重要驱动力。虚拟品牌社群之所以能够使消费者产生参与意愿,是因为其能够创造并满足消费者的需求,只有需求得到满足,消费者才会持续地留存社群成员的身份以便在未来获得更多的价值。[④]

① MUNIZ A M,GUINN T C. Brand community[J]. Journal of Consumer Research,2001,27(4):412-432.

② 李朝辉.在线品牌社区环境下顾客参与价值共创对品牌体验的影响[J].财经论丛,2014(7).

③ 李皓华,申文果.虚拟品牌社群顾客互动对顾客参与创新的影响机制研究[J].价值工程,2019(32):280.

④ 杨宁,陈慧.虚拟品牌社群消费者公民行为缘何而来——基于社会资本理论的视角[J].企业经济,2019(9):32.

2. 品牌社群的理论基础

(1) 社会认同理论

社会认同最初源于群体成员身份，人们总是积极地争取社会认同，而这种积极的社会认同是通过在内群体和相关的外群体的比较中获得的。[①] 社会认同是指个体为了获得成员感，在社会群体中对自我概念的界定。社会认同理论认为，个体在面对所处的社会群体时，自身的行为会参照群体规范，并对群体产生归属感和主观认同感。[②]

虚拟社群成员基于共同的兴趣或者目标在社群中联结在一起，他们花费时间和精力去维护关系，从而产生虚拟社群感。认同的基础是身份，对于顾客来说，拥有某个品牌往往代表着积极的、富有吸引力的、有意义的社会身份，而且会被具有相同兴趣爱好的顾客群体所认可。企业通过虚拟品牌社群的建立，为顾客或潜在顾客提供一个相互交流、沟通的平台，顾客之间的这种横向沟通可加强彼此对品牌的认同感。[③]

(2) 顾客感知价值

顾客感知价值是指顾客对企业提供的产品或服务的价值所产生的主观认知。可以将顾客感知价值划分为三个维度，即功能价值、情感价值、社会价值。[④]

虚拟品牌社群价值主要可以归为功能价值与社会价值两大类别，且社会化媒体繁荣发展背景下各虚拟品牌社群的功能价值趋同，消费者在参与过程中开始关注社群的社会价值，包括社交、友谊、认同等内容，这些社群价值更能改善消费者的参与体验，提高品牌与消费者的关系质量。[⑤]

(3) 消费者公民行为

格罗斯 (Groth) 认为，顾客公民行为表现为推荐、信息反馈与帮助其他顾客三个方面[⑥]；罗森鲍姆 (Rosenbaum) 和梅容亚 (Massiah) 在相关研究基础上，将

①　张莹瑞，佐斌. 社会认同理论及其发展[J]. 心理科学进展，2006(3)：476.

②　TURNER J C，TAIFEL H. The social identity theory of intergroup behavior[J]. Psychology of Intergroup Relations，1986，13(3)：7-24.

③　李皓华，申文果. 虚拟品牌社群顾客互动对顾客参与创新的影响机制研究[J]. 价值工程，2019 (32)：280.

④　范秀成，罗海成. 基于顾客感知价值的服务企业竞争力探析[J]. 南开管理评论，2003(6)：42.

⑤　杨宁，陈慧. 虚拟品牌社群消费者公民行为缘何而来——基于社会资本理论的视角[J]. 企业经济，2019(9)：32.

⑥　GROTA M. Managing service delivery on the Internet：Facilitating customers' coproduction and citizenship behaviors in service organizations[D]. Tucson：The University of Arizona，2001.

顾客公民行为的维度进行了扩展,具体包括忠诚、合作、参与、移情和责任心[1];博韦(Bove)等对已有研究进行了归纳与整合后,提出了顾客公民行为的八维度模型,分别为口碑传播、关系展示、活动参与、仁慈、灵活性、服务改进建议、投诉与意见影响其他顾客。[2] 虽然各学者对消费者公民行为包含的维度有分歧,但对其内核并无太大争议,即企业本身没有要求,顾客自愿采取,对企业和其他顾客能产生积极影响。

引导消费者做出公民行为对于企业来说是一种提升品牌价值,实现与消费者价值共创,最终提高企业绩效的有益决策。[3]

3.品牌社群营销的关键要素

(1)关键意见领袖——KOL(key opinion leader,简称 KOL)

在营销学上,为各厂家宣传的专家或权威被称为"关键意见领袖",通常被定义为:拥有更多、更准确的产品信息,且为相关群体所接受或信任,并对该群体的购买行为有较大影响力的人。关键意见领袖的特征如下。

第一是持久介入特征。KOL 对某类产品较之群体中的其他人有着更为长期和深入的介入,因此对产品更了解,有更广泛的信息来源、更多的知识和更丰富的经验。

第二是人际沟通特征。KOL 较常人更合群和健谈,他们具有极强的社交能力和人际沟通技巧,且积极参加各类活动,善于交朋结友,喜欢高谈阔论,是群体的舆论中心和信息发布中心,对他人有强大的感染力。

第三是性格特征。KOL 观念开放,接受新事物快,关心时尚、流行趋势的变化,愿意优先使用新产品,是营销学上新产品的早期使用者。

在品牌商的谋划中,这些 KOL 只是撬动和扩张目标消费者购买意愿和偏好的布局之一。无处不在的移动互联和无孔不入的自媒体,使品牌商们拥有了前所未有的巨大想象空间,以各种创新手段、利用 KOL 的影响力对目标市场进行精准营销。[4]

---

[1] ROSENBAUM M S, MASSIAH C A. When customers receive support from other customers: Exploring the influence of intercustomer social support on customer voluntary performance[J]. Journal of Service Research,2007,9(3):257-270.

[2] 曹光明,江若尘,陈启杰.企业联想、消费者——企业认同与消费者公民行为[J].经济管理,2012(7):103.

[3] 杨宁,陈慧.虚拟品牌社群消费者公民行为缘何而来——基于社会资本理论的视角[J].企业经济,2019(9):33.

[4] 何润宇.品牌社群营销(1):关键意见领袖[J].金融博览,2019(8):65.

（2）电商新模式——S2B2C 和 ODM

电商布局的新模式也给品牌社群的构建助力良多。S2B2C 是一种集合供货商赋能于渠道商并共同服务于顾客的全新电子商务营销模式。在 S2B2C 的模式中，S 为供应商或平台，B 为商家或分销商，C 为终端买方。由 S 经 B 到达 C 的这一链条中，B 起着承上启下的枢纽作用，利用自己的社交网和信任度，为 S 的商品销售和 C 的品牌选择提供有效的影响。B 的影响力越大，C 的信任度越高，S 的销售就越顺畅。[①] 该模式比较有代表性的有云集、斑马会员、爱库存、贝店、单创等。除此之外，还有 ODM 模式。ODM 是指某制造商设计出某产品后，在某些情况下可能会被另外一些企业看中，要求配上后者的品牌名称来进行生产，或者稍微修改一下设计来生产。其中，承接设计制造业务的制造商被称为 ODM 厂商，其生产出来的产品就是 ODM 产品。网易严选是网易旗下原创生活类自营电商品牌，于 2016 年 4 月正式面世，是国内首家 ODM 模式的电商，以"好的生活，没那么贵"为品牌理念。网易严选通过 ODM 模式与大牌制造商直连，剔除品牌溢价和中间环节，为买方甄选高品质、高性价比的天下优品（图 1-2-1）。

图 1-2-1　云集与网易严选 Logo[②]

（3）AI 的渗透

人工智能（artificial intelligence），英文缩写为 AI。20 世纪 50 年代中期，由于计算机技术的发展，以及它与控制论、信息论、数理逻辑、神经生理学、心理学、语言学和哲学的相互渗透，人工智能作为一门新学科开始形成。[③] 目前，人工智能的应用已经深入到我们的日常生活中，例如我们经常接触的苹果 Siri、

---

①　何润宇.品牌社群营销（2）：网商潮起[J].金融博览，2019（9）：64.

②　图片来源：云集与网易严选官网。

③　程广云.从人机关系到跨人际主体间关系——人工智能的定义和策略[J].自然辩证法通讯，2019，41（1）：9-14.

Google Now 和微软 Cortana。阿里巴巴集团在 2015 年 7 月 24 日发布一款人工智能购物助理虚拟机器人"阿里小蜜"。这是一款专门针对商家研发的人工智能客服机器人,基于 10 亿量级在线商品数据学习,能 7×24 小时在线,全年无休,实时处理海量请求,知识问答可通用可个性,覆盖网购售前售后全链路多场景,加上多轮对话的上下文语义理解能力和拟人化设计,机器无限接近人工。同样的还有一款阿里巴巴集团开发应用的人工智能产品"鲁班",在天猫"双十一"期间,秀出了 1.7 亿个广告横幅(banner)。[①]

原本时空距离对市场细分的限制开始消失,网络世界中的消费者群体不断被某种维度识别和群集,形成某种具有共同维度属性的消费社群。这种打破和超越时空界限的社群形成能力,为社群营销和 KOL 展现力量提供最广泛的可能。而一旦社群力量被凝聚起来,又会同时以另一方式伴生性地展示对厂商的影响。[②]

(二)全新感官品牌营销

2005 年,林斯特龙(Lindstrom)出版《感官品牌》(*Brand Sense*),开创了五维感官塑造品牌力的研究,互联网时代更加如此,品牌的构成要素不仅仅停留在视觉刺激,其他感官刺激同样成为品牌得以建立并被消费者认知,且能与竞争者产品、服务区别开来的重要要素。[③] 品牌对于消费者而言,是一个多维度的感知符号,也正因如此,奥美等广告公司在 20 世纪 90 年代就提出了 360 度全景式产品包装及营销管理。

1. 听觉营销

古希腊哲学家苏格拉底(Socrates)曾言"对于身体用体育,对于心灵用音乐"。利用声音传递品牌的做法在实际的营销实践中被应用得越来越多,尤其是视觉冲击感知疲惫的状态下,消费者对于声音带来的听觉刺激更为敏感。

ASMR(autonomous sensory meridian response,简称 ASMR),即自发性知觉经络反应,是指人体通过视、听、触、嗅等感知上的刺激,在颅内、头皮、背部或身体其他部位产生的令人愉悦的独特刺激感,又名耳音、颅内高潮等。[④] ASMR 是一种全新的听觉体验,可以达到打造品牌独特记忆点、缓解压力、建立品牌和声音的强关联等作用。

---

① 冯军平,刘静波. AI 人工智能在卷烟营销中的应用初探[J]. 现代商业,2018(19):35.

② 何润宇. 品牌社群营销(3):AI 的无孔不入与无所不能[J]. 金融博览,2019(10):62.

③ 高学敏,姬雄华. 新时期品牌概念的再定义[J]. 市场论坛,2013(8):76.

④ 樊昊,李牧,仇宇宁,等. 自发性知觉经络反应的研究进展[J]. 河南医学研究,2018(24):4474-4475.

经营者要努力营造音乐、声音或语音等方式与消费者形成听觉的共振和记忆,但也不可简单粗暴,之前铂爵旅拍、BOSS 直聘等无意义的重复洗脑广告反而引起了消费者的反感。肯德基则是把下雨声和炸鸡声关联在一起,让消费者一到下雨天就自然想起炸鸡,强化场景和产品的联系。之前,宜家也推出过一个长达 25 分钟的 ASMR 广告,将宜家家居的细节放大,手和宜家家居之间的摩擦声强烈地刺激了消费者的感官。

2.味觉营销

许多可以用舌尖品尝到的具有一定识别度的产品,往往会给消费者带来深刻的印象,并且也可以用来区分不同品牌的产品。[①]

味觉营销是指以特定气味吸引消费者关注、记忆、认同以及最终形成消费的一种营销方式,是对消费者味觉、嗅觉的刺激,有别于传统视觉刺激。[②] 统一老坛酸菜牛肉面为了区别于其他品牌的酸菜牛肉面,推出广告语"这酸爽,不敢相信"。"酸爽"二字描述面的口感,唤起消费者的味觉。卡夫(Kraft)曾在杂志上做广告,只要在杂志上摩擦照片,就会有食物的香味散发出来,有80%的读者当即表示真的很想吃。这种广告改变了消费者与品牌沟通的方式,同时也提高了购买的频率。

3.嗅觉营销

在人类的所有感官中,嗅觉是最敏感的,也是与记忆和情感联系最密切的感官。嗅觉是一种凭直觉反应的感觉,不像视觉与听觉需要借助大脑的理解与分析。科学研究证明,人的鼻子可以记忆高达 1 万种气味,而且嗅觉记住的准确度比视觉高 1 倍。美国布朗大学(Brown University)特里格·恩根(Trygg Engen)博士曾主持过一次实验,证明"嗅觉比视觉更能勾起回忆,而且嗅觉的作用要远远大于视觉"[③]。

闻香止步,寻香而留。嗅觉营销具有三大优势,包括嗅觉永远开放、具有独特性并更具有情感吸引力。嗅觉能激发记忆,而记忆则会进一步启动并建立情感联系,让消费者重复购买。几乎所有国际高端酒店都有它们独特的专属店香,顾客通过对酒店气味的回忆,回想起入住酒店的美好。香格里拉酒店 2001年起与一家澳大利亚公司合作开发了专属香氛,灵感来源于《消失的地平线》(Lost Horizon)一书中所描绘的香格里拉的格调,气味清新淡雅,能起到安抚情

---

① 高学敏,姬雄华.新时期品牌概念的再定义[J].市场论坛.2013(8):77.

② 李光斗.味觉营销:营销插位新利器[J].成功营销.2007(4):26.

③ 马丁·林斯特龙.感官品牌[M].赵萌萌,译.天津:天津教育出版社,2011:126.

绪和舒缓心情的作用。

4. 触觉营销

顾客买东西,非常讲究"手感",即与产品建立近距离关系的"第一次握手"。人类的触觉感知来源是多方面的,非常复杂,触觉营销要做的就是在产品外观和质地上为消费者留下舒适或兴奋的触觉感受。可口可乐玻璃瓶的设计理念是,必须做到即使在黑暗中,仅凭手的触摸就可辨别出来瓶身采用女性身体的比例和曲线,这种曲线瓶子给人以甜美、柔和、流畅的触觉感受。

在触觉营销方面,先行者之一是美国著名巧克力公司好时(Hershey)。好时很早就发现,人们在剥开"好时之吻"巧克力的锡箔纸包装这个过程中,会获得乐趣,这种乐趣让享用"好时之吻"成为一种特殊体验。隶属沃尔玛旗下的英国阿斯达连锁超市非常重视触觉,他们将数种卫生纸去掉包装,方便顾客触摸和比较各种纸质,其结果是店内自有品牌的销售急剧上升,货架上该产品的空间扩大了50%。

第二章　品牌定位

　　品牌定位是设计公司的产品和形象,使其在目标客户心中占有独特和有价值的位置。

——凯文·凯勒

第一节　品牌定位的主旨

一、什么是品牌定位

　　定位理论是 20 世纪最伟大的理论,1969 年由"定位之父"杰克·特劳特与其合伙人艾·里斯(Al Ries)提出。定位理论的核心主张是如何让你的产品在消费者的大脑中做到与众不同。换句话说,即如何在顾客的心智中创建品牌的认知优势。

(一)定位理论

　　定位(positioning)一词最早是由纽约 Ries Cappiello Colwell 公司的副总裁兼业务总监杰克·特劳特(图 2-1-1)1969 年在美国营销杂志《工业营销》(*Industrial Marketing*)6 月号《定位:同质化时代的竞争之道》('Positioning' is a game people play in today's me-too market place)一文中提出来的。1971年,艾·里斯和杰克·特劳特在《工业营销》杂志上又发表了《再探定位:为什么GE 和 RCA 不纳忠言呢?》(Positioning revisited:Why didn't GE and RCA listen),上述两篇文章奠定了定位理论的基础。1972 年,他们又发表了"定位时代"(Era of Positioning)的系列文章,刊载于美国专业期刊《广告时代》(*Advertising Age*)上,此后他们陆续在全球 21 个国家对广告专业组织发表了 1000 次以上的演讲,并复印赠送了 15 万份以上刊登于《广告时代》上的文章,定位理论时代宣告来临。在文章中,特劳特对"定位"最初所下的定义是:定位是你对未来的潜在顾客的心智所下的功夫,也就是把产品定位在你未来潜在顾客的心中。

图 2-1-1　年轻的杰克·特劳特(左)和艾·里斯(右)

在学术界,科特勒[①]于 20 世纪 70 年代最先将定位引入营销之中,作为 4P 营销理论之前最重要的另一个 P,以引领企业营销活动的方向;随着竞争的日益兴起,1980 年,迈克尔·波特将定位引入企业战略,作为战略核心,开创了竞争战略。1981 年,艾·里斯和杰克·特劳特合著了《定位:广告攻心战》(*Positioning:The Battle for Your Mind*,图 2-1-2)一书,对定位问题进行了系统阐述,标志着定位理论的正式形成。他们指出:"定位不是你对产品要做的事。定位是你对预期客户要做的事。换句话说,你要在预期客户的头脑里给产品定位。""定位的基本方法不是创造出新的、不同的东西,而是改变人们头脑里早已存在的东西,把那些早已存在的联系重新连接到一起。"[②]

对企业而言,品牌定位的实施不是品牌经理的意图,定位的最终结果是消费者如何编目、分类和记住一个品牌。一个品牌的位置代表了它相对于竞争对手的位置,在消费者构建的心理地图上,代表了他们可能解决问题方案的范围。强大的品牌地位之所以强大,是因为它能帮助消费者根据品牌的相似程度对其进行分类,同时也能根据不同的品牌进行区分。

---

① 科特勒是现代营销集大成者,被誉为"现代营销学之父",美国管理科学联合市场营销学会主席,美国市场营销协会理事,营销科学学会托管人。他的《营销管理》(*Marketing Management:Application,Planning,Implementation and Control*,1967 第 1 版,与凯文·凯勒合著)不断再版,是世界范围内被使用最广泛的营销学教科书,该书成为现代营销学的奠基之作。

② 艾·里斯,杰克·特劳特.定位[M].王恩冕,译.北京:中国财政经济出版社,2002:23,53.

图 2-1-2　*Positioning：The Battle for Your Mind*(《定位》英文版)

定位是在顾客和预期顾客的心智中展开,所以必须了解人们的心智特征。

心智疲于应付:现在的信息过多,所以品牌信息必须小心,否则就会被忽略。

心智容量有限:人们只会对品牌保留有限的信息,大多集中在排名前两位的品牌。

心智厌恶混乱:品牌信息必须简单,要凝结你业务信息的字眼,打入并占据顾客心智。

心智缺乏安全感:人们购物时必须克服 5 种风险,定位要提供信任以克服这些风险。

心智不会改变:如果某个品牌进入心智并建立定位,改变这些心智几乎是不可能的,人们不想改变自己的信仰。

心智会失去焦点:你想让品牌代表的东西越多,心智就越会模糊,这为竞争对手占据你原有的定位敞开了大门。

这些心智特征是通过洞察人们的消费心理得来的,有些消费心理是亘古不变的,这涉及消费的心理和社会文化因素。而有些心智特征随着时代的发展,特别是竞争和信息时代的到来而更加明显,比如,网络化信息爆炸使得人们的心智更加疲于应付,消费者出于本能会结合自身的经验、爱好、需求甚至是情绪,有选择地浏览或接受并记忆某些信息,更倾向于简洁的信息。定位理论的"品牌占位"以简洁明了的差异化传播思想强调只说少量话,从而诉诸消费者的心智,以显示品牌的与众不同。

从营销学意义上讲,定位就是找准自己产品或品牌在潜在消费者心智中品牌阶梯上的位置以及将来所期望达到的位置,进而采用有效的营销策略。定位理论可谓"以差异化策略立身,以品牌形象理论铸魂,以营销理论点睛",由最初的广告传播理论发展成为有史以来对美国营销影响最大的观念。

(二)品牌定位的重要性

古罗马哲学家吕齐乌斯·安涅乌斯·塞涅卡(Lucius Annaeus Seneca)曾说,如果一个人不清楚自己要驶向哪一个港口,那么所有的风向都是不利的。品牌定位是建立品牌和品牌营销的第一步,品牌战略和营销沟通都有赖于清晰的品牌定位。品牌大师阿克指出,如果缺少定位,品牌就会像没有舵的船一样。

1.品牌定位创造市场差异

品牌对自身的定位能够创造差异化的市场。品牌的定位不同,所针对的消费市场就有所区别。同样是快消品的牙膏,玛尔斯(Marvis)就针对高端市场,自称"牙膏界的爱马仕",佳洁士则主打美白效果。不同的定位能使品牌在激烈的市场竞争中获得一席之地。

2.品牌定位突破噪音的混乱

网络世界信息如洪水般向我们涌来,大量趋同的品牌信息让消费者视觉疲劳,分散了消费者的注意力。明确的品牌定位能够高效、有效地与目标消费者进行沟通和联系。例如,泳衣品牌速比涛(Speedo)品牌以 speedo(速度计)为名称,体现了其专业性,也让其占据泳衣品牌的龙头位置。这种细分、专业化的品牌定位使得品牌从混乱的信息中脱颖而出。

3.品牌定位促使倾向性购买

消费者希望轻松做出决定。他们不想筛选 30 个替代品,他们希望能够轻松快速地了解信任谁以及购买什么。品牌定位在潜意识中引发了目标受众的情绪反应,在最短的时间内帮助消费者找到正确的方向,增加人们倾向性购买的可能性。

4.品牌定位明确其独特价值

品牌的存在源于它对于消费者具有的特殊价值,该价值就是产品或服务如何更好地满足消费者的需求,以及竞争对手提供的替代品有何不足。无论是大众消费品还是限量奢侈品,品牌定位都能够明确其具体的独特价值,情感的,功能的,抑或社会的价值,从而建立品牌忠诚。

5.品牌定位证明定价策略的合理性

有时,即使价值已知,品牌也仍然需要价格合理性。品牌定位可以识别并比较品牌与竞争对手的产品,从而印证价格点是否具有战略性和合理性。价格是否过高?该不该降低一些?清楚为什么吗?消费者会有积极的回应吗?这些问题都有助于品牌及时调整策略。

6.品牌定位使得设计更具创意

品牌在进行视觉设计时,必须以一个清晰的故事为蓝图进行创意,这就需要加强对品牌定位的了解。只有充分了解品牌定位及消费者偏好而进行的设计才能引起消费者共鸣,从而反哺设计。

总而言之,定位是品牌战略最重要的部分,使品牌能够在竞争的蓝海和红海中确定其市场位置。

二、制定定位声明

与广告口号不同的是,品牌定位是战略定位,传达品牌对特定目标市场的独特价值。定位始于我们对未来消费者对产品的心理感知的理解或映射。这就好像消费者在脑海中画出了自己各种需求的地图,并在地图上为不同的产品和品牌给出了不同的点,以满足这些需求。从战略角度出发,定位必须是在潜在客户的脑海中为品牌创造一种感知,使其远离竞争品牌,更接近消费者的需求。托马斯·穆勒(Thomas Muller)曾明确指出,品牌定位是"在消费者心中,基于关键属性和与竞争品牌相关的、塑造并保持特定品牌形象的营销决策和活动"[①]。

(一)制定品牌定位的四个条件

定位本质上是战略性的,不同于品牌口号,是为内部管理而非外部消费者开发的。品牌定位有助于指导品牌的战术执行,往往是开发营销信息的起点。制定品牌定位须遵循四个基本条件。

1.为谁,何时,何处?——一个明确的细分目标市场的描述

消费者很容易辨别哪些品牌能直接满足他们的特定需求,哪些不能。这个部分可以概括为"为谁"——特定类型的人(例如关心孩子健康的母亲)、"何时"——特定的使用情况(例如,当你发烧需要感冒药时)和"何处"——特定的使用地点(例如,当你出差在外时)。

---

① MULLER T E. Structural information factors which stimulate the use of nutrition information: A field experiment[J]. Journal of Marketing Research, 1985, 22(2): 143-157.

2.什么价值？——一个简单、直接的描述,独特的价值主张

从消费者的角度来描述,品牌能够提供什么价值。消费者可以从产品和服务中获得四种类型的价值:经济价值、功能价值、体验价值和社会价值。在购买或长期使用时,提供理财和保险产品为消费者提供经济价值。在比较许多产品(如手机或笔记本电脑)时,消费者往往不仅考虑价格,还考虑产品的不同特性或功能价值。然而,许多消费者购买产品是为了体验价值——与品牌相关的无形心理和情感价值。最后,在许多情况下,消费者从产品或服务中获得社会价值。Facebook、Instagram、微博、微信的价值来自与朋友分享信息、图片和视频。

3.为什么和如何？——消费者相信该品牌相关宣传的理由和证据

传统支持产品价值的证据可以来自逻辑论证、科学技术数据、消费者评价、名人或专家意见、产品演示和实验,以及独立机构的批准证书。随着互联网的发展,KOL(意见领袖)的影响力不容小觑,他们的介绍和推荐能够吸引消费者进行消费,他们的亲身试用和分享更能够说服消费者进行购买。

4.相对于谁？——定位使得品牌有所区隔

品牌定位不仅能够将品牌与其竞争对手区分开来,还有助于消费者为购买决策建立一个参考框架。品牌战略定位可以帮助消费者将该品牌归类为他们熟悉的其他品牌或产品类别,也可以将其区分为完全不同的产品。例如,现代汽车(Hyundai)以低成本、多功能著称,后来推出一款豪华汽车,将其定位为"与奔驰(Menedes-Benz)S级一样宽敞的新型豪华汽车,但定价却像C级汽车一样"。当七喜(7-UP)想要区别于市场领导者可口可乐和百事可乐时,它把自己定位为"Uncola",为顾客提供不同的解渴饮品。

品牌定位从战略层面可以概括为这样的一般陈述格式:对于[目标市场],品牌X是所有[竞争群体]中唯一一个[独特的价值主张],因为[有理由相信]的品牌。

例如,迪斯尼(Disney)的品牌定位声明:"梦想成真的地方。"(图2-1-3)

对于年轻人和年轻的心灵,迪斯尼世界(Disney World)是(最好的主题公园)提供(沉浸式和神奇的经验),因为迪斯尼世界,只有迪斯尼世界(连接你与你最渴望的角色和世界)。

迪士尼世界在品牌塑造方面做得非常出色,几乎不需要再给自己打广告。每一件产品都实现了他们的品牌承诺:神奇地让你的梦想成真。从你开车进去的那一刻起,你就知道:你来到了地球上最神奇的地方。在这里,你的梦想即将实现。

图 2-1-3　迪士尼世界——Where Dreams Come True

JW 万豪酒店(JW Marriott)——大多数酒店用书单培训员工,我们以芭蕾舞训练员工(图 2-1-4)。

JW 万豪酒店是一家(豪华酒店和度假村连锁店),希望您(出色地旅行)。为此,将自己的品牌定位为"关注您体验的豪华连锁酒店",雇佣(最好的、最有资格、最训练有素的精英员工)的豪华连锁酒店。我们[与世界著名的乔佛里芭蕾舞团(Joffrey Ballet)合作],创造了一个项目,以发展我们员工的自然沉着和优雅。因为我们相信卓越的服务始于卓越的培训。

图 2-1-4　JW 万豪酒店:"Most hotels train their people with booklets.
We take ours to the ballet."

图片来源:https://www.marriott.com/jw-marriott/travel.mi.

芙丝(Voss)是所有(瓶装水)中唯一提供(最纯粹、最独特的饮用体验)的品牌,因为它源自挪威南部的珍稀水源,包装在时尚、标志性的玻璃瓶中(图 2-1-5)。

图 2-1-5　芙丝瓶装水——Artesian Water from Norway

(二)确定一个独特的销售主张

独特的销售主张(unique selling proposition,简称 USP)是 20 世纪 50 年代由当时在贝茨(Ted Bates)工作的广告先驱——罗瑟·瑞夫斯(Rosser Reeves)在《实效的广告》(*Reality in Advertising*)一书中提出,包含三个要素。

第一,广告商必须提出一个明确的主张:如果您购买 X,您将获得特定的利益;

第二,特定产品的利益必须是独特的,竞争对手提供的产品不具备;

第三,命题必须具有"卖点",也就是说,利益必须是许多人想要的利益。例如,高露洁牙膏"在清洁牙齿时清洁口气"。

根据瑞夫斯的说法,USP 必须依赖于一种特定的利益,这种利益是竞争对手无法复制的,并且具有足够的共鸣和相关性,足以说服消费者购买。USP 是广告活动的关键要素,一旦找到 USP,任何优秀的文案都可以写出一个好的广告。

20 世纪 50 年代,瑞夫斯为玛氏公司(MARS)M&M 巧克力豆所创作的"只溶在口,不溶在手"电视广告,使得玛氏 M&M 巧克力豆声名大振,人们争相购买,销量猛增。60 多年过去了,玛氏公司的规模也有了突飞猛进的发展,而"只溶在口,不溶在手"的广告词至今仍是玛氏公司 M&M 巧克力豆的广告主题,被铭记在世界各国消费者的心中。

1952 年,瑞夫斯为德怀特·艾森豪威尔(Dwight Elsenhower)的总统竞选活动策划了"艾森豪威尔回答美国"(Eisenhower Answers America)运动。利用盖洛普民意调查(Gallup Poll)收集的信息,瑞夫斯确定了当时美国人面临的三个最重要的问题(朝鲜战争、经济问题和政治腐败),并设计了 30 秒的政治广告。此次广告是革命性的,因为它代表了总统候选人第一次为简短的商业广告而不是冗长的政治演讲购买电视广告时间。研究表明,听众并没有记住演讲中的信息,而短暂的、频繁重复的信息更有可能留在选民心中。尽管遭到了"庸俗化"的批评,但是"艾森豪威尔回答美国"就像瑞夫斯的许多商业活动一样,取得了成功。

独特的销售主张是一个古老的说服游戏,在品牌定位中我们同样需要将品牌定位的声明通过一个独特的 USP 传达给消费者。面对众多的选择,消费者不得不选择其中一个。因此品牌经理在制定品牌定位声明时,应将重点放在使产品区别于竞争对手的一个单一的最重要的主张上,而不是列出品牌提供的所有属性、利益和价值。

根据广告大师比尔·伯恩巴克(Bill Bernbach)的说法,"你必须和你的产品一起生活,热爱它,渗入它,把它放在你的心里。事实上,如果你无法精炼成一个目标、一个主题,你就不可能有创意"①。在广告信息饱和的文化中,简单的信息可以增强品牌的记忆和接受度。

瑞夫斯提出 USP 将消费者视为理性的购买者,倾听理性的辩论。然而,自 20 世纪 60 年代以来,市场营销人员发现消费者在做出购买决定时,往往依赖于他们"非理性"的情绪、记忆、直觉、梦想和渴望。这种洞察力开创了一个被称为"创意革命"的新时代,由广告先锋奥格威、李奥·贝纳(Leo Burnett)和比尔·伯恩巴克领导,伯恩巴克说:"你必须有想象力,必须有创造力,但是运用时必须遵守规则。你写在纸上的所有内容,每个字、每个图形标记、每一笔阴影都必须用来表达你所要表达的东西。"②通过定位将品牌与文化价值观、生活方式和理想联系起来,选择使用理性还是感性的定位,需要深入了解三个相互作用的因

---

① 卡卜辛.广告大师伯恩巴克的广告语录[DB/OL].(2020-02-18)[2021-01-10].https://c.m.163.com/news/a/F5N1TDV40537BIZU.html.

② 丹尼斯·希金斯.广告方案名人堂[M].顾奕,译.北京:中国财政经济出版社,2003:13.

素,公司的目标客户如何选择和使用产品,公司的竞争对手如何运用理性与情感诉求,以及公司自身的品牌和其他资产如何支持公司的定位声明。

三、品牌定位的步骤

定位要围绕消费者、竞争者和产品进行,因此品牌定位的实施也将围绕这三者展开(图 2-1-6)。

图 2-1-6　品牌定位的步骤

(一)消费者分析

品牌定位将在消费者的心智中占据重要的位置,使消费者在面对琳琅满目的商品和品牌时做出选择,因此品牌定位要围绕消费者开发品牌的优点,给出消费者必须选择该品牌的理由,并组合营销工具进行传播,重新塑造品牌的形象、品质和受欢迎程度。

让我们先来看看经理们是如何识别与消费者相关、共鸣和现实的价值主张的。

1.创建关联

品牌顾问诺拉·盖斯(Nora Geiss)指出,让品牌成为镜子,反映并关联你的客户。了解消费者的需求和行为是选择并保持正确的品牌价值的关键。强大的价值主张应该与消费者相关,解决他们的基本需求,提供基础的产品或服务。如果消费者在做出购买决定时发现,品牌的价值主张与他无关,品牌经理一定会感到茫然。事实上,即便是电子产品的开发和应用,消费者也希望能够发挥一定的作用,这是创造消费者关联需求和相关价值主张的关键。

2.产生共振

强烈的价值主张应该与消费者产生共鸣,为他们提供一种个人感觉有意义的叙述。品牌的定位声明可以分为三个层次。

第一,基于特性或属性的声明,关注产品或服务的特殊特性、成分或功能

("其中包含什么?")。例如,多芬香皂含有四分之一的乳液。它做了一个广告,把四分之一乳液导入香皂当中。尽管这不是实际上香皂的制造方法,但是这个定位却植入消费者心智中。多芬成为香皂市场的第一品牌。

第二,以利益为基础的主张,关注客户从使用产品或服务中获得的具体利益(对我有什么好处?)。例如,王老吉的品牌定位"怕上火,喝王老吉",香飘飘的品牌定位"小饿小困,喝点香飘飘"。

第三,注重消费者,帮助实现他们认为重要的价值(为什么对我来说重要?)或基于价值的主张。

红牛饮料来源于泰国,销往全球70多个国家。在欧洲"Red Bull gives you wings(红牛给你翅膀)"是一句非常著名的广告语(图2-1-7),甚至官网放的就是Red Bull Gives You Wings,这句广告语比亚洲的"困了累了喝红牛"更加感性,较多关注的是消费者精神内涵的需求。巴黎欧莱雅多年来一直执行的定位声明"巴黎欧莱雅,你值得拥有",很好地诠释了消费者在价值层面的需求,与消费者产生共鸣。

图 2-1-7　红牛饮料——Red Bull gives you wings

合理的价值主张解决了消费者根深蒂固的需求。它们为消费者独特的生活文化空间和时代提供了新的意义。要了解消费者如何使用品牌来创造意义,营销人员要通过洞察、调研,甚至技术手段来揭示消费者的价值体系、意识形态和深层次动机。

3.有证据支持

品牌的定位声明要有证据来支持品牌试图讲述的故事和价值主张,对于功能性和情感性价值而言,有时情感或者社会证据比确凿的科学证据更加有效。许多定位语句过度夸大,使他们的声明不那么可信,不太可能说服消费者购买。品牌定位要提供具体的证据来支持这个声明,让消费者有理由去相信它。

农夫山泉——我们不生产水,我们是大自然的搬运工

曾经"农夫山泉有点甜"火遍大江南北,2014 年继满足消费者对矿物质水的需求之后,农夫山泉洞察到消费者对"天然饮用水"的需求,于是在掌握了工业能力之后,在水源地保护、包装和品牌服务方面加以投入,打出了这样的品牌声明——我们不生产水,我们是大自然的搬运工。(图 2-1-8、图 2-1-9)

图 2-1-8　农夫山泉——水源地实拍

图 2-1-9　农夫山泉——一个人的岛

　　宝洁(P&G)公司在品牌传播时,也致力于用证据来满足消费者的价值需求,以此突出汰渍(Tide)、帮宝适(Pampers)、吉列(Gillette)、佳洁士(Crest)、玉兰油(Olay)和邦蒂(Bounty)等品牌的定位。汰渍洗衣粉的广告是用汰渍和另一个领先品牌的对比展示汰渍的优势。同样,吉列使用电脑动画演示其剃须刀如何提升和修剪毛发,使皮肤更光滑,减少刺激。帮宝适的广告中多是婴幼儿宝宝安睡、爬行学步的可爱画面,辅以产品的实验证明,凸显帮宝适"12小时超薄干爽"的品牌定位。

（二）竞争者分析

关于品牌定位声明中"品牌 X 是所有［竞争群体］"是有关竞争群体的分析，区别于竞争对手的品牌主张，必须是独特的、有防御性的、持久的价值主张。

1. 独一无二

在对同类或行业内的竞争对手进行分析时，会发现一些竞争对手具有的共同特性（共享属性）和只有一个竞争对手具有的独特属性，而品牌定位就是要为品牌打造独一无二的品牌属性和利益点，一个与众不同的唯一性，使得消费者愿意花费更高的价格购买。

有两种策略对产品和服务进行定位：垂直定位和水平定位。垂直定位突出品牌之间的共享属性，但强调了特定品牌在这些属性上的优越性能。例如，使用"更小、更快、更便宜"这样的词来描述品牌特点。另一种是水平定位，包括添加新的属性、好处或价值来吸引客户。例如，美国的全食超市（Whole Foods Market）采用了水平定位的方式区别于竞争对手，提供"最好的有机、天然和本地采购的食品"。

具有讽刺意味的是，品牌有时会通过将不相关的属性作为品牌定位的焦点而获得成功。不相关的属性是产品的显著特征，它没有为消费者提供实际的经济、功能、体验或社会价值。即使消费者被告知该属性对产品性能没有任何贡献，毫无意义的差异化带来的好处依然存在，这种差别本身就足以使产品对消费者有价值（图 2-1-10）。

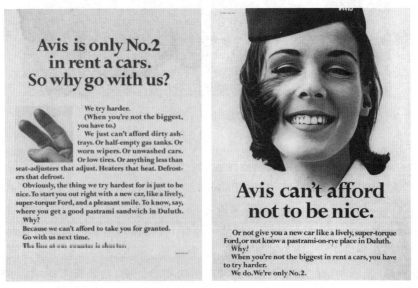

图 2-1-10　阿维斯（Avis）——我们第二，但我们更努力

阿维斯租车公司与赫兹(Hertz)租车公司的竞争可以追溯到 20
世纪 40 年代,阿维斯连续 13 年失利。1962 年,广告执行官比尔·伯
恩巴克为阿维斯租赁汽车品牌提出新的定位是"Avis Is Only No.2,
We Try Harder"。阿维斯公司还让员工注意检查订单,防止半空的油
箱、肮脏的烟灰缸和镜子,并且在广告中暗示"我们排队更少""我们最
努力的事情就是变得更好,全新的车,愉快的微笑,暗示我们有更好的
服务",传递"我们更努力"的品牌主张。承认自己的弱点,摒弃吹嘘夸
大,曾经是麦迪逊大街的诅咒,但这种谦卑的方式却赢得了消费者的
信赖,关键点在于这个品牌主张很像消费者自己生命的故事,"我们第
二,但更加努力",更好地投射出不屈不挠的信心。重新定位以后,阿
维斯迎头赶上。自该活动开始以来,阿维斯汽车租赁一年内的营业额
就扭亏为盈,这是 10 年来第一次盈利。1964 年该公司 9 个月的收入
达到了创纪录的 3120 万美元。

营销人员可以用一种叫做感知的工具直观地表示他们品牌的位置地图,提
供消费者心理景观的视觉图像。消费者被要求在一组属性中比较和对比一系
列品牌;然后,他们的回答被用来描绘品牌之间的空间差异。利用这些距离,营
销人员可以构建一个二维或多维的图形,表示消费者如何看待产品类别中的
品牌。

营销人员也可以构建一个感知图,不是直接询问消费者,而是观察他们
与品牌的日常互动。2007 年全球调查机构尼尔森(Nelson)开发了一种可视
化工具,绘制品牌关系图,使用先进的文本挖掘算法,挖掘网络上消费者关于
品牌的对话,在同心圆中绘制关于品牌的最重要的语言、属性、问题和主题。
可视化的工具使得营销人员能够快速掌握品牌识别。品牌关联图(brand
association maps)是一种感知地图(perception map),它是由数据生成的,在数
据中,单词之间的距离表示它们之间的相关性统计。竞争对手的品牌名称也
被纳入其中,焦点品牌与其竞争对手之间的物理距离衡量了消费者对一个品
类中品牌相似程度或差异程度的认知。图 2-1-11 是尼尔森开发的关于耐克
的品牌关系图。

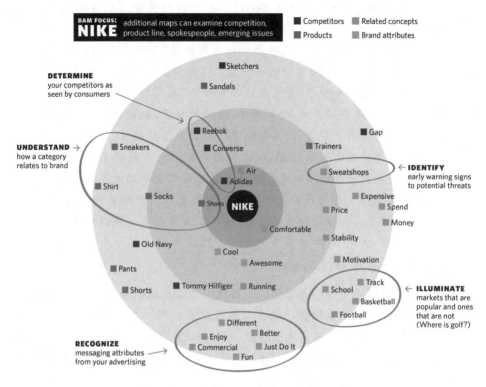

图 2-1-11　耐克——尼尔森品牌关系图①

通过对感性地图的视觉观察,管理者可以发现市场上的空白,这些空白是由尚未有品牌声称拥有的感知地图组成的。查看这些地图还可以让经理们了解他们自己的区域有多拥挤,这表明他们需要更加激烈地争夺消费者的注意力。最后,它使管理者能够了解竞争对手的位置有多近或多远,并确定哪些竞争对手可能侵犯他们的地盘。

品牌经理可以从以下几个步骤来确定独一无二的属性。

(1)我们的品牌主张是什么?

(2)竞争对手的品牌主张是什么?

(3)哪一个更具价值?

(4)消费者最看重和最不看重的品牌价值是什么?

(5)竞争对手占据哪个品牌价值点?容易被侵入吗?

(6)哪个品牌正在威胁我们的定位?我们如何面对这样的竞争?

---

①　The Nelson Company. Brand Association Map[EB/OL]. (2014-02-07)[2019-02-25]. http://www.nielson-online.com/downloads/US/BAXXUS.pdf. The Brand Association Map is a retired product.

(7)哪个品牌有可能真正影响我们最核心的价值？

(8)在品牌关系图中哪些领域是不被大家所注意的？

(9)这些领域对我们而言，是否具有定位的价值？

(10)最最重要的是，消费者区分我和竞争品牌的焦点利益是什么？

2. 持久的品牌定位

在进行品牌定位时，必须从长远出发，制定经得起时间考验的定位宣言，为品牌发展提供连续性。品牌大师凯文·凯勒宣称"品牌一致性在维护品牌联想的强度和好感度方面至关重要"。一个品牌要适应不断变化的市场，证明其相关性是长期进化的结果。一个多世纪以来，可口可乐（Coca-Cola）的定位一直很好，其公司频繁地调整定位，敏锐适应全球文化的变化。

> 可口可乐一百多年来的广告口号：
>
> 1886年，请喝可口可乐。
>
> 1906年，伟大国家的无酒精饮料。
>
> 1917年，每日销售300万/600万瓶。
>
> 1927年，无处不在的可口可乐。
>
> 1942年，只有可口可乐才是可口可乐。
>
> 1957年，好品味的象征。
>
> 1969年，这是真的。
>
> 1985年，这是美国人的真正选择。
>
> 1987年，挡不住的感觉。
>
> 1993年，尽情尽畅，永远是可口可乐。
>
> 2000年，可口可乐，每刻尽可乐。
>
> 2009年，畅爽开怀。
>
> 2016年，品味感觉。

3. 选择防御地形

许多公司发现，在特征和属性层面进行品牌定位容易被竞争者模仿，从而使品牌无差别定位。为了保证品牌定位长期有效，品牌管理者需要制定经得起时间考验的定位陈述，并且在品牌地形图中具有较大的防御性，以不容易被竞争对手威胁或取代。首先，专利和商标可以提高品牌价值主张的防御性。例如，可口可乐1915年就将可口可乐弧形瓶作为商标进行注册，以此获得长期有利的防御地形。其次，品牌也可以声称自己是某个品牌价值的真实化身。佛罗里达州天然橙汁（Florida's Natural）宣称是佛罗里达州唯一合法采购橙子的地方。它在品牌传播中,邀请人们与自然种植社的农民见面,共同努力为佛罗里达州种植最好的水果,并且挑衅性地问:"你的果汁来自哪里?"从而与竞争对手形成原材料采集的防御地形。

(三)公司分析

制定品牌定位声明更要结合企业自身发展,制定可行、有利、忠诚的价值主张。

1.定位是可行的

从品牌经营和发展的角度而言,有些定位是可以实现的,有些定位比其他更好。作为品牌的管理者要评估各种定位的可行性,以确定哪些定位是公司在产品生产和服务中能够实际呈现给消费者的。一个品牌要想生存下去,企业必须将其注入运营的各个方面。从产品策略、定价策略、分销策略,再到促销策略,4P营销理论中的每一个营销决策都必须支持和强化这个定位。在每个消费者接触点和消费者交互过程中,定位声明必须一致且可靠。

2.更多价值

品牌管理者还应评估各种价值主张的相对有利性,以判断哪些价值主张允许公司在市场上获得更多价值;评估不同定位之间的盈利差异可以让品牌管理者看到它们对公司的不同价值,并选择最有利的定位。同时,品牌的定位要牢牢地扎根于消费者的心中,公司必须在它的言行之间建立一种直接和强化的联系。实现一个特定的定位声明需要运营结构的改变,组织文化的改变,员工再培训和新领域的投资——所有这些都会增加成本。

在收益方面,一些定位可能会给公司提供获取更多价值的机会,而另一些可能会提供更少的价值。高度差异化的地方,通常比那些被视为商品共同属性的地方产生更高的品牌溢价。例如,企业对企业(B2B)定位策略有时可能比企业对消费者(B2C)策略更无利可图。在与大型企业客户的采购代理打交道时,企业往往不得不提供更多的折扣或额外的服务支持,而在为个人消费者服务时,他们不必承担这些成本。

3.真实性

随着社交媒体的发展和消费者媒介素养的提高,消费者对品牌和市场的感知能力迅速提高,过去"单向度"的传播、"信息不对称"现象,在社交媒体时代将一去不复返。那些在品牌声明中夸大不实信息的行为,将会受到消费者的指责。品牌首先是一个承诺,必须保证所宣称的定位是真实的,所有的传播渠道、媒介内容和企业行为都支持这个定位并保持一致。

在当今世界,一个品牌的定位通常是由品牌管理者、消费者和其他文化共同创造出来的,这些文化互为影响,创造出有别于竞争对手的品牌价值和意义。消费者了解一个品牌不仅仅通过营销传播在头脑中确定品牌的位置,还通过社交媒体的互动传播。消费者之间的口碑传播可以强化并放大品牌的定位声明,传播不当则会偏离既有的传播定位(图 2-1-12)。

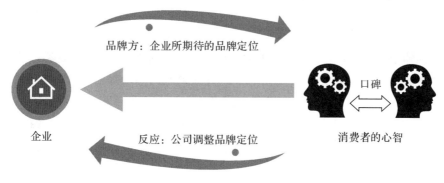

品牌方:企业所期待的品牌定位

口碑

企业

反应:公司调整品牌定位

消费者的心智

图 2-1-12　共同参与的品牌定位模型

四、品牌再定位

随着市场与消费者需求的变化,公司可能需要重新定位其品牌。例如,品牌资产价值超过 204 亿美元的百事公司已经经历了几次重大调整。在 20 世纪前三分之二的时间里,它的广告依次强调了健康、经济、爱国主义和自由奔放的"百事一代"的主题。在 20 世纪 70 年代,百事可乐不断上升的销售额开始挑战市场领导者可口可乐——"可乐战争"开始了。在"百事挑战"(Pepsi Challenge)广告中展示的盲品测试,让百事品牌一跃成为美国超市里最畅销的软饮料。1985 年,百事可乐以流行文化为主题重新定位,推出了以流行歌星迈克尔·杰克逊(Michael Jackson)为主角的广告。

随着 21 世纪的到来,百事公司的品牌团队面临着巨大的挑战——美国碳酸饮料消费的下降。这是由于婴儿潮时期出生的核心消费者随着年龄的增长而逐渐远离碳酸饮料,以及人们常常认为是软饮料造成的日益严重的肥胖问题所导致的。越来越多的父母限制孩子喝苏打水,导致千禧一代消费者的消费量下降。

作为回应,百事公司的经理们在 2010 年大胆地将他们的品牌重新定位为具有社会良知的可乐。百事焕新项目是一个旨在征集和引导消费者想法,以刷新他们的社区营销计划。2000 万美元——最初用于超级碗广告——将会资助消费者提出的最佳创意。这个项目的中心是它的网站 www.refresheverything.com/，在这里，消费者可以提交创意、审查创意、投票。品牌团队用"每一代都让世界焕然一新"的口号概括了这些趋势。现在轮到你了。百事可乐又回到了其早期的娱乐和流行文化主题，由音乐艺术家迈克尔·杰克逊（Michael Jackson）、凯蒂·佩里（Katy Peny）、尼基·马纳伊（Nicki Minaj）等人创意表演，并打出标语"活在当下"。

(一)平衡一致性和变化

百事公司在 2010 年的处境说明了老牌品牌面临的一个共同难题：是继续讲述他们几十年来成功讲述的品牌故事，还是调整立场以跟上时代的变化？

品牌再定位——改变一个品牌在消费者心智中相对于其竞争对手的位置，尽管它需要说服消费者重新连接他们与这个品牌已有的联想网络。重新定位品牌主张应注意从以下四个方面着手。

1.为谁？何时？何处？

一切要从消费者的需求出发，需求发生了什么变化，在什么时间和场景来满足他们的需求，这就需要改变目标市场，扩大使用范围，或找到新的市场，或增加一种销售方式。例如，过去的老字号讲究的是"酒香不怕巷子深"，随着互联网电子商务的发展，中华老字号品牌也纷纷试水电商渠道，为年轻消费者提供更多接触品牌的机会。稻香村、光明、五芳斋、海天、王老吉、冠生园、中茶、全聚德、杏花楼等，与京东、淘宝天猫、漫威、迪士尼合作，打开了新的销售渠道，创新品牌年轻化。具有 200 多年历史的国药品牌同仁堂推出了燕窝、珍珠、人参、阿胶、银杏等面膜，因有同仁堂做品牌背书，取得了不错的品牌业绩。很快同仁堂又推出了国字号药妆，这一重新定位开拓了许多新的品牌延伸机会。

2.什么价值？

大多数重新定位都涉及添加新的价值主张，以适应不断变化的消费者需求。品牌管理者需要注意的是，新的主张会不会削弱品牌现有的意义或产生冲突。品牌重新定位是随着时间的推移，消费者的需求和愿望发生了变化，佳洁士和高露洁在牙膏领域不同阶段的竞争，体现了消费者对牙膏功能需求的变化，从突出抗蛀牙，到预防牙龈炎，再到美白能力，不一而足。

3.为什么和如何？

新产品开发工作往往需要改进产品或服务，品牌重新定位可以保留基本的价值主张，但通过包含新的成分或升级特性，可以提供更有说服力的证据。2015 年，CVS(美国药品零售商)推出了 Promise Organic Baby 婴儿产品线，主打有机健康,Promise Organic Baby 系列全部以椰子油为基础进行制作,不含任何人工化学制剂,包括婴儿防晒霜,所有产品均通过了第三方测评机构 NSF/ANSI 的认证。这些说法为 CVS 注入了新的活力,第三方的测试认证进一步提供了令人信服的概念证明。

4. 相对于谁?

有时品牌重新定位涉及将产品或服务与一组新的竞争对手进行比较。在这里,品牌经理重新定义了市场的游戏规则。20 世纪 60 年代的美国汽车市场是大型车的天下,大众的甲壳虫刚进入美国时,根本就没有市场,伯恩巴克通过调查发现了甲壳虫价格便宜、马力小、油耗低的优点,是与美国汽车相对抗的完全不同的车子,提出"Think Small"的主张,采用反传统的逆向定位手法。"想想还是小的好",改变了美国人的观念,使美国人认识到小型车的优点。伯恩巴克的甲壳虫系列广告,不仅仅妙手回春般地让甲壳虫坐上了美国进口汽车销售量排行榜的头把交椅,还使它成为当时小型车的代名词。

当销售额下降时,品牌经理通常会感到压力,要求放弃以往的定位,但通常情况下,采取更谨慎的方式更为可取。例如,1895 年可口可乐宣布推出新的可乐,传统配方将永远退出市场时,引发严重的品牌危机。可口可乐被迫改变了原来的决定,宣布原来的品牌和配方重新被启用。所以当放弃以往的品牌定位时,要更加谨慎。

(二)重新定位品牌标识

当涉及品牌标识的重新定位时,品牌管理者必须格外小心。品牌标识是品牌与消费者交流的载体,通过品牌标识我们了解这个品牌是谁,品牌背后的文化、个性、男性气质、女性气质、社会阶层等,消费者的品位、智力水平、个人财富等也常常通过品牌标识来创造和再造自己。例如,我们通常会根据一个人穿的衣、开的车、住的房子来判断对方是富有还是贫困,是自由还是保守,是年老还是年轻,是前卫还是时髦,是炫耀性消费还是低调性消费。

因此,当一个品牌被重新定位时,它的现有客户可能会觉得他们的身份受到了威胁,特别是当他们认为新的价值主张或新的目标市场与他们不相匹配的时候,他们会抗拒、抵制品牌的重新定位。例如,一些奢侈品制造商试图推出同一品牌的平价品牌,会遭遇富裕阶层消费者的抵制,这些消费者不愿意与廉价品或被视为廉价品的消费者为伍,共享奢侈品的身份价值。

还有一些品牌具有男性气质或女性气质。如,万宝路(Marlboro)香烟最初的定位是女性香烟,广告口号是"像五月的天气一样温和",莫里斯公司(Philip Morris Company Inc)把万宝路香烟的烟嘴染成红色。投入市场之后并没有产生想象中的销售热潮。痛定思痛后,莫里斯公司重新定位万宝路香烟,将它的定位面向男性消费者,使用富有男子汉气概的西部牛仔形象——一个目光深沉,皮肤粗糙,浑身散发着粗犷、豪放气息的英雄男子汉,广告中西部牛仔的手指总是夹着一支冉冉冒烟的万宝路香烟。这一重新定位获得了巨大成功,万宝路香烟至今仍是全世界销量最高的香烟,销售额比第二品牌高出130%。这是一种以转换性别重新定位品牌的策略,在品牌史上具有重要地位。

在运用性别策略进行定位时要非常小心,因为一不小心就会有"性别弯曲"的品牌风险。但谨慎的重新定位也会带来可观的品牌收益,新客户将被重新定位的品牌吸引,因为它提供了前所未有的品牌个性。哈雷·戴维森(Harley Davidson)现在拥有一群忠实的女摩托车手,她们喜欢把自己与男性化、叛逆的品牌联系在一起,重新定义自己的女性气质。巴宝莉服饰(Burberry Apparel)和轩尼诗干邑(Hennessey Cognac)等品牌受到嘻哈艺术家的追捧,重新焕发了活力,这让它们能够吸引更多的人来关注这些品牌爱好者中的"酷元素"。

(三)品牌再定位的另一面

然而,重新定位一个品牌的身份特征可能是危险的,并且可能以一些消极的方式出现。

1. 现有消费者将离开品牌,因为品牌不再传达他们想要呈现的身份。1989年福特(Ford)收购捷豹汽车(Jaguar)的生产线,令捷豹的许多忠实车主大失所望,他们纷纷离开,转而购买其他奢侈品牌。

2. 现有消费者将通过共同创造品牌自身的意义来对抗品牌的重新定位,从而改变其在其他消费者心中的地位。保时捷(Porsche)的车主们不认可卡宴(Cayenne),声称这不是一辆真正的保时捷,并在品牌圈内嘲笑卡宴的车主。他们将卡宴车主排除在社区的文化仪式之外,拒绝在路上挥手或承认卡宴车主是保时捷家族的一员,从而保持保时捷以男性为导向的定位。

3. 现有客户将继续使用该品牌,但由于丧失了标识能力而贬值。现有客户将难以接受与品牌相关的新身份含义及其对他们的影响。这可能会导致他们降低为品牌支付溢价的意愿,并可能让他们质疑自己对品牌的忠诚度。

4. 新客户不会被重新定位的品牌所吸引,因为旧品牌定位的记忆痕迹太过强烈。尽管艾琳·费希尔(Eileen Fisher)试图用更前卫的风格和更前卫的广告来吸引年轻女性,但30多岁和40多岁的女性仍将其与年龄较大、身材丰满的女性联系在一起,并远离她们。同样,瑜伽服装公司露露乐檬(Lululemon)也在为不愿与"女性品牌"扯上关系的男性推出新产品线时遇到了麻烦。

　　品牌管理者甚至可以通过在品牌架构中给品牌增加副品牌的方法来减轻因为品牌性别策略所带来的相关风险。例如,宝洁(P&G)在其男性产品中使用"吉列",在女性产品中使用"吉列女性",向女性消费者发出信号,同时保护了男性依赖的品牌不受侵犯。

　　一些品牌选择推出附属品牌来拓展新的目标市场。例如,奢侈品品牌劳力士(Rolex),为寻求低价位的客户推出附属品牌帝陀(Tudor),从本质上"保护"了那些戴着奢侈品品牌手表的消费者的身份。还有一些公司推出了一个新品牌,将现有品牌的产品推向新的受众。当可口可乐公司和百事可乐公司无法让男性购买健怡可乐和健怡百事的时候,他们创立了自己的品牌——零度可口可乐(Coke Zero)和百事极度(Pepsi Max)——以黑色和银色的易拉罐包装,宣扬阳刚理念的广告为特色。

　　当涉及品牌定位时,大多数管理者都是抱着战争心态来看待这个任务的,他们会想到必须为赢得消费者心中的"精神地产"而战。但成功的品牌定位关键是找到与消费者无缝对接的方法,而不是征服他们的头脑。更多的是关注、感知和说服消费者,而不是插上一面旗帜。品牌定位无关产品及其特性,而是关于产品或服务的各个方面如何改善消费者的日常生活。

　　市场营销人员通过向外看——深入了解消费者,来建立强大的品牌地位。他们可以直观地理解哪些品牌特征支持消费者珍视的价值观。营销人员还需要了解竞争对手,并确定他们留下的未开发的空白需要填补的可能性。最重要的是,市场营销人员通过了解他们所掌握的产品技术以创造竞争优势,明确公司员工在提供差异化体验方面能走多远,从而建立品牌定位,这取决于公司的愿景以及公司对客户需求的理解和满足能力。

第二节　品牌定位案例——飞鹤再定位

　　定位是品牌管理中常用又重要的战略和概念,而再定位就是对品牌进行重新审视,洞察市场和消费者变化,旨在摆脱困境,改变现有的市场竞争格局,使品牌获得新的增长点与活力。正如定位之父杰克·特劳特所言,品牌重新定位是"应对竞争、变化与危机的战略营销之道"。[①] 重新定位需要极大的勇气,可以让企业在激烈的竞争中调整方向,改变消费者的态度与认知,进而取得成功。

---

① 特劳特,里夫金.重新定位[M].邓德隆,火华强,译.北京:机械工业出版社,2017:封底.

一、飞鹤与品牌重新定位

飞鹤乳业始建于 1962 年,是中国最早的奶粉生产企业之一,2019 年 11 月飞鹤在港股上市。多年来,飞鹤乳业打造了一条从奶源到终端完全自主掌控的全产业链,成为我国目前唯一拥有全产业链的婴幼儿奶粉企业,并创造了 59 年的安全生产纪录。

2008 年,受奶粉事件影响,国产婴幼儿奶粉遭遇信任危机。在中国老百姓心中,国产奶粉基本与"不安全的奶粉"画上等号。2015 年,国产奶粉仅占市场份额的 39% 左右,而外资奶粉则趁着 2008 年国产奶粉信任危机,在中国市场上突飞猛进,市场份额高达 61%。

在外资奶粉的猛烈攻势下,一、二线主流及高端市场被其占据,而国产奶粉在中低端市场拼杀,甚至退居三线、四线以及农村市场。在价格定位和营销推广方面也都差强人意,发展状态几近停滞,国产奶粉品牌发展困境重重。

2015 年 3 月,飞鹤乳业与上海君智咨询有限公司合作,开启重新定位品牌战略。

二、消费者和行业分析

品牌重新定位需要对行业市场和消费者进行分析,洞察环境变化,以调整企业发展动向和战略目标。

(一)对国产品牌安全性的担忧

自 2008 年的奶粉事件以后,国产奶粉与"不安全奶粉"画上等号,这个事件也一直成为国人心中的痛点。国产奶粉品牌也因此淡出国内的奶粉主流市场。消费者在进行产品选择时也常常率先选择国外奶粉以寻求心理安慰,认为外资品牌奶粉等于"安全奶粉"。要打破消费者的心理防线,打消消费者的顾虑,国产奶粉品牌突围障碍重重。

(二)国产品牌低端化

2008 年以后,一、二线城市的奶粉市场开始被外资奶粉品牌所占领,爱他美(Aptamil)、美赞臣(Mead Johnson)、美素佳儿(Friso)成为国内销量最高的三大奶粉品牌。国产奶粉品牌因而消隐于大众视野,转向三、四线城市,品牌定位逐渐低端化,价格也开始偏向低端定位,打折促销成为常态,从而把国产奶粉品牌置于一个更低的地位,使得消费者把国产奶粉定义为"低廉品",行业形象也在一定程度上受到质疑和损害。

(三) 国产品牌垂直度低

对于婴幼儿奶粉品牌来说,它属于乳业市场中的一个细分领域,在这个领域内,企业最大程度地实现在领域内的专业化、精细化和权威化才是成功的秘诀,而垂直市场的消费者也会因品牌的专业性而被吸引,愿意为之买单,并具有长久的专一性。

2014 年,中国婴幼儿奶粉市场规模在 700 亿元到 800 亿元。其中,本土企业婴幼儿奶粉销售规模基本上仅在 20 亿元到 50 亿元,前三名由外资品牌美赞臣、爱他美和美素佳儿占据,国产奶粉排在第四往后。与此同时,国产奶粉品牌多为延伸品牌,少有聚焦婴幼儿奶粉的专业品牌,这也导致消费者怀疑国产奶粉品牌的专业度,进而选择外资奶粉品牌,造成了国产奶粉品牌的销售尴尬境地。

三、品牌重新定位——"更适合中国宝宝体质"

通过不停探索,君智发现不同体质的宝宝在发育过程中对营养元素的需求是不同的,而飞鹤只针对中国宝宝的体质进行研发,其配方跟洋奶粉的配方不一样。这使君智进一步明确了飞鹤奶粉的策略方向——通过挖掘行业核心价值,发现外资奶粉强势中的弱势,与外资品牌展开强势竞争。

2015 年 12 月,君智与飞鹤正式启动"更适合"战略,调整战略定位方向,将核心诉求从"安全"转变为"更适合中国宝宝体质"(图 2-2-1)。

图 2-2-1 飞鹤重新定位①

"更适合中国宝宝体质"直接明晰地点出飞鹤品牌的核心价值所在,从理性诉求层面赢得消费者的心智,能够引起消费者的共鸣和认同,并给予消费者选择飞鹤品牌的坚定理由。

---

① 图片来源:https://www.feihe.com/.

(一)对抗定位——与外资品牌的正面抗衡

"一方水土养一方人"的观念深入人心,只要是中国人都深深理解并认可这句话。君智协助飞鹤重新定位——"更适合中国宝宝体质",提出让飞鹤代表国产奶粉来对抗整个外资奶粉的构想。这简单的九个字就是外资奶粉的痛点,没有哪个外资品牌能担得起这九个字,此定位也正是基于飞鹤50多年来专门为中国人研制奶粉的独特优势。找到消费者的痛点,搭建起飞鹤跟消费者沟通心智的桥梁。此外还能压制对手,让其无法反击。

冷友斌也表示,"竞争战略简单、粗暴、有用!企业陷入价格竞争无法突围时,更应该来学习竞争战略,打破企业内部思维,寻找差异化,让企业站在更高的平台上,高质量地竞争!有了品牌影响力,公司不靠低价打折,找到了长期发展的新出路。"

(二)技术定位——击中消费者痛点

飞鹤只针对中国宝宝的体质进行研发,其配方跟洋奶粉的配方不一样。特别是中国宝宝多有乳糖不耐症,飞鹤对配方进行了水溶性蛋白技术研发,率先在配方中引入OPO结构脂,使得奶粉速溶效果达到全球领先。

2020年,飞鹤在中国母乳的蛋白质和脂肪酸研究方面,再次取得新突破,不仅描绘出了中国母乳在不同泌乳期蛋白质和氨基酸组成的动态变化,还更精准地明确中国母乳中ARA和DHA的比例,这是采用统一配方的外资奶粉无法企及的程度。在产品特性上与其他依然在宣扬"安全"的品牌拉开距离,形成中国婴幼儿奶粉市场的一道独特风景,找到消费者痛点,让消费者自发为品牌买单。

(三)市场定位——攻打北京,跻身一线

拿下一线城市,是飞鹤成为真正一线品牌的必经之路。2018年,君智给出了"攻打北京"的建议,并与企业共同探讨施行了相应方案。2020年,飞鹤成功打破外资在北京市场的垄断,成为北京市场销量第一的奶粉品牌,赢得消费者的认可,在消费者心中占据前排位置。

(四)形象定位——民族品牌,价值认可

从2018年请国际影后章子怡做代言人,到2020年请硬汉形象的吴京代言高端线星飞帆,再到飞鹤的航天登月赢得中国航天认可,这些都不断巩固着飞鹤民族品牌的形象,不断强化消费者心智,完成与家国情怀的印象绑定,获得主流的认可,提升了消费者对品牌一波又一波的好感度。

四、传播策略

在传播渠道和策略上，飞鹤采用全方位的整合营销策略，帮助品牌实现销量逆袭和形象建设。

(一)品质传播：权威媒体＋强势代言人

飞鹤作为优秀国产品牌，入选"国家品牌计划"，与央视(CCTV)携手品牌传播，以增强品牌的权威性。拍摄《赢在中国》纪录片(图 2-2-2)，让消费者更好地了解飞鹤品牌发展史，为飞鹤品牌增加了一定的价值内涵和历史厚重感。另外，飞鹤代言人章子怡与吴京双向发力，强强联合为品牌背书，增强了消费群体对品牌的信赖感，传播了品牌黄金品质。

图 2-2-2　飞鹤《赢在中国》纪录片①

(二)影视综艺营销，彰显品牌实力

飞鹤在热播剧、综艺节目中也常有出现，最早可以追溯到 2010 年的《乡村爱情故事》，2018 年的《如懿传》以及 2018—2019 跨年热播大剧《知否知否应是绿肥红瘦》，飞鹤也与其进行了适时的合作。用大剧覆盖了主体购买者，同时用综艺营销制造营销热点。2018 年，在热门综艺节目《我就是演员》中，章子怡作为导师出现，进一步捆绑了飞鹤与章子怡，让更多欣赏章子怡的奶粉购买者同步了解飞鹤，选择飞鹤(图 2-2-3)。同年，飞鹤还冠名了爱奇艺综艺节目《隔代育儿》(图 2-2-4)，该节目邀请育儿专家一起进行育儿话题的讨论，而该节目针

---

① 图片来源：飞鹤 2017 年入选《赢在中国》首批案例，董明珠现场演讲为飞鹤坚守品质的精神而感动. https://posts.careerengine.us/p/5a0188ddced1e852a537dd8e.

对的受众刚好是飞鹤的消费群体,两者一拍即合,从而大大提升了消费者对品牌的好感度。

图 2-2-3　飞鹤赞助《我就是演员》,彰显品牌的品质化、时尚化①

图 2-2-4　飞鹤冠名《隔代育儿》综艺②

(三)数字化转型升级,读"懂"消费者

飞鹤一直紧跟潮流,在传播和服务领域进行数字化转型,读"懂"消费者。

---

① 图片来源:https://www.feihe.com/news/info?id=824.
② 图片来源:《隔代育儿》综合节目截屏.

通过官方自有媒体官网、微信公众号、官方商城、星妈会,搭载微博、微信、抖音、小红书进行品牌信息的沟通与传播,建立消费者画像。销售端,除了官方商城外,还在头部电商平台天猫、京东、拼多多平台布局,构建全渠道营销矩阵,满足消费者的购物需求(图 2-2-5)。

图 2-2-5 飞鹤搭建数字化传播与运营平台①

2017 年 11 月 16 日,飞鹤创办了《花样美妈在路上》大型互动直播项目,并且凭借 PGC(专业生产内容)+UGC(用户生产内容)创新直播模式,荣获第五届梅花网最佳移动营销创新奖,开启了互动营销新时代。

2020 年受新冠疫情的影响,飞鹤开启线上溯源直播活动,缓解线下溯源的困境。2021 年,飞鹤持续线上溯源,但是采取了"慢直播"的形式,将产品的重要生产环节曝光在 24 小时开机的静态摄像头之中,打造"透明化工厂",以增强消费者对品牌的忠诚度(图 2-2-6)。

图 2-2-6 飞鹤奶粉打造"透明化工厂"②

① 图片来源:https://www.feihe.com/.
② 超 4 亿人次"围观"飞鹤溯源直播. 时代在线. 数字化引领服务再升级[EB/OL]. (2021-08-30) [2021-11-03]. https://www.time-weekly.com/post/284579.

　　除此之外,在数字化服务方面,飞鹤还打造了一个陪伴式育儿平台——星妈会。星妈会于 2017 年底上线,2019 年从微信公众号升级成为类似于垂媒 APP 的母婴服务平台。该平台围绕"生、养、教"全阶段,为用户开展月龄定制、喂养攻略、专家课堂等服务。目前,会员数已超 4000 万,月活达 300 多万,从而跻身母婴服务平台的顶流。

图 2-2-7　飞鹤数字化服务平台星妈会①

(四)造节破圈＋热心公益,提升行业与企业形象

　　飞鹤品牌一直致力于打造强势品牌,引领行业发展,提升国产品牌的企业形象。2018 年,飞鹤"造节破圈",与中国奶业协会、中国乳制品工业协会联合倡议"5·28 中国宝宝节"(图 2-2-8),同时联合人民日报、新京报等九家权威报纸组建九宫格媒体矩阵,提出"陪着≠陪伴",刷爆主流媒体朋友圈。这一举措,将飞鹤关爱宝宝,为宝宝成长保驾护航,从"高质量产品"提升为"高质量陪伴"的品牌理念予以体现,在全社会引发共鸣。

　　另外,在 2020 年的新冠疫情防控期间,飞鹤捐赠 2 亿元款物驰援抗疫一线;医疗方面,飞鹤先后向 11 个贫困市(县)捐赠 1.76 亿元诊疗设备,惠及 100 多万人;在母婴关爱方面,飞鹤捐赠 2100 万元用于产后抑郁妈妈的治疗;在教育方面,中国飞鹤持续开展"鹤心助学助教计划",累计投入 2750 余万元用于师资建设、教育保障,资助超 80 所学校(图 2-2-9)。②

---

　　①　图片来源:https://www.feihe.com/starmother/customize.
　　②　数据来源:https://www.feihe.com/news/info? id＝867.

图 2-2-8　2021 年 5 月 28 日中国宝宝节活动现场①

图 2-2-9　飞鹤爱心志愿小组搬运物资②

---

① 图片来源：https://www.feihe.com/starmother/customize.
② 图片来源：https://www.feihe.com/starmother/customize.

总之,飞鹤通过聚合主流媒体、热门综艺,用一线明星,一流大学北京大学、江南大学等权威形象为其品质背书代言,星妈会、抖音、小红书等汇聚专家和宝妈社会资源,打造母婴交流的百科平台,彰显飞鹤关爱宝宝成长,"更适合中国宝宝体质"的品牌定位。

五、飞鹤品牌再定位的效果

重生以后的飞鹤,无论是销售状态还是形象建设都获得了飞跃式增长,一路披荆斩棘,连创辉煌:

2016 年,飞鹤逆势增长,超高端销量增长超 80%。

2018 年,成为中国婴幼儿奶粉行业首个破 100 亿元的品牌。

2019 年 11 月 13 日,飞鹤上市,成为港交所历史上首发市值最大的乳品企业。

2020 年,飞鹤实现营收 185.92 亿元,同比增长 35.5%。

2021 年,飞鹤实现总营收 227.8 亿元,同比增长 22.5%。

六、小结

重新定位后的飞鹤如鱼得水,在一片红海的奶粉市场中找到蓝海,与其他品牌形成鲜明的区隔,成为国产奶粉品牌的领头羊。2021 年 9 月,由世界品牌实验室(World Brand Lab)主办的亚洲品牌大会在上海召开,会上发布了 2021 年《亚洲品牌 500 强》排行榜,共有 19 个国家和地区的 500 个品牌入选。飞鹤再度上榜,系第三次入选该榜单。

延伸阅读:独特的品牌定位①

定位常常感觉像是一场战略军备竞赛,企业都希望能够用新的、更好的主张来定位一个产品或服务类别来超越对方。达美航空(Delta Air Lines)曾声称,它是唯一一家允许乘客在航班上使用手机的航空公司,但这种说法很快就过时了,因为这已成为行业标准。

跳出固化的思维:

(1)反向定位。有时候,品牌成功的方法是脱离同类品牌的特点,反其道而行之,例如德国大众(Volkswagen)的"想想还是小的好",七喜"非可乐"。剥离

---

① AVERY J,GUPTA S. Brand positioning[M]. Boston:Harvard Business Publishing,2015.

产品类别中预期的平价点,向消费者提供更少的东西,同时在定位声明中提供更多的东西,这就是所谓的反向定位。想想捷蓝航空(JetBlue)是如何通过价值声明鼓励消费者重新考虑他们对航空服务的期望的。捷蓝航空消除了客户长期以来认为理所当然的东西,但增加了大量运营成本,比如分配座位、头等舱和商务舱,以及机上餐饮服务等。相反,这家航空公司向客户提供了其他一些他们的大型竞争对手难以复制的有价值的东西——低价格,加上免费 Wi-Fi 和座椅靠背娱乐系统等新服务,这重新定义了平价航空业的服务体验。

(2)分离定位。当品牌发现自己被困在低机会的产品类别中时,分离定位提供了一种跳出新类别的方式。当斯沃琪(Swatch)进入竞争激烈的领域时,手表被认为是一个死气沉沉的行业,由传统品牌主导。许多顾客一生只买一块手表,因为它们价格高,而且耐用。斯沃琪把自己的品牌定位为时尚配饰,而不是功能物件,从而吸引了顾客的注意。低廉的价格(几十美元),数百种不同的色彩,丰富的设计选择与促销活动,鼓励顾客一次购买许多色块。拥有一个斯沃琪手表系列成为常态,一些消费者甚至一次戴上不止一个。

(3)隐形定位。有时产品或服务类别会受到污染。消费者在购买之前对不满意的性能感到失望或对技术专家的威胁感到害怕的产品时变得谨慎。为了克服这些困难,隐形定位允许品牌将自己的产品与不同的类别联系起来,从而隐藏其真正的本质。例如,AIBO(artificial intelligence robot,简称 AIBO)是索尼早期尝试制造家用机器人来帮忙做家务的产品。但在推出时,AIBO 的多面手技术还不够成熟,甚至无法可靠地处理简单的任务。索尼没有出售性能不可靠的家用机器人,而是决定将 AIBO 定位为机器人"宠物"。有了这种"低期望值"的定位,当他们的宠物完成最简单的任务时,消费者会很高兴,他们尤其喜欢"训练"它来纠正错误。

第三章　品牌形象

品牌是一种错综复杂的象征——它是产品属性、名称、包装、价格、历史声誉、广告方式的无形总和。品牌同时也因消费者对其使用的印象以及自身的经验而有所界定。

——大卫·奥格威

第一节　奥格威开启品牌形象时代

一、奥格威与品牌形象的提出

(一)奥格威生平

大卫·奥格威,1911 年 6 月 23 日出生于苏格兰小镇西赫斯利,被尊称为"广告教皇",其创办的奥美广告公司已成为世界上最大的广告公司之一。

1929 年,奥格威进入牛津大学基督教会学院(Christ Church College, Oxford University)学习,两年后从牛津辍学。1931 年在巴黎美琪饭店(Hotel Majestic)当厨师。1932 年,他结束厨师生涯回到苏格兰,开始推销将军牌厨具,之后写出了推销小册子《将军牌炊具销售理论与实务》(*The Theory and Practice of Felling the Aga Cooker*),后来被《财富》(*Fortune*)誉为"有史以来最好的推销员手册"。

1936 年,他的兄长为他在伦敦一家广告公司谋得实习的机会。该公司送他到国外学习美国广告技术,这一年,他收获颇丰。25 岁的他宣称:"每一个广告必须讲述完整的营销故事,文案中的每一句话都要掷地有声。"

1938 年,大卫·奥格威移民美国,受聘于盖洛普民意调查公司,在其后的三年中辗转世界各地为好莱坞客户进行调查。盖洛普严谨的研究方法与对事实的执着追求对奥格威的思想影响巨大,并成为他行事的准则之一。二战期间,他受命于英国安全部,出任英国驻美使馆二秘。战后,他在宾夕法尼亚州过了几年农耕生活,以种烟草为生。后举家迁至纽约,并决定开创自己的广告公司。

1948 年,奥格威在麦迪逊大道创办了广告公司,也就是现在的奥美公司,从此凭借独创的理念、敏锐的洞察力、勤谨的作风引领着公司一步步走向壮大3 年之后,这个一度黯淡的男人已名扬业内。10 年过后,奥美公司成为全球最大的五家广告代理商之一,在 29 个国家设有分公司,拥有 1000 个客户,年营业额 8 亿美元。20 世纪 60 年代的美国广告三大宗师中,奥格威的风格最朴实。有调查显示通过广告卖出去的产品数量是威廉·伯恩巴克和李奥·贝纳加起来的 6 倍。《广告周刊》说:"奥格威以他敏锐的洞察力和对传统观念的抨击照亮了整个广告行业,令任何广告人都无法企及。"1989 年,奥美广告被WPP 收购。

1963 年,奥格威出版了他的第一本著作《一个广告人的自白》(*Confessions of an Advertising Man*)。奥格威把这本书的版权送给儿子做 21 岁的生日礼物。他原本以为这本书最多可以卖掉 4000 册,结果到目前为止,这本书的销售量已经超过 100 万册,成为欧美广告专业学生的必读书。

(二)"品牌形象"理论的提出

20 世纪 50 年代,制定独特的销售主张开始变得越来越困难。此外,随着生活水平的提高,消费者开始关注心理上的满足。1955 年加德纳(B B Gardner)和列维(Levy S J)在《哈佛商业评论》上发表《产品与品牌》(The Product and the Brand)一文,分析了产品和品牌的不同,提出了品牌形象和符号对消费者的特殊意义。奥格威敏锐地发现并洞察了"品牌形象"的理论,并推动这一创新思想在广告界开花结果。

1955 年,奥格威在一次对 4A 公司会员的讲话中,初步阐述了关于"品牌形象"理论的精髓。他说:"厂商如果能致力于运用广告为他们的企业品牌建立最有利的形象,塑造最清晰的个性,长此以往必定能够获得最大的市场占有率,进而产生最高额度的利润。"奥格威在《一个广告人的自白》这本书里告诫客户,要长久地维护一个品牌形象,不要急功近利地追求短期利益,做和品牌形象相悖的广告,破坏品牌的形象。其"每一则广告都是对品牌形象的长期投资"堪称"品牌形象理论"的经典格言。

品牌形象论是广告创意策略理论中的一个重要流派,在此理论影响下,出现了大量优秀的、成功的广告。他认为品牌形象不是产品固有的,而是消费者联系产品的质量、价格、历史等形成的,此观念认为每一则广告都应是对构成整个品牌的长期投资。因此每一品牌、每一产品都应发展和投射一个形象。形象经由各种不同推广技术，特别是广告传达给消费者及潜在消费者。消费者购买的不只是产品，还购买承诺的物质和心理的利益。[①] 广告中诉说的企业的有关事项，在购买决策中比产品实际拥有的物质上的属性更为重要。

二、品牌形象的作用与意义

品牌形象最初的创造和形成是基于心理和传播的结果，并被解释为通过产品自身和企业的各种营销活动共同作用产生在消费者心理上的一种总体认知，架起了企业和消费者之间的桥梁。[②] 提起国内外的一些著名品牌，如万宝路、麦当劳、沃尔玛、海尔、华为等，消费者头脑中反应的已不单单是他们提供什么产品，而是联想到一系列与该品牌有关的特性与意义。这些内容深深地植根于消费者的思想和情感中，让消费者感受它们与其他同类技术、同类产品的差别，最终影响到他们的购买决策——这就是所谓品牌形象的存在，它提供了形象效用，给消费者带来了实体之外的附加价值，解决了产品同质化给市场营销带来的难题。[③]

品牌形象在营销领域是一个重要的概念，这一点很早就达成了共识。营销学者及营销实践人员都认为产品和服务的成功更多的是因为品牌形象的象征意义，而不是物理特点和功能。[④] 品牌形象对于品牌资产的研究也有重要意义。凯勒认为品牌形象就是品牌资产的一个重要驱动因素。[⑤] 比尔(Biel)在其《品牌形象如何驱动品牌资产》(How brand image drives brand equity)的文章中也明确提出了品牌形象和品牌资产的关系及品牌形象驱动品牌资产的机理。[⑥]

品牌形象是消费者对品牌的总体感知和看法，进而影响和决定着消费者的品牌购买和消费行为。进行品牌形象测评，有助于企业正确评价以往品牌营销努力产生的成效。在与其他竞争性品牌的比较中发现问题，为进一步塑造理想

① 蒋廉雄,卢泰宏.形象创造价值吗? ——服务品牌形象对顾客价值—满意—忠诚关系的影响[J].管理世界,2006(4):106-114.

② 李欣,张明立,罗暖,等.品牌形象对品牌关系利益的影响[J].管理科学,2016(6):120-130.

③ 韩慧林,邹统钎,庄飞鹏.公司品牌形象对消费者购买意向的作用路径研究——基于中国跨国公司的实证分析[J].中央财经大学学报,2017(8):93-101.

④ AAKER D A. Managing brand equity:capitalizing on the value of a brand name[M]. New York: The Free Press,1991:299.

⑤ KELLER K L. Conceptualizing, measuring, and managing customer-based brand equity[J]. Journal of Marketing,1993,57(1):1-22.

⑥ DIEL A L. How brand image drives brand equity[J]. Journal of Advertising Research,1992,32(6):RC6-RC12.

的品牌形象提供决策依据。

三、品牌形象的定义

虽然品牌形象的相关研究很多,品牌形象的重要性被学术界和企业界广泛认同,但人们对于品牌形象的内涵、品牌形象的系统结构及能否被测量等问题并没有实现广泛而统一的认识。品牌形象的定义可分为多种角度,如强调象征意义的角度、强调品牌个性的角度、强调心理认知的角度和综合定义的角度。究其原因,一方面是随着品牌这一概念及相关理论的发展,学者们对于品牌形象内涵的认识也随之不断变化;另一方面,品牌的成熟度和品牌在消费者心中的不稳定性也构成了品牌形象发展不稳定的因素之一。所以有必要重新厘清品牌形象的概念、测量方法以及其构成维度,这将有助于对品牌资产、消费者行为等方面的相关研究,也有助于企业正确评价品牌营销努力的效果。

(一)品牌形象概念的早期认知

1.基于认知或联想的品牌形象

该流派认为品牌形象的产生是基于认知或心理的过程。品牌形象主要决定因素是精神因素,并用想法、感觉、态度、心理构念、理解或期望等词来描述。

1955 年,加德纳和利维提出品牌形象的概念,认为品牌形象是消费者对品牌的观点、情感和态度的组合,是消费者对品牌的总体感知,体现产品社会性和心理性的本质。[1]

纽曼(Newman)[2]、莫尔哈特和赫佐格(Morhart&Herzog)[3]认为品牌形象是消费者对品牌的总体感知,其建立是基于产品的属性和广告等营销活动,由消费者记忆中的品牌联想反映出来。品牌联想是记忆中品牌节点相关的另一信息节点,其强度、赞誉度和独特性影响品牌资产。迪希特(Dichter)[4]指出品牌形象是产品给消费者的整体印象。布尔莫尔(Bullmore)[5]认为品牌形象

---

① GARDER B B,LEVY S J. The Product and the Brand[J]. Harvard Business Review,1955,33 (2):33-39.

② NEWMAN J W. Motivation research and marketing management[M]. Boston:Harvard University Press,1957.

③ MORHART F M, HERZOG M, TOMCZAK T. Brand-specific leadership:Turning employees into brand champions[J]. Journal of Marketing,1963,73(5):122-142.

④ DICHTER E. What's in an image[J]. Journal of Product & Brand Management,1992,1(2): 54-60.

⑤ BULLMORE J. The brand and its image re-visited[J]. International Journal of Advertising, 1984,3(3):235-238.

是人们对品牌的认知和感受。该学派从品牌形象形成的角度探讨了品牌形象的概念,并认为品牌形象是消费者对产品和品牌的认知或心理加工的结果。

该流派品牌形象定义虽较笼统,但却明确指出品牌形象是基于消费者对实际情况的感知,有时两者可能不一致,但却比实际情况本身要重要得多。

2.基于象征意义的品牌形象

该学派认为产品通过品牌形象表达象征意义,消费者据此来区别品牌,同时这些象征意义强化了消费者的自我认知,指出品牌形象是产品所体现的意义,是消费者对产品象征的感知。科特勒等①提出,人们购买产品不仅是因为其物理属性和功能,还因为其个人和社会象征意义。当品牌形象的象征意义与消费者对自我的认知一致或增强了这种认知时,该象征是合适的。德菲和斯图亚特②更进一步提出象征意义与特定产品类别相关。国内的一些学者从符号学角度研究,认为商品的符号意义就是品牌形象。③

3.品牌形象的个性说

该流派认为品牌形象具有类似人的显著个性特征。如梁佐林④认为品牌是生命系统,品牌在实践中表现出的独特个性,常常显露出像人一样的生命光彩。西尔吉⑤进一步将品牌形象扩展为产品像人一样具有个性形象。该流派的早期研究有所分化,出现了两个支派,一是研究品牌形象个性特征,二是研究品牌形象与消费者个性形象或自我概念的关系。该学派从情感视角提出品牌形象有情感诉求,同人类一样拥有个性特征。⑥

(二)品牌形象概念的代表学者与观点

品牌形象定义虽因研究角度差异至今无法统一,但目前主流研究多用比尔、凯勒和阿克等的定义。

---

① KOTLER P,LEVY S J. Buying is marketing too! [J]. Journal of Marketing,1973,37(1):54-59.

② DURGEE J F,STUART R W. Advertising symbols and brand names that best represent key product meanings[J]. Journal of Consumer Marketing,1987,4(3),15-24.

③ 刘凤军,王嫽莹.品牌形象对顾客品牌态度的影响研究[J].科学决策,2009(1):67-74.

④ 梁佐林.将品牌个性演绎到极致——中海名都个案分析[J].中国广告,2001(12):22-25.

⑤ SIRGY M J,COSKUN S A. A path analytic model of store loyalty involving self-concept,store image,geographic loyalty,and socioeconomic status[J].Journal of the Academy of Marketing Science,1985,13(3):265-291.

⑥ 黄胜兵,卢泰宏.品牌个性维度的本土化研究[J].南开管理评论,2003(1):4-9.

　　比尔①综合了品牌形象个性和认知两个学派的观点，将品牌形象定义为消费者对品牌的联想，是基于消费者认知与品牌名称相关的属性和联想的组合。品牌形象通过对制造者/公司形象、产品或服务形象和使用者形象的联想来体现，主要是经由广告、包装、企业识别、公共关系及促销活动所提供的信息，经过认知处理后在消费者心中产生的品牌联想，尤其是经由视觉表现的信息更能让消费者对品牌产生较深刻的联想。

　　凯勒②在品牌知识框架中，以"联想网络记忆模式"和"扩张性的活化作用"来探讨品牌形象的形成，认为品牌形象是"存在消费者记忆中一切有关品牌联想的认知反应"。相比较而言，凯勒的学说更加全面丰富，不仅提出了品牌形象由品牌联想反映出来，同时指明了衡量途径，从消费者认知的角度将品牌形象解释为消费者记忆中所持有的品牌联想。

　　阿克与凯勒类似，认为品牌形象是一系列品牌联想。而品牌联想指一切可以让顾客联想到某个品牌的因素。阿克在《品牌资产》(Managing Brand Equity: Capitalizing on the Value of a Brand Name)的论著中，则将品牌形象定义为品牌联想的组合，品牌联想是与品牌联系起来的形成在人脑记忆中的任何事物，而品牌形象是一组有意义的品牌联想的集合，这些联想组织在一起形成消费者对这一品牌的整体印象，称为品牌形象。③

　　卡普费雷尔④继承发展了品牌形象认知学说，他从信息加工的角度出发，认为品牌形象是消费者对品牌认知的结果。厂商创造出的品牌识别，经由媒体传达到消费者的脑海中，消费者将接收到的关于品牌的产品、服务、传播方式等信息进行解码，抽取意义，然后组织成品牌的印象，即品牌形象。因此，卡普费雷尔认为营销者需要努力创造与目标消费者形象一致的品牌形象。该流派以消费者/品牌形象的一致性为假设前提，发展出了一系列理论和实证研究。

　　多布尼和吉可汉(Dobni&Zinkhan)⑤将品牌形象解释为消费者对某品牌所持有的知觉概念，而该知觉概念是经由消费者采用理由或情绪性的诠释所建立的主

　　①　BIEL A L. How brand image drives brand equity[J]. Journal of Advertising Research, 1992, 32 (6): RC6-RC12.

　　②　KELLER K L. Conceptualizing, measuring, and managing customer-based brand equity[J]. Journal of Marketing, 1993, 57(1): 1-22.

　　③　AAKER D A. Managing brand equity: Capitalizing on the value of a brand name[M]. New York: The Free Press, 1991: 299.

　　④　KAPFERER J N. Strategic brand management: Creating and sustaining brand equity long term [M]. London: Kogan Page, 1994.

　　⑤　Dobni, D., &Zinkhan, G. M. In search of brand image: A foundation analysis[J]. Advances in Consurmer Research, 1990, 17(1): 110-119.

观现象,经由消费者对品牌理性或非理性的诠释建立起来的主观印象。

(三)品牌形象概念的国内研究

与多数传播学概念一样,品牌形象也是一个舶来的概念,国内学者的研究要么是直接引用国外学者的概念,要么在相关概念的基础上进行些许的改进。如,范秀成认为品牌形象是品牌长期与消费者接触而产生的消费者对品牌的总体感知和看法,将时间观念加入其中,进一步凸显了品牌形象建立的长期性与复杂性。[①] 许晓勇综合上述学者对品牌形象的定义后,认为所谓的品牌形象,是由营销人员发展、实行与管理的一种拟人化的意象,以期该意象能存在于消费者的记忆中,使消费者在进行购买行为时能发挥正面的影响力。[②] 而所谓的拟人化的意象是指品牌形象可以像人一样,有年龄或是性别等区别。罗子明对品牌形象的特点进行了较为全面的总结,认为品牌形象主要有多维组合性、复杂多样性、相对稳定性以及可塑性和情境性等特点。[③]

四、品牌形象的构成

(一)品牌形象的构成维度

目前,品牌形象学者对品牌形象的研究大多基于消费者的心理认知,反映了消费者对品牌的总体看法、感觉和态度。因此,他们也大都从消费者认知的角度讨论了品牌形象的构成要素。

阿克认为[④],最大程度上影响消费者购买行为的感知维度就是管理者要寻找的品牌联想,品牌联想不仅存在,而且不同的品牌联想有不同的强度水平,并且直接影响消费者的品牌选择。但是,品牌形象不等同于品牌联想,只有那些有意义的品牌联想被组织在一起,才能称之为品牌形象。也就是说,这些品牌联想构成了消费者认知的品牌形象。基于上述原则,阿克把对管理者有意义的品牌联想概括为 11 种类型,包括:(1)产品特性;(2)国家或地区;(3)竞争者;(4)产品档次;(5)生活方式/个性;(6)名人/人物;(7)使用者和顾客;(8)用途;(9)相对价格;(10)顾客利益;(11)无形资产。

---

① 范秀成,陈洁.品牌形象综合测评模型及其应用[J].南开学报(哲学社会科学版),2002(3):65-71.

② 许晓勇,吕建红,陈毅文.品牌形象的消费行为学研究[J].心理科学进展,2003(4):464-468.

③ 罗子明.品牌形象的构成及其测量[J].北京工商大学学报(社会科学版),2001,(4):19-22.

④ AAKER D A. Managing brand equity:Capitalizing on the value of a brand name[M]. New York: The Free Press,1991:180-199.

凯勒将品牌形象定义为消费者对品牌的感知,是消费者联想网络的记忆模式。具体来说,是存在于消费者记忆中的一组与某个品牌相连的联想,可以说是消费者对于品牌的知觉性概念。品牌联想决定了品牌形象的内涵和品牌在消费者心目中的地位,是消费者与品牌的长期接触形成的,反映了消费者对品牌的认知、态度和情感。凯勒将品牌联想分为两类:品牌属性和品牌利益。[①]

产品属性联想可以分为产品相关属性和非产品相关属性两大类,即与产品有关的特性联想和与产品无关的特性联想。与产品有关的特性是指消费者寻求的、完成产品或服务功能所必需的产品要素,具体来讲就是决定产品表现水平和特质的产品物理特征;与产品无关的特性则主要有五类:价格、使用者和使用情境、感觉和体验,以及品牌个性。

利益联想是消费者赋予产品或服务特性的个人价值和内涵。利益联想又可分为三类:功能性利益联想、象征性利益联想和体验性利益联想。功能性利益是产品或服务的实际效用与内在优势,通常是与产品相关的属性有联系;象征性利益是产品或服务的外在价值与外在优势,通常是与产品无关的特性;体验性利益则是消费产品或服务的感觉,与产品的两种特性都相关。而最高水平和最抽象的品牌联想是态度联想,它是消费者对品牌的总体评价。

比尔认为品牌形象通过制造者/公司形象、使用者形象和产品/服务自身形象三个子形象得以体现,每种子形象由"硬性"和"软性"两种属性联想构成,描述这三个子形象的起点是消费者对每类形象相关特性的联想。[②] 当今许多品牌在功能上的差异很小,但品牌形象这一"软"的方面,即品牌在情感上、意义上的差异却很显著。三个子形象都可分解为"硬性"和"软性"两种属性联想。"硬性"属性是对品牌有形的或功能性属性的认知,硬的联想包括使用者的人口统计特征、产品和企业的技术和服务;一个品牌一旦对某种功能属性形成"独占",别的品牌往往很难再以此属性进行定位,一些市场中的强势品牌往往都在某些功能属性方面取得了垄断地位。但是,硬性属性已不再是形成品牌差异的绝对因素。如今,硬性属性越来越容易被模仿,靠硬性属性形成差异化定位的强势品牌也越来越少,取而代之的是反映消费者生活方式和个性特征的"软性"属

---

① 凯文·莱恩·凯勒.战略品牌管理[M].3 版.卢泰宏,吴水龙,译.北京:中国人民大学出版社,2009:47-55.

② BIEL A L. Converting image into equity[M]//AAKER D A,BIEL A L. Brand equity & advertising:Advertising's role in building strong brands. Hillsdale,NJ:Erlbaum,1993:1-10.

性。"软性"属性表达了品牌的情感利益,软的方面包括使用者的个性和生活风格、产品对应的个性和生活风格以及企业的风格和领导阶层。例如,可口可乐代表时尚、青春和生活乐趣;奔驰汽车除了代表安全的性能之外,更重要的是体现了一种高贵的身份。这种软性属性现在已成为区分品牌越来越重要的因素,因为这种情感利益一旦建立,就很难为人所模仿。

(二)品牌形象构成维度的其他研究

国内学者高辉从品牌形象来源及品牌形象机制的角度来加以解释,据此提出了三个基本维度:产品、消费者和其他实体维度,并回顾了各个维度品牌形象的理论和实证研究。

1. 产品维度

指基于产品形象,如产品类型、质量、价格、生产地等产生的品牌形象。目前研究集中在产品类型、质量和生产地上。关辉、董大海等[1]用"知觉到的质量"来表示品牌形象的功能成分,指出在最具体水平上,质量知觉的预测变量有内在属性(产品物理的特征)和外在属性(非物理产品,如价格、广告)。

2. 消费者维度

指与消费者相关的品牌形象,包括品牌个性的研究以及消费者形象与品牌形象一致性的研究。利维[2]开创了消费者自我形象和产品/品牌形象一致性研究,指出品牌形象是购买决策的关键。消费者购买某一品牌,不仅因为该品牌代表产品,还因为品牌代表了他们是什么样的人。格雷夫(Graeff)[3]研究了消费情境对品牌形象和消费者品牌评价的影响,用不同消费情境管理品牌形象和自我形象的一致性。不过,消费者有时并不想通过购买产品来显示真实的自我形象,反而通过与自我形象不一致的产品来"提升"自我形象。玛迪(Maddi)[4]得出了真实和理想自我形象模型,两种模型的区别在于,真实模型表明个体通过理解和接受自我概念来努力使他的环境和自我形象一致,理想模型表明个体不断改善自我形象来达到理想状态。伯德韦尔(Birdwell)[5]研究汽车品牌,得出

---

[1] 关辉,董大海.中国本土品牌形象对感知质量—顾客满意—品牌忠诚影响机制的实证研究[J].管理学报,2008(4):583-590.

[2] LEVY S J. Symbols for sale[J]. Harvard Business Review,1959,37 (4):117-124.

[3] GRAEFF T R. Consumption situations and the effects of brand image on consumers' brand evaluations[J]. Psychology and Marketing,1997,14(1):49-70.

[4] MADDI S R. Meaning,novelty,and affect:comments on Zajonc's paper[J]. Journal of Personality and Social Psychology,1968,9(2):28-90.

[5] BIRDWELL A E. A study of the influence of image congruence on consumer choice[J]. Journal of Business,1968,41(1):76-88.

收入是消费者购买与自身形象一致的产品的要素。多利希(Dolich)[①]研究了真实自我和理想自我,发现真实自我形象同消费者最喜欢的品牌形象一致性更强。罗斯(Ross)[②]研究了真实自我和理想自我形象对产品偏好的不同影响,结果显示真实的自我形象一致性更强。

切纳托尼(Chernatony)在三个产品类别中用消费者自我概念来预测品牌偏好,发现真实自我概念能更好地预测品牌偏好。[③] 格雷夫证明消费者对外显性品牌的选择,更多地受到品牌形象和理想自我形象的影响,而选择私人消费品品牌则更多地受到品牌形象和真实自我形象的影响。[④]

3.其他实体维度

企业通过品牌同其他实体结合创造品牌形象,如品牌联盟、代言人和渠道等。品牌联盟的方式是有形的,如两个或多品牌产品捆绑销售、在产品构成上真正结合、要素品牌;也可以是象征性的,如品牌名称、标识等。品牌联盟的研究很多,如研究如何通过品牌联盟产生积极的品牌形象,研究品牌联盟对原有品牌形象的负面影响。在使用名人代言人来创造或增强品牌形象时,品牌形象和名人形象一致性是成功关键,有两个研究模型:来源可信性模型[⑤],来源吸引力模型[⑥]。分销渠道成员可通过促销活动对品牌形象产生直接的影响。其中零售店对消费者有很大的影响,因此产生了大量有关零售店形象对品牌形象影响研究。艾拉瓦迪(Ailawadi)等[⑦]将所有研究分为五类:商店易到达性、店内氛围、价格和促销、产品或服务种类广度、产品种类深度。

---

① DOLICH. Congruence Relationships between self images and product brands[J]. Journal of Marketing Research,1969,6(1):80-84.

② ROSS I. Self-concept and brand preference[J]. Journal of Business,1971,44(1),38-50.

③ CHERNATONY L. Strategic brand management or tactical branding? [J]. Journal of Brand Management,1995,3(2:)76-77.

④ GRAEFF T R. Using promotional messages to manage the effects of brand and self-image on brand evaluations[J]. Journal of Consumer Marketing,1996,13 (3):4-18.

⑤ OHANIAN R. Construction and validation of a scale to measure celebrity endorsers' perceived expertise,Trustworthiness,and Attractiveness[J]. Journal of Advertising,1990,19(3):39-52.

⑥ REESE E T,MAGUIRE A H. Purine ribonucleosidase g from aspergillus foetidus[J]. Journal of Bacteriology,1968,96(5):1696-1699.

⑦ AILAWADI K L,HARLAM B. An empirical analysis of the determinants of retail margins:The role of store-brand share[J]. Journal of Marketing,2004,68(1):147-165.

五、品牌形象的测量

(一)品牌形象的测评指标

阿克、比尔、凯勒等研究者尽管从不同的角度阐述了品牌形象的内涵,并提出了一些有价值的评价指标,但都没有提出可操作的测评工具。品牌形象内涵丰富,需要从多个层面测评才能得到完整的反映,全面测评品牌形象需要更为综合性的框架和更为细致的测评指标体系。[①] 国内学者范秀成参照阿克提出的品牌识别系统,制定了品牌形象的"综合测评模型",将品牌形象分为四个维度:产品维度、企业维度、人性化维度和符号维度,并制定了具体的品牌形象综合测评模型及其应用。本书在综合前人研究的基础上,进一步从产品维度、企业维度、消费者关系维度和符号维度制定了测评指标。

1. *产品维度:产品类别、属性、来源地、普及率*

(1)产品类别:品牌是抽象概念,产品是它的主要载体,品牌与其所代表的产品类别紧密相关。企业树立品牌的目的是让顾客需要某类产品时首先会想到自己的品牌。如,购买空调会想到格力,购买剃须刀会想到飞利浦(Philip);(2)产品属性:产品的独特属性常常会激起顾客购买和使用的兴趣,当产品在某方面的属性格外突出时,在顾客心目中就会形成较高的品牌联想;(3)产品来源地:除此以外,产品生产或来源地也影响着大众对企业产品的评价和判断。品牌形象可凭借产地(来源地)形象得到强化。如来自法国的香水、来自荷兰和澳大利亚的奶粉、来自日本的小电器等,无不显示出产品"来源国效应";(4)产品普及率:如果企业产品在全球或者在某一特定区域普及率较高,就意味着该企业在所处的行业中表现非常优秀,消费者在购买其产品时就会更加放心。与之前学者的研究相比,去除了产品用途和使用者这两个指标,添加了普及率。本书认为产品类别在某种程度上代表了用途,而使用者可以归类到品牌—顾客关系之中。

2. *企业维度:文化氛围、创新能力、社会责任*

在产品质量越来越同质化的今天,大众不再仅仅关注产品本身的属性,产品提供者的形象,也就是企业形象,越来越影响品牌形象的形成。优秀的企业形象开始成为产品的背书,为良好的产品销售提供了沃土。从产品维度树立品牌形象,往往建立在消费者对产品的实际消费与体验之上。从企业维度树立品

---

① AUSTIN J R,SIGUAW J A,MATTILA A S. A re-examination of the generalizability of the Aaker BP measurement framework[J]. Journal of Strategic Marketing,2003,11(2):77-92.

牌形象,则需要更多地从企业的文化氛围、创新能力、社会责任等方面着手。(1)文化氛围:企业的文化氛围是利益相关者对企业的直接感受,这种感受直接影响品牌形象的好坏;(2)创新能力:企业的创新能力也是十分重要的"企业联想"之一,代表了企业的努力程度、开拓精神。一些高新科技企业,如华为、谷歌、英特尔等企业,这种能力更是备受关注;(3)社会责任:有时候对企业的认同是消费者通过企业的各种社会行为,而不是消费产品产生的。所以许多企业都致力于社会公益,来凸显企业的价值观,从而不断强化在消费者心目中的美好形象。

3.消费者维度:依赖、忠诚、激情、怀旧、体现自我

品牌形象是将品牌拟人化的说法,是将品牌隐喻为人,从而使品牌有了人的个性、人的轮廓、人的气质。比如可乐类饮品的青春朝气、汽车产品的自由奔放、香水的温馨浪漫等。从人与人之间的相互关系出发,弗尼尔[①]通过"品牌—顾客"关系测评模型,识别出企业品牌与消费者之间关系的七个维度。本文在此基础上,将消费者维度汇总为五个方面,分别是:(1)依赖。消费者对品牌的依赖程度可以从消费者与品牌之间的互动频率中看出。这种互动不只是对品牌产品的消费,对品牌自媒体的关注、对品牌活动的响应、对品牌的自觉推广都可以算进来;(2)忠诚。消费者一旦形成品牌忠诚,就不会轻易地改变对品牌的消费。品牌忠诚映射出品牌形象最好的效果;(3)激情。一旦对品牌形成激情,这种热烈的联结关系会使同质化的替代品难以介入;(4)怀旧。这种关系在某种程度上是关于过去美好的回忆,也就是通常学者们称之为的"品牌印象""品牌记忆"。品牌印象是品牌形象的早期萌芽。没有品牌印象,就不会形成品牌形象;(5)体现自我。消费者通过消费某一品牌,来间接地体现自我、表达自我。与弗尼尔相比,本文去除了"亲近"与"合伙"两个维度。之所以去除,是因为第一个维度"依赖"可以代表消费者对品牌的"亲近",而"合伙",可以体现在品牌"忠诚"之中。

4.符号维度:视觉符号、隐喻符号

符号是消费者心目中感受最为深刻的印记,是企业品牌形象的高度浓缩,例如可口可乐的红色瓶身和白色标志,海尔的"海尔兄弟"。对于品牌来讲,直观的视觉符号和非直观的联想的"隐喻"符号,是评价品牌形象的重要维度。(1)视觉符号:视觉符号是肉眼可见的,能够激发强烈视觉印象的符号,

---

① FOURNIE S,YAO J L. Reviving brand loyalty:A reconceptualization within the framework of consumer-brand relationships[J]. International Journal of Research in Marketing,1997,14(5):451-472.

这种符号多通过产品的包装、产品的 Logo、门店的装修风格等实物来表现；(2)隐喻符号：主要指不仅能够表达一个品牌的实用功能，同时能够传达这个品牌"感情"功能的标志。如海尔的"真诚到永远"的广告语，能让人联想到企业的态度，从而让消费者信赖这个企业。

(二)品牌形象测评的其他研究

品牌形象的总括、象征意义和个性三学派据其不同定义在测评上都进行了实证研究。测评可分为两类：一是具体测评，在产品类别基础上，测量品牌形象的维度；二是抽象测评，主要是通过测量品牌联想来比较跨产品维度的品牌形象。

1.具体品牌形象测量

(1)基于产品维度。基于产品相关属性差异，找出某一产品种类的品牌形象维度，据此测量比较品牌形象。布鲁克斯(Brucks)等发现适用于一般耐用消费品的 6 个品牌形象维度：易于使用、功能性、耐久、性能、服务性和声誉。[①] 谢明华(Hsieh)对汽车行业品牌形象测量出 4 维度、12 因素的品牌形象量表。[②] 阿塔曼(Ataman)等对饮料行业的品牌形象得出了 3 维度、16 因素的品牌形象量表。[③] 罗曼纽克(Romaniuk)等提出了服务业(银行和保险)18 因素量表。[④]

(2)基于消费者维度。该维度着眼点是消费者自身形象和品牌形象的关系，维度体现品牌形象个性特点。马尔霍特拉(Malhotra)[⑤]得出汽车行业 15 维度品牌形象量表，对后来研究有借鉴作用。费尔克洛思(Faircloth)等在羊毛衫品牌形象测量中将 15 维度缩减为 5 个。[⑥] 霍格(Hogg)等对啤酒品牌形象测量时采用了 12 个维度。[⑦]

---

① BRUCKS M, ZEITHAML V, NAYLOR G. Price and brand name as indicators of quality dimensions for consumer durables[J]. Journal of the Academy of Marketing Science, 2000, 28(3):359-374.

② HSIEH M H. Identifying brand image dimensionality and measuring the degree of brand globalization:A cross-national study[J]. Journal of International Marketing, 2002, 10(2):46-67.

③ ATAMAN B,ULENGIN B. A note on the effect of brand image on sales[J]. Journal of Product & Brand Management, 2003, 12(4):237-250.

④ ROMANIUK J, SHARP B. Measuring brand perceptions:Testing quantity and quality[J]. Journal of Targeting Measurement & Analysis for Marketing, 2003, 11(3):218-229.

⑤ MALHOTRA N K. A scale to measure self-concepts, person concepts, and product concepts[J]. Journal of Marketing Research, 1981, 18(4):456-464.

⑥ FAIRCLOTH J B, CAPELLA L M, ALFORD B L. The effect of brand attitude brand image on brand equity[J]. Journal of Marketing Theory & Practice, 2001, 9(3):61-75.

⑦ HOGG M K, COX A J, KEELING K. The impact of self-monitoring on image congruence and product/brand evaluation[J]. European Journal of Marketing, 2000, 34(5/6):641-667.

2.抽象品牌形象测量

抽象品牌形象测量是从抽象角度取得跨产品类别的品牌形象测量结果。基本假设是"品牌形象和联想性网络记忆模型一致",即品牌形象由品牌联想反映,所以通过测量品牌联想来衡量品牌形象。克里希南(Krishnan)认为应从联想数量、联想偏好、联想独特性和联想来源四方面考察品牌联想。[①] 凯勒认为品牌联想可从联想强度、赞誉度和独特性三个方面来衡量。[②] 阿克等提出跨行业的抽象品牌形象测量维度包括价值、个性和组织。其中价值维度考虑品牌性价比;个性指品牌个性、形象和消费者形象一致性;组织指企业其他品牌的评价。[③]

六、品牌形象的整合传播

在早期的研究中,学者普遍认为建立和塑造品牌形象通常可以从三个方面入手:一是通过营销组合因素,如优质的产品、低廉的价格、强大的销售网络、贴心的服务等;二是通过品牌识别要素,如响亮而易记的品牌名称、富有冲击力和美感的标志、具有识别力的企业(品牌)标准色、包装等;三是通过传播要素,如广告、公共关系、人员推销、营业推广、售点广告等手段和方法。[④] 但随着经济的发展、科学技术的进步和市场竞争的成熟,产品同质化日益严重,通过产品差异化来展现品牌的个性和塑造品牌形象的难度越来越大,而品牌的名称、标志、标准色等品牌识别要素一般在品牌发展过程中不作大的改变,以保持品牌形象的一致性。因此,品牌传播就成为品牌形象塑造最主要的手段,如何提高品牌传播的效率并有效地塑造品牌形象受到营销和广告传播界的关注。整合营销传播(integrated marketing communication,简称IMC)是 20 世纪 90 年代中期以来营销传播界最热门的研究课题,得到了广泛的重视和蓬勃的发展,它被认为是当今信息社会最有效的传播工具和方法,也是品牌传播、品牌形象塑造最有效的手段。[⑤]

品牌形象的整合传播理论认为所谓整合主要指传播工具的整合和传播过

---

① KRISHNAN H S. Characteristics of memory associations: A consumer-based brand equity perspective[J]. International Journal of Research in Marketing, 1996, 13(4): 349-405.

② KELLER K L. Brand research imperatives[J]. Journal of Brand Management, 2001(1): 4-6.

③ AAKER D A. Building a brand: the saturn story[J]. California Management Review, 1994 (Winter): 114-133.

④ AAKER D A. Managing brand equity: Capitalizing on the value of a brand name[M]. New York: The Free Press, 1991: 88-103.

⑤ 李忠宽. 品牌形象的整合传播策略[J]. 管理科学, 2003(2): 63-66.

程的整合。传播工具的整合主要指广告、公关、直效营销、活动营销、销售促进等营销传播工具的组合和利用,而传播过程的整合是指在不同时空的传播过程中保持品牌信息的一致性。如何使企业向不同的市场以及在不同的时间里传播一致性的信息,如何使品牌信息的传播既能适合不同人的口味又不失一致性,整合出一个统一的品牌信息,实现一致性传播,这是一个充满挑战的传播难题,也是品牌传播、品牌形象塑造的关键所在。过程整合对于维持企业整合营销策略的一致性、不断积累品牌要素和品牌形象是至关重要的。从这个意义上讲,品牌形象的整合传播就是要进行品牌信息的一致性传播。

美国科罗拉多大学(University of Colorado)汤姆·邓肯(Tom Duncan)教授在"整合四层次"①模式中提到以下四个层次。第一层次是形象的整合,即"单一声音"和"单一形态",所有广告呈现一致的外观及个性,如万宝路香烟、可口可乐饮料、麦当劳快餐等,都是第一层次形象整合的经典案例。第二层次是信息的整合,对所有品牌关系人(如消费者、供应商、通路、员工、股东、媒体等)以一致性的信息与之沟通。但一致性不等于僵化、不求变通,而是在品牌的核心识别、个性等保持不变的原则下,视传播对象的不同,将信息做相应的变通。以上两个层次可归结为一个层次,即品牌信息的一致性整合和传播。第三层次是好听众,重点是采取双向传播,通过免费电话、邮箱、调查和商展等获取信息,强调与消费者保持长期联系,企业做一个倾听者,广泛听取利益相关者,尤其是消费者的反馈信息。第四层次是世界级公民,其重点是关注社会、环保,关注健全的企业文化,注重广阔的社会,强调企业应注重善意营销,关爱社会。后两个层次是企业向着更高的目标和理想境界发展,做一名好听众和好公民,让消费者认识、熟悉品牌,并对品牌产生积极的联想,而后才能形成一个良好的品牌形象。

一致性,对于在传播环境日渐复杂、消费者消费习性和生活形态变化莫测的情况下,其重要性是显而易见的。对于一个品牌来说,整合传播的目标就是向特定的目标受众以一种有效、连贯的方式传达一个清晰、明确并且是一致性的信息。然而要维持品牌传播的一致性,不是一件容易的事情,必须运用一定的理论和方法,才能驾驭品牌信息,保证品牌信息传播的一致性。李忠宽教授把品牌信息分为三大部分,见图 3-1-1。

---

① 汤姆·邓肯,桑德拉·莫里亚蒂.品牌至尊:利用整合营销创造终极价值[M].廖宜怡,译.北京:华夏出版社,1999.

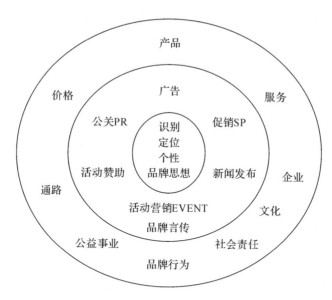

图 3-1-1　品牌整合传播的结构模型①

●一致性传播的焦点是品牌的核心思想,即品牌识别、品牌定位和品牌个性,这是品牌的本性,是品牌的精髓所在。保持品牌信息的一致性传播,要先从品牌内部要素做起,即品牌的"思想"。

●在确立品牌识别、品牌个性和品牌定位后,要通过一系列营销传播和广告宣传活动(广告、公关、促销、活动营销等)把品牌思想表达出来,即品牌的"言传"。

●加深消费者对品牌的认知,提高顾客忠诚度,形成品牌形象与价值,必须通过附加于品牌的产品、价格、通路、公益活动等营销手段来表现品牌,即品牌的"行为"。

七、品牌形象的"接触点"管理

从品牌形象的定义与构成维度来看,品牌形象的管理注定是一个较为复杂的过程。每一个企业都想高效地管理自身的品牌,但受限于企业的财力、人力等因素,无法对涉及品牌形象的所有环节都用力,因此,企业只能将对品牌形象有显著影响的环节作为管理的重点,也就是品牌与消费者之间的"接触点"。

如何鉴别不同的品牌接触点,并且科学地加以维护和管理,是"接触点"理

---

①　李忠宽.品牌形象的整合传播策略[J].管理科学,2003(2):62-65.

论的精髓核心，也是学者们近年来反复强调的内容。整合营销传播理论的提出者舒尔茨(Schultz)，一再强调企业找到目标消费人群与企业品牌的"接触点"的重要性。日本电通公司(Dentsu Group)也提出了"接触点管理"的相关方法，用以解决日益复杂的品牌传播管理的难题。[①]

根据舒尔茨等学者的定义，只要是能将企业的产品、名称、营销信息等任何与品牌相关的信息传递给消费者的"过程或经验"，都可以称之为"接触点"。也就是说，品牌接触点是消费者可以触及的一切和企业品牌相关的任何时空点，无论是产品陈列、营销信息、网络口碑、员工对企业的态度等，这些"接触点"都会影响消费者对品牌的认知与联想。

这种"认知与联想"可以分为两种，一种是接触之后，降低了消费者对品牌的形象认知，甚至引起了消费者的反感，称为"负品牌接触点"。对这种接触点要格外防范，必要时加以疏导，从而化解一些潜在的品牌危机；另一种类型的接触点则恰恰相反，它能够提升消费者对品牌形象的认知与好感，甚至改变原来对品牌的负面印象。这种接触点越多，越能给企业的品牌形象带来"累积效应"。

"接触点"管理之所以能够帮助企业提升品牌形象，是以心理学中的"关联网络记忆模型"为理论依托的。研究表明，人的记忆是由节点网络和连接链环组成。每一个网络节点都代表着人们储存在大脑中的信息和概念。连接链环代表了这些信息的关联程度。通过扩散传播，消费者在接触点接触到的品牌知识会激活品牌节点，经链环传递，形成品牌记忆，这种记忆会对消费者的购买决策产生重要影响。[②]

随着互联网的迅速发展与人们生活节奏的加快，消费者对企业品牌形象的接触正在呈现出"碎片化"的状态。消费者对品牌形象的认知，很难按照企业预期的那样，"魔弹"似的传递给消费者。这些超出企业可控范围的与品牌形象相关的各种信息，会零散地散落在消费者的意识中，进而影响消费者的品牌形象认知，因此，接触点管理是当下企业塑造品牌形象的重要管理环节。

八、品牌形象的修复

品牌形象修复是指企业为了降低或减少遇到的各种危机事件，修复或重整企业品牌形象而采取的各种应对措施。企业的品牌形象在危机中会受到不同程度的损害，因此危机发生时，企业都需要着手进行形象修复工作，以挽回受损

---

① 许颖. 接触点管理模式及其传播学透视[J]. 国际新闻界，2005(2)：32-37.
② 喻国明，张佰明，肎琳佳，吴文汐. 试论品牌形象管理"点—线—面"传播模式[J]. 国际新闻界，2010(3)：30-40.

的品牌形象。1995 年,班尼特提出了"形象修复理论",他认为"无论个人还是组织,最重要的资产就是声誉,声誉和形象应该像其他有价值的资产一样,需要从战略的高度去维护"。① 班尼特(Benoit)在此基础上,进一步提出形象修复的五大策略,即否认、规避责任、减少敌意、纠正行为、表达歉意。班尼特"形象修复理论"的五大策略相互影响,互为整体,在危机事件中具有较强的实践操作性,但作为危机传播的微观理论也遭到一些学者的质疑。如,王宇琦、陈昌凤等学者认为:"班尼特提出的危机事件中的形象修复策略较为琐碎,缺乏理论层面的抽象化以及对危机传播实践的系统化指导。"②

　　除了班尼特,其他学者也对品牌形象修复做了深入的研究。汪兴东等学者从"和解—辩解"两个角度对修复策略进行了划分,其中"和解"意味着承担责任,积极主动地进行修复行为;而"辩解"意味着否认问题的存在,拒绝承认问题或承担责任。③ 企业如若遭遇危机事件,"缄默"策略是最差的一种回应方式,企业应该根据不同的危机情况,采用不同的修复策略,只要能很好地处理危机问题,和解与辩解在使用上并无优劣之分。④ 方正等研究者认为在中国,形象的修复策略应该是"和解—缄默—辩解"。⑤ 西姆科斯(Siomkos)等学者认为修复策略是从否认到超级努力的连续行为,分为四个层次:否认、非自愿响应、自愿响应和超级努力。⑥ 普遍情况下,否认问题和非自愿响应不是有效的办法,而自愿响应和超级努力才是企业面对形象损害的较好选择。究竟选择哪一种,则需要依据具体情况而定。因为超级努力尽管看上去优于自愿响应,但是这种策略不仅需要高额的费用,而且会带来公众过度反应的风险。所以,使用时要审时度势。库姆斯(Coombs)在前人研究的基础上,将"辩解—和解"细化为八类:攻击肇事者、否认、辩护、受害者、申辩、迎合、校正、诚挚道歉。⑦ 他在进一步的研究

---

　　① 鲁津,栗雨楠.形象修复理论在企业危机传播中的应用——以"双汇瘦肉精"事件为例[J]. 现代传播(中国传媒大学学报),2011(9):55-59.

　　② 王宇琦,陈昌凤.社会化媒体时代政府的危机传播与形象塑造:以天津港"8·12"特别重大火灾爆炸事故为例[J].新闻与传播研究,2016(7):47-59.

　　③ 汪兴东.产品伤害危机中修复策略适配性对品牌形象评价的影响——时间距离与企业声誉的调节作用[J].经济管理,2013(11):93-105.

　　④ 邹靖涛.企业应对可辩解产品伤害危机时的策略研究[D].南京:南京师范大学,2014.

　　⑤ 方正,杨洋,江明华,等.可辩解型产品伤害危机应对策略对品牌资产的影响研究:调节变量和中介变量的作用[J].南开管理评论,2011(4):69-79.

　　⑥ SIOMKOS G, TRIANTAFILLIDOU A, VASSILIKOPOULOU A, et al. Opportunities and threats for competitors in product-harm crises[J]. Marketing Intelligence & Planning,2010,28(6):770-791.

　　⑦ COOMBS W T. Information and compassion in crisis responses:A test of their effects[J]. Journal of Public Relations Research,1999,11(2):125-142.

中指出形象修复应该根据企业在危机事件中承担的不同责任,而采用不一样的响应方式。如果企业不存在过错,或者是非常微小的过错,企业无需承担责任,可以采取否认的方式,最好能提供说明性、指导性的信息以引导消费者消除对企业的误解。如果企业存在低度或者中度的责任,企业可以针对自身的失误进行"辩解"。如果企业存在较大的责任,如一些"过失行为",则需要高度的修复策略。

品牌形象的修复是一项长期的工作,除了危机发生时的各种应对策略,在危机过后,也需要评估危机影响和检讨危机管理得失,明确如何改进工作才能获得公众的优质评价。企业形象不仅要有企业内部的参与,更需要利益相关者的参与,因为形象是存在于利益相关者的心里,企业单方面修复通常是无效的。企业要了解利益相关者的想法与需求,只有了解他们的想法才能更加有效地改进企业的各项工作,从而更好地修复企业的品牌形象。

第二节 品牌形象案例——"非凡英国"

在一个媒介化的社会里,被感知的事实永远要比事实本身更重要。品牌形象作为消费者感知的联想结合体,是构成一个国家、机构、企业,乃至一个人的影响力的最为重要的软实力。

2011 年,英国政府发起"非凡英国"(The Great Britain Campaign)国家形象品牌计划,力图树立"非凡"的英国国家形象,吸引人们到英国旅游、经商、投资和学习。"非凡英国"在全球推广过程中联合公共和私营部门,将过去不同部门的活动结合在一起,创造了从英国到世界清晰的、有凝聚力的声音。自 2011 年以来,该活动已拓展到全球超过 145 个国家和地区,促进了从上海到旧金山、哥本哈根和开普敦等与英国创新与合作,展示了英国在科学技术、可持续发展、文化和创造力等各个方面的最佳表现,该项活动已为英国带来了超过 45 亿英镑的收入。

在具体的执行层面,与专业性国际公关、互联网公司合作,持续挖掘可品牌化的资源传播品牌形象,并充分利用了视觉艺术、名人效应和微营销的推广模式,非常值得借鉴。

一、"非凡英国"概要

2011 年 9 月 21 日,英国首相戴维·卡梅伦(David Cameron)在纽约宣布发起"非凡英国"计划时距 2012 年英国举办奥运会还有一年,英国女王钻禧纪念活动也将在 2012 年举行。当时英国经历了城市暴乱、经济持续低迷,面临着"身份危机",在这种情况下发起国家形象计划是"可理解的"。2011 年,时任首相戴维·卡梅伦在纽约的一次演讲中,为此定下了基调:"英国有很多很棒的地方,我们想大声并自豪地传达这样的信息,这是一个经商、投资、学习和参观的好地方。"

"非凡英国"运动正式于 2012 年 2 月启动。这是一项国家形象工程,由英国外交与联邦事务部(FCO)、英国贸易投资总署(UKTI)、内阁办公厅(CO),英国商业创新与技术部(BIS),英国文化协会(BC)、英国国家旅游局(VB)以及私有领域合作关系共同实施,旨在向世界展现英国在企业、知识、创造力、文化、环境保护、音乐、语言、文化遗产、乡村、运动、创新、购物等方面的优势,并以各个优势为主题设计相应的宣传方案和活动。随着计划的推进,越来越多的文化元素得以挖掘,并被增添到"非凡英国"的整个计划中,吸引了各国人民到英国学习、旅游和从事商业活动。计划的重点推介对象是 9 个国家(澳大利亚、巴西、加拿大、中国、法国、德国、印度、日本和美国)的 14 个城市。

二、"非凡英国"计划的宣传特点

(一)突显"Great"理念,不断丰富品牌内涵

该活动的核心是用"Great"一词来彰显英国伟大的一切,非凡的、伟大的、荣耀的、多元的,等等,力求以令人震撼的方式呈现熟悉的事物和新鲜的事物,旨在通过"Great"的理念来产生经济回报,使英国成为全球旅游、教育、外来投资的首选目的地,并支持英国公司向海外拓展。其品牌愿景是让世界用不同的方式思考和感受英国,"将其视为一个充满活力、鼓舞人心和创新的学习、旅游与投资的地方"。同时,围绕"Great"确立了 10 个关键"支柱"来支撑核心理念,分别是:遗产、文化、农村、运动、创新、商业、企业家、技术、创造力、知识。

"非凡英国"的基本理念在于将代表英国国家形象的元素包装成产品推向世界,其核心概念是"Great",所有元素都是英国"非凡"的例证。所有的宣传标语,都以"Great"结尾,用户可以自我定义和想象,而广泛的宣传和创意则以反复通用的方式加强了"Great"这一概念,不致浮夸而引起反感。

(二)统一灵活的品牌标识,使行动整齐划一

"非凡英国"运动创建了统一灵活的品牌视觉和语言识别系统,并有针对性地在全球开展传播活动,最大限度地让不同国家和地区的用户参与进来。视觉标识融合了"The Great Britain Campaign"运动名称和英国国旗,三种颜色——红、白、蓝均取自英国国旗。"GREAT"字样因其红色背景饱和度较高以及加粗字体得到凸显,"BRITAIN"字样与半面国旗处于下方,表示国家是英国之"非

凡"的基础和支持(图 3-2-1)。统一的品牌标志将"GREAT"与"BRITAIN",
"BRITAIN"与各个子主题(Heritage,Culture,Countryside,Sport,Innovation,
Business,Entrepreneur,Technology,Green,Creativity)(图 3-2-2)相联系,使来
自 17 个政府部门和 350 多个私人和非公益组织的利益相关者保持一致。

图 3-2-1　"非凡英国"计划的标志①

图 3-2-2　Radley Yeldar(位于英国的一家知名创意公司)为 Great Britain Campaign
的设计荣获 2016 年英国设计奖 Design Effectiveness Awards②

　　同时,围绕核心理念发展出一系列子计划,每一个宣传设计都采用了相似
的版式,重复强调"Great"的概念,子设计以基本标志为框架,标语依袭"××　IS
GREAT"的格式,标语的字体、颜色和背景色都与基础标志保持一致,海报下方

---

① 图片来源:https://www.greatbritaincampaign.com/about.
② 图片来源:https://www.effectivedesign.org.uk.

也沿用了基础标志的半面国旗的设计。大量心理实验表明,概念、图像等外部刺激的重复有利于增加受众的好感。"Great"概念的不断被重复,将"Britain"与"Great"和多样的文化元素相联系,增强了宣传的真实度、可信度、感染力,使"非凡的"英国形象深入人心。

单一的品牌叙事,其结果是一个全面、灵活、易于使用且易于识别的框架,该框架能够传达"Great Britain"的关键属性及其背后的证据,跨越不同的传播应用程序,无论是电影、电视、户外广告、展览和活动、公关还是世界各地的新闻等,实现整齐划一的行动逻辑。

(三)名人大使的光环效应,增强活动号召力

"非凡英国"得到了许多对英国有较强亲和力的知名人士的帮助和支持。大使们贡献了他们的时间、资源和创造力来支持此次计划的理念。项目官网上有不同行业的精英、著名歌手、文艺工作者的系列视频对话,如祖·玛珑女士(Jo Malone CBE,祖·玛珑的创始人)和国际厨师谭荣辉(Ken Hom OBE)讨论英国如何创造他们的职业生涯并赋予幸福生活,探索英国著名歌剧家凯瑟琳·詹金斯(Katherine Jenkins)为"非凡英国"创作的优美歌曲的幕后故事,国际知名的威尔士时装设计师朱利安·麦克唐纳德(Julian Macdonald)讨论他从香奈儿(Channel)、纪梵希(GIVENCHY)到如今的同名品牌之路,《唐顿庄园》(*Downton Abbey*)执行制片人加雷斯·尼姆(Gareth Neame OBE)和演员休·博内威利(Hugh Bonneville)讨论了英国的传统和专业知识等,来展现英国的"非凡"。

此外,"非凡英国"还团结了英国著名的传媒集团 WPP、奢侈品品牌巴宝莉、英国工业联合会、旅游联盟等为此项计划来背书代言,展现英国令人骄傲、世界领先的学习、旅游和商业发展氛围。巴宝莉前总裁安吉拉·阿伦茨(Angela Ahrendts)说:"我们为新的'非凡英国'活动的愿景鼓掌。作为引以为豪的英国传统的全球品牌,我们完全支持这一伟大远景,其对于提升国家形象和吸引大量外来投资具有重要作用。"宝马(BMW)英国总经理蒂姆·艾伯特(Tim Abbottt)谈道:"MINI Cooper 作为根植于英国的全球品牌,展示了英国最好的制造、专业知识、设计、文化、传统和风格。我们非常支持'非凡英国'活动,并庆祝和鼓励其他人体验英国的一切。"①

---

① Radley Yeldar. GREATBritainCampaign [EB/OL]. (2021-09-05) [2021-11-01]. https://effectivedesign. org. uk/sites/ default/files/DBA_Radley_Yeldar_GREAT_Britain_Campaign. pdf.

此外,名人大使还不局限于英国,该计划在全球 144 个国家和地区同时邀请了不同的明星大使代言,英国皇室也参与其中,成为此项计划宣传的重要力量。在"英国等你来命名"活动中,前英国驻华大使吴思田(Sebastian Wood),明星胡歌、秦海璐、林依轮、刘雯,主持人李晨,作家马伯庸等人,在微博上推荐和点评精彩命名。

(四)全球形象推广,扩大活动号召力和参与度

"非凡英国"调动一切媒体资源,并通过英国旅游局、大使馆等在全球进行国际营销活动。

1. 官网＋社交＋在地化的户外媒体全覆盖(见图 3-2-3)。建立全球官方网站,实时更新活动信息,与雅虎公司(Yahoo)结为全球战略伙伴。通过 Facebook、Twitter、YouTube、Flicker 等热门社交媒体平台进行活动宣传和全球形象推广。并且,与目标地的媒体公司合作,开展公共关系活动(图 3-2-4、图 3-2-5)。"非凡英国"的海报宣传出现在印度的出租车,纽约、多伦多等地的火车和火车站,东京、北京、上海的地铁站,墨尔本、悉尼、柏林等地的户外。

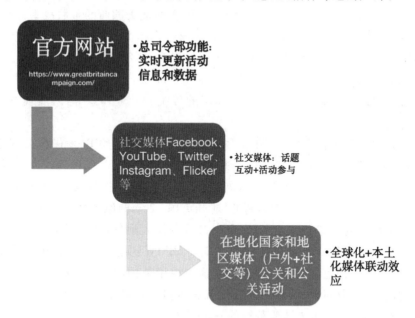

图 3-2-3 "非凡英国"媒体矩阵

图 3-2-4　2013 年 5 月在纽约开启"Great 全球巴士之旅"①

图 3-2-5　2013—2014 年快船环球帆船赛环游世界超过 40,000 英里②

①②　图片来源：https://gcs. civilservice. gov. uk/blog/nine-years-of-great-campaign/.

2."分享你的非凡英国",鼓励英国公众、社区和企业广泛参与。此项活动与三星合作,通过使用免费的在线工具包、个性化的问候语邀请全球的人们加入英国为他们准备的下一个假期(图 3-2-6)。英国旅游部长约翰·彭罗斯(John Penrose)说:"这是一种鼓励更多游客到英国旅游的创新和个性化方式,我们希望英国成为每个人的度假首选。"[①]

图 3-2-6 "分享你的非凡英国"海报[②]

3."英国等你来命名"获得中国网友的关注和参与。2014 年 12 月,英国旅游局联合北京奥美发起了"英国等你来命名"的营销活动,邀请中国公民为英国各地具有代表性的美食、趣事和奇物命名(图 3-2-7)。中国已经成为全世界最大的出境游市场。中国游客在英国的年消费已达 5 亿英镑,英国旅游局希望通过本次活动实现2020 年中国游客在英国的年消费翻番,并吸引中国游客前往英国各地旅游。

图 3-2-7 "英国等你来命名"海报[③]

---

① 资料来源:https://www.visitbritain.com/gb/en.

②③ 图片来源:https://www.visitbritain.com/gb/en.

英国旅游局首席执行官表示,本次活动可以说是目前为止我们执行过的最大的形象宣传活动,这些城市中超过 2/3 的目标受众将至少看到 5 次我们的广告,并且想要来体验英国丰富的历史和文化。

三、小结

"非凡英国"是英国政府迄今为止最雄心勃勃的国家形象营销活动,通过与企业、非营利组织、媒体、知名人士和大众等密切合作,向世界展示大不列颠和北爱尔兰最优秀的地方,为英国创造更多的就业机会。"非凡英国"在145 个国家和地区开展业务,联合 22 个政府部门和独立机构,每年与全球750 多个英国合作伙伴合作。WPP 传媒集团 CEO 马丁·索里尔(Martin Sorrell)评价:"这是最好的国家和地区做形象宣传的活动,将不同的政府部门汇集在一个平台上,这些部门可以使用一个活动模板,对提升英国形象、做海外拓展非常重要。"①

时任英国首相鲍里斯·约翰逊说,英国有着悠久的孕育新思想和新发现的历史,这得益于我们独特的思考和行动的能力。在我们应对新冠疫情大流行、应对气候变化并为地球上的每个人争取更美好未来的过程中,全球比以往任何时候都更需要这种精神。②

2021 年 6 月,英国宣布将重新启动"非凡英国"计划,将继续宣传英国无与伦比的文化遗产、非凡的投资和出口机会以及世界一流的高等教育机构,同时提升英国作为全球领导者的形象,自信地引领世界走向未来。"非凡英国"将继续促进英国的贸易、旅游和教育,聚焦让英国与众不同的一切——从音乐、体育、电影和时尚等文化资产,到突破性的英国技术、可持续创新和制造专业知识。

虽然奥格威提出"品牌形象"概念已经超过半个世纪,但将国家形象作为品牌推向世界仍是国家在面临机遇和挑战时可以不断创新的领域。这种创新是动态的,它联动社会的各个主体,并且能够随着国家各个领域的发展和变化不断做出反应,延伸国家形象的内涵,深化其在世界范围内的影响,这也正是"非凡英国"计划作为国家形象宣传给我们的启示。

---

① Radley Yeldar. GREATBritainCampaign[EB/OL]. (2021-09-05)[2021-11-01]. https://effectivedesign. org. uk/sites/ default/files/DBA_Radley_Yeldar_GREAT_Britain_Campaign. pdf.

② Cabinet Office, The Rt Hon Boris Johnson MP, The Rt Hon Michael Gove MP. Refreshed GREAT campaign launched in 145 countries[EB/OL]. (2021-06-09)[2021-11-05]. https://www. gov. uk/government/news/refreshed-great-campaign-launched-in-145-countries.

第四章　品牌文化

品牌的价值不在于产品本身的质量、价格优势和所属企业的传奇故事,而是这个产品和顾客之间的深层次的情感交流。

——米尔顿·科特勒(Milton Kotler,美国科特勒营销集团总裁)

第一节　品牌文化递增品牌价值

品牌文化是一个综合的概念,涉及企业经营管理、市场营销、文化传播的方方面面。品牌文化与产品、消费者、媒体和社会经济文化息息相关。品牌文化是与品牌有关的一系列利益认知、情感审美与价值观念的总和,品牌文化的出现,将品牌研究上升到价值层面,正如美国历史学家戴维·兰德斯(David S. Landes)在《国富国穷》(*The Wealth and Poverty of Nations*)一书中所言"如果经济发展给了我们什么启示,那就是文化乃举足轻重的因素"。[①]

一、品牌文化

(一)品牌文化的定义

品牌的一半是文化,品牌是文化的载体,诞生于特定的文化母体环境中,品牌建立之初就与文化有着天然的联系,蕴含着丰富的文化内涵,是一种文化价值和象征符号。可口可乐代表着美国的饮食文化,丰田汽车代表着日本的汽车文化。

1.品牌文化是与品牌有关的一系列语言、审美情趣、价值观念、消费习俗、道德规范、生活方式等的结合体,是品牌与文化的有机融合。

---

① 胡茉,夏健明.品牌文化构成要素及其传播路径研究[J].现代管理科学,2011(2):17-19.

2.品牌文化是物质文化、精神文化与行为文化的高度结合。①

3.品牌文化兼容于企业文化与社会文化,能在企业和社会消费群体间产生共鸣,并使消费者从消费产品的过程中获得某种强化的社会价值观念、信念、行为操守原则和精神。

4.品牌文化不仅包括产品、广告等要素,还包括消费者、企业、竞争者和社会公众等诸方面,是多种文化的集合体,是社会文化经济体系的重要部分。

因此,品牌文化是一个系统的、综合的概念。国内的品牌文化研究比较多,其内容主要集中在对品牌文化定义、结构、意义、要素、战略以及与其他相关概念的关联研究。由于视角不同,各种观点之间关于品牌文化的定义、结构和层次有不同的释义。从市场营销的视角将品牌文化定义为:"有利于识别某个销售者或某群销售者的产品和服务,并使之同竞争者的产品和服务区别开来的名词、标记、符号或设计,或是这些要素的组合。"②"是品牌在消费者心目中的印象、感觉和附加价值,是结晶在品牌中的经营理念、价值观、审美因素等观念形态及经营行为的总和。"③

5.从公共关系视角出发,有学者提出品牌文化是品牌营销者关于品牌与消费者关系的基本理念,包括品牌提供给目标消费者何种利益关系的理念、品牌与消费者建立何种关系的理念等。④ 基于广告传播的视角,学者提出品牌文化是在品牌经营活动中,企业通过将消费文化因素、情感因素、审美因素等文化内涵赋予品牌,从而形成品牌的附加价值,并充分利用各种品牌传播方式加以强化,从而推动消费者在对品牌高度认同的文化氛围中形成强烈的品牌忠诚。⑤

6.有学者从哲学高度将品牌文化看作精神层次的消费,精神现象的成果的总和。⑥ 但基于某一视角的定义不能概括复杂的品牌文化概念。而部分概念较为宽泛,认为品牌文化是文化特质在品牌中的积淀,是品牌经营中的一切文化现象或品牌人格化的一种经济现象。按此定义,品牌相关的研究可全部归结到品牌文化范畴之下,则过于宽泛。还有从狭义上将品牌文化归纳到企业文化之内,或划分为品牌战略的内容,使品牌文化的概念、结构层次等较为混乱,对品

① 朱立.品牌文化战略研究[D].长沙:中南财经政法大学,2005:39.

② 周朝琦,侯文论,等.品牌文化——商品文化意蕴、哲学理念与表现[M].北京:经济管理出版社,2002:3.

③ 刘洪.品牌、文化与知识产权[J].中华商标,2013(1):13-14.

④ 黄静,等.品牌管理[M].武汉:武汉大学出版社,2005:133.

⑤ 阴雅婷.中国当代品牌文化传播变迁研究[D].上海:华东师范大学,2017.

⑥ 郑永球.论茶的品牌文化与产销实践[J].广东茶业,2000(4):43-47.

牌文化的价值效用等研究相对薄弱。

学者们的研究角度不同，对品牌文化定义的侧重点各不相同（表 4-1-1）。

表 4-1-1 关于品牌文化的不同定义

视角	定义
文化视角	多种文化的集合体，社会文化经济体系的重要部分； 品牌与文化的有机结合
企业管理视角	企业文化的集中表现，企业价值观的总和
市场营销视角	有利于识别某个销售者或某群销售者的产品和服务
公关关系视角	品牌与消费者关系
哲学视角	精神层次的消费，精神现象成果的总和
广告传播视角	文化符号资源
综合视角	品牌经营中的一切文化现象，品牌在经营中逐步形成的文化积淀

国外对品牌文化的研究较为零散，缺乏系统性的综合研究。已有的研究主要包括品牌文化的重要性、品牌与文化的关系、品牌文化要素等相关研究。世界上钻研品牌评价最早的机构，也是全球公认最著名的品牌价值评估公司 Interbrand 认为品牌文化的结构主要包括：信仰（beliefs）、价值观（values）、规范（norms）、象征（symbols）和氛围（climate）五个要素。

英国品牌研究战略专家道格拉斯（Douglas）认为，品牌文化本身是"故事、形象"，是由公司、主流文化、影响势力和顾客这四类创作者共同讲述的，通过各种创作者创作的品牌五个要素所涉及的故事积累起来的。[1] 英国学者德科托尼（Dechernatony）认为文化与个性是品牌识别的组成部分，是企业文化的一部分。[2] 麦克莱桑德（McAlexander）等学者则认为品牌文化是凝结在品牌中的企业价值观念的总和，深藏于品牌内涵的里层，是品牌价值的核心和源泉。[3]

综合来看，国内外学者对品牌文化的定义、内涵、构成以及作用机制都还没有形成一个系统的理论框架。本书认为品牌文化的本质属性是一种商业属性，品牌文化研究应以品牌为研究主线，以综合系统的视角给品牌文化一个明确的

① DOUGLAS B H. Brand and brand building［M］. Boston：Harvard Business School Publishing，2002：246-257.

② DECHERNATONY L. Brand Management through narrowing the gap between brand identity and brand reputation［J］. Journal of Marketing Management，1999，15(1-3)：157-179.

③ MCALEXANDER J H，SCHOUTEN J W，KOENING H F. Building brand community［J］. Journal of Marketing，2002，66(1)：38-54.

定义,分析品牌文化的价值内核、结构层次,探讨品牌文化与其他品牌要素的关系,厘清品牌文化对于品牌价值的增值机理。

本书将品牌文化定义为,品牌文化是指通过赋予品牌深刻而丰富的文化内涵,被企业构建的、经由各种内外部传播途径传达的、经过品牌行为逐步积淀的、被目标消费者认可的一系列品牌精神文化、行为文化和物质文化的总和。

(二)品牌文化的特质

品牌是市场竞争的强有力手段,同时也是一种文化现象,蕴含着丰富的文化内涵。著名管理学家彼得·德鲁克(Peter F. Drucker)认为:管理是一种文化现象,世界上不存在不带文化的管理。[①]

1.品牌文化是多方位立体的,丰富而深刻

品牌文化是多方位立体的,其内涵是抽象的,深藏于产品品牌的内层,又显现于品牌各要素之中,可以被具体感知。品牌文化包括了社会对品牌的信任和保护,包括了消费者的品牌消费行为,反映了消费者的价值选择和审美趣味,也包括了企业创建品牌、经营品牌的营销和传播行为。

2.品牌文化是企业设计、提取、传播、积淀的人为建构

品牌文化并非独立的体系。它与企业文化、企业战略、品牌定位等有密切联系。品牌文化建构是企业立足自身个性、文化传统和品牌的定位诉求,经过多方面的综合考量和长远布局而形成的。

3.品牌文化是持续动态发展而变化的,而非一成不变

在具体的品牌文化建设推行过程中,需将品牌文化融入产品设计生产、销售推广、服务等环节,通过多重管理、营销、传播途径长期不断地巩固、协调,确保品牌文化的传达和被认可。

4.品牌文化不是企业单向输出,而是企业与消费者双向互动关联

品牌文化是同时以消费者和企业自身为基本对象的。不同于企业文化,品牌文化不仅以内部为对象,更是以目标消费者为基本对象。品牌文化由企业设计和执行,但是品牌文化是否被认同,是否能够产生经济效益,取决于消费者认可与否。只有品牌文化得到消费者的信任、认可与接受,品牌才能与消费者建立起互动关系,才能使品牌在目标市场得以存活。

(三)品牌文化的结构层次

品牌文化可分为浅层、表层、深层三层次(图 4-1-1),品牌文化的表层结构

---

① 杨铖,张雁白.论品牌文化的表现形式[J].地质技术管理,2003(5):71-74.

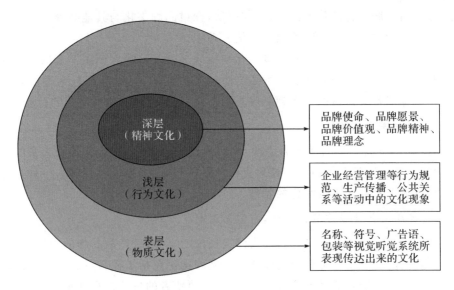

图 4-1-1　品牌文化的结构层次

是指可被直观感知的、可被观察到的外观形态等表现形式,是一种物质文化,包括名称、符号、广告语、包装等视觉听觉系统元素。品牌文化的物质层面反映着品牌理念、价值观和精神面貌等深层次的精神文化,处于品牌文化的最外层,但却集中表现了一个品牌在社会中的外在形象。如耐克,这一品牌名称取自古希腊传说中掌握胜利的女神,代表着速度,同时也代表着动感和轻柔。而耐克"JUST DO IT"的广告语已在全球传播了 20 多年,这个短语所传达的信息始终如一:没有借口、没有限制、没有疑问、没有终点,JUST DO IT! 这个广告语以强大的号召力不断激励着热爱运动的人们。

浅层结构是具体实在但需了解参与才能感知到的一种行为文化,包括企业经营管理等行为规范,生产传播、公共关系等活动中的文化现象。如,沃尔沃汽车(Volvo)积极响应"低碳生活"号召,一直致力于环保技术的研发。其生产的 C30 DRIVe 电动车等系列车使用可再生电源充电,可以做到二氧化碳的零排放。除了提供多种环保车型和环保知识外,沃尔沃汽车还通过"低碳生活"这样的项目向社会传达环保、低碳的理念。又如,宝洁在赈灾救济行动中向灾区提供洗衣机、洗衣粉等清洁洗护产品,传达干净卫生、贴心呵护的品牌主张。

深层结构隐含在品牌文化的表层和浅层结构的组合中,是不可直观感触的抽象概念,是需要通过表层结构和浅层结构来传达、展示的意义系统,是一种精神文化,包括品牌使命、品牌愿景、品牌价值观、品牌精神、品牌理念。它是品牌文化的内涵,是品牌文化的核心。中华老字号同仁堂,品牌文化的核心便在于"仁"。300多年来一直遵守两条祖训:一是强调药品质量的"炮制虽繁必不敢省人工,品味虽贵必不敢减物力";二是强调医药从业者素质的"同修仁德,济世养生"。同仁堂将中华民族共同认可的"仁"文化注入同仁堂的品牌文化并将其作为品牌文化的核心。

品牌文化的深层结构决定和支配着品牌文化的浅层和表层结构,即品牌精神文化主导着品牌的行为文化和物质文化。品牌文化的浅层结构受深层文化直接影响,同时又左右调整着表层结构的规则,即物质文化的表现方式。品牌文化的表层、浅层和深层结构并不是指品牌三种不同的文化实体,而是品牌文化内在的三个互相影响的层面。它们相互作用,构建了品牌文化由表层至深层的有序结构。

二、品牌文化与品牌价值

(一)品牌价值的意涵

价值理论的多样化,使得品牌价值被赋予了不同的内涵。按照经济学中的价值理论,品牌具有使用价值和交换价值。根据劳动价值理论,品牌价值是品牌客户、渠道成员和母公司等方面采取的一系列联合行动,能使该品牌产品获得比未取得品牌名称时更大的销量和更多的利益,还能使该品牌在竞争中获得一个更强劲、更稳定、更特殊的优势。①

品牌价值不仅是品牌资产的货币化形式,更是来源于基于顾客的品牌资产。品牌价值是人们是否继续购买某一品牌的意愿,可用顾客忠诚度以及细分市场等指标进行评价。这一定义则侧重于通过消费者的效用感受来评价品牌价值。

学者琼斯(Jones)认为,品牌价值的创造存在于品牌与利益相关者的互动关系中,品牌价值通过满足利益相关者的期望来实现,这种期望表现为功能、象征和享乐。② 因此,品牌价值的高低取决于公司如何创造、维护及发展其利益相关者互动关系,销售量与品牌占有率已经不再适合作为衡量品牌价值优劣的标准。③

---

① SKIVASTAVA R K, SHOCKER. A D. Technical Report[R]. Markerting Science Institute, 1991:91-124.

② JONES R. Finding sources of brand value: developing a stake holder model of brand equity[J]. Brand Management, 2005, 13(1):10-32.

③ 汤姆·邓肯,桑德拉·莫里亚蒂.品牌至尊:利用整合营销创造终极价值[M].廖宜怡,译.北京:华夏出版社,1999:62-64.

品牌价值(brand value)的概念尚无定论。正如美国明尼苏达大学教授威廉·维尔斯(William D. Wells)所说,对品牌价值的研究好似瞎子摸象。从品牌资产的角度看待品牌价值,品牌价值会变得片面;而仅从消费者角度看待品牌价值,品牌价值则会变得模糊抽象。品牌价值是一个综合的、总体的抽象概念,正因其多元协同性和动态性,品牌价值不应该被盖棺论定,我们应以发展的眼光来思考品牌价值。

(二)品牌文化对品牌价值的作用机制

品牌文化对品牌价值的作用机制,是品牌在消费者心目中从功能内涵向精神内涵演变的过程,是品牌文化的增值过程。经过品牌传播和品牌营销,消费者形成对品牌的认知,品牌形象也得以建立。以白酒产业为例,白酒本身是一种文化,也是一种社交文化,更是一种消费文化。"江小白"在营销过程中,通过品牌文化的独特表达,迅速打开市场,赢得目标消费者的喜爱。江小白创造了独有"语录体"——"青春不朽,喝点小酒",其"走心"和"扎心"的文案通过品牌策划和推广得以迅速传播,营造出江小白IP"文艺青年网红形象",江小白"表达瓶"成为年轻一代情感宣泄和价值表达的代表。

从品牌文化对用户影响的价值运行来看,品牌文化历经品牌设计定位、品牌传播、品牌消费、品牌文化传递的过程(图4-1-2)。品牌文化感知最终通过价值传达实现,带来品牌认同和用户忠诚。消费者对品牌的强烈心理认同,正是形成品牌忠诚的最佳体现,而忠诚度是品牌资产的重要组成因素。品牌文化缔造了用户价值,品牌忠诚带来重复购买行为和品牌美誉度的推广,形成了品牌资产提升的巨大原动力。具体来说,品牌物质文化打造了用户的审美体验,品牌的行为文化升华了品牌与用户的关系,品牌精神文化导向用户内心,形成了归属感,促进了用户价值的最大化。

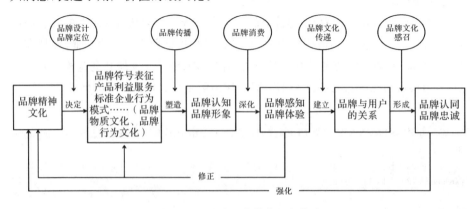

图 4-1-2　品牌文化价值运行模式

1.品牌文化促进用户价值的达成

马克思早就指出:"价值这个普遍的概念是从人们对待满足他们需要的外界物的关系中产生的。"①品牌大师凯勒提出了基于顾客的品牌权益(customer based brand equity)概念,认为品牌之所以对企业和经销商有价值,根本原因在于品牌对于顾客有价值。

消费者(用户)价值是指消费者从某一特定产品(服务)或品牌中获得的一系列利益。消费者在消费过程中追求的是功能或实用利益,或者是某种情感体验的享乐性利益。② 品牌文化为品牌预设了一种心理功能,这一功能能够提升产品价值,提升其获得产品或服务时所付出成本的效益比,从而提升产品或服务效用的总评价。此外,品牌心理功能同时能够减少购买风险,促使消费者做出购买决定。综合各种因素和利益感知,如果消费者感受到的品牌价值不断提高,则品牌忠诚最终得以形成(图 4-1-3)。

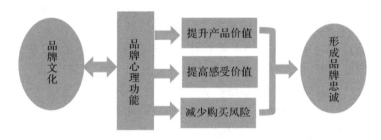

图 4-1-3　品牌文化与用户价值作用机制③

新加坡航空"飞越万里,超越一切"的品牌理念决定了其品牌定位,主导了品牌文化。通过一系列一致的、互补的品牌行动,如执飞空客 A380、创新舱内服务、保持主要航空公司最年轻的团队的纪录,保持世界上主要航空公司中最安全飞行的纪录等为顾客创造赋能利益,建立品牌信任;通过著名时装设计师设计的乘务人员制服、特殊的香热毛巾、新加坡女孩品牌商标和漂亮的品牌标志等为顾客创造赋情利益,建立品牌挚爱;通过提供与顾客价值一致的企业价值、特权和高贵地位的感受,这一价值主张和利益诉求的精神文化,赋予意义,以建立品牌尊重。在品牌物质、行为、精神文化三重作用下,最终形成品牌崇拜。

---

①　马克思恩格斯全集:第 19 卷[M].北京:人民出版社,1963:406.

②　王新新,万文海.消费领域共创价值的机理及对品牌忠诚的作用研究[J].管理科学,2012(5):52-65.

③　图表来源:张雁白,等.品牌文化战略与创新[M].北京:经济科学出版社,2011:48-56.

2.品牌物质文化满足使用价值

品牌物质文化是品牌理念、价值观、精神面貌的外化和具体实在。它处于品牌文化的表层,但却集中表现了一个品牌的外在形象。顾客对品牌的初步认识来自品牌的物质文化,是消费者对品牌总体评价的起点。品牌物质文化可分为产品特质和符号体系两方面。产品特质包括产品功能和品质特征,是消费者对品牌功能的价值评判标准。符号体系是品牌识别元素的统称,包括视觉体系:品牌名称、Logo、产品形状、颜色、字体等;还包括听觉体系:旋律节拍等,感知系统:质地、味道、气味等。

品牌的使用价值表现为品牌的识别功能、竞争功能和增值功能。其中识别功能是竞争功能和增值功能的前提和基础,品牌识别功能越强,在同类品牌中的竞争力越强,从而可为企业创造出更多的利润。

瑞士雀巢公司(Nestle)的 Logo 🐦含有"舒适"和"依偎"的寓意,像小鸟在鸟巢里那样安详和得到良好的照顾。"红豆"牌服装则是通过从传统文化上来挖掘其品牌特性,意在以红豆寄托相思之意,让消费者不能忘怀。

品牌的产品特质和符号体系能够建立起品牌的识别体系,打造识别价值。从消费者角度来看,识别体系的指向性能够带来知名度,消费者能够在最短时间内找到自己的意向品牌,帮助消费者解决同类产品过剩导致注意力不足的矛盾,减少消费选择的时间精力成本,规避性能风险和心理风险。

品牌文化满足了目标消费者物质之外的文化需求,它是品牌在实际使用价值之外给予消费者的一种印象、感觉及附加价值。品牌产品特质和符号体系能够建立品牌文化联想,产生品牌个性、企业价值观、产品服务特征等联想,丰富消费联想,创造消费感知。

3.品牌行为文化升华用户关系

从动态的商业角度来看,品牌文化是针对特定消费者的一种商业努力,其实质是品牌与消费者的文化沟通与传播互动,是公共关系的建立和维系。只有与消费者深入交流,建立情感连接的品牌,才能赢得社会公众的信任,使品牌成为消费者的朋友和特殊意义的象征。

品牌文化折射出品牌对消费者的责任和承诺,促进了消费者对品牌文化的信心和信赖。品牌营销行为传递了品牌的利益诉求和价值主张,直观地展示品牌能够给消费者带来的价值。品牌传播行为包括广告、新闻、公共关系等,品牌文化在不断地传播互动中赋予品牌故事化的表达和人格化的形象,与消费者进行交流互动,从而增强品牌吸引力,降低消费者的心理防备,促进消费者与品牌的情感联系。"湾仔码头"是一个知名的水饺品牌,除了传播产品信息外,还通过对消费者情感渗透有效建立了品牌好感。2015年新年前夕,湾仔码头拍摄了《妈妈喊你过年回家吃饭》《回家的方向》两部微电影,通过感人的故事,将水饺与春节阖家团圆的场景相连接,使消费者自然地联想起自己的母亲和年少时的场景。这部微电影在微博、微信各大平台广为传播,赢得了很好的传播效应,成功引发消费者的情感共鸣。

此外,在品牌危机处理中,品牌行为文化能够指导品牌危机发生后的应对行为,确保其遵从并体现品牌价值观,做到言行一致,表里如一,以维护品牌的内外部形象。

4.品牌精神文化提升附加价值

品牌附加价值对消费者而言,是消费者购买品牌后的消费感受,是品牌能带来的超出产品功效的价值感知。"最强大的品牌提供的不仅仅是对商品的理性追求,更多的是情感上的诉求。"[1]行为科学的代表人物梅奥(Elton Mayo)和罗特利斯伯格(Frita J Roethlisberger)提出"社会人"的概念,认为人除了追求物质之外,还有社会心理方面的需求。品牌文化的建立,能让消费者在享用商品所带来的物质利益之外,还能有一种文化上的满足。法国著名社会学家让·鲍德里亚(Jean Baudrillard)在《消费社会》(*La société de consommation*)中指出,我们消费的不仅仅是一个物质产品,而且也是一个象征的符号。[2] 这一观点也成为理解品牌消费的理论根源。消费者对品牌的消费,是对符号的消费,是消费者对符号意义和自我认同的消费(图4-1-4)。

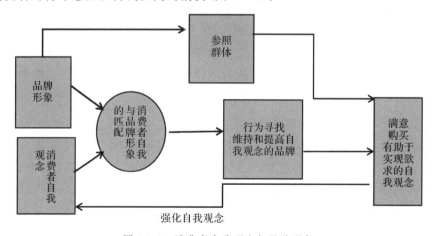

图4-1-4　消费者自我观念与品牌形象

① 朱立.品牌文化战略研究[M].北京:经济科学出版社,2006:101.
② 让·鲍德里亚.消费社会[M].刘成富,全志钢,译.南京:南京大学出版社,2014:116-140.

价值主张、利益诉求等内隐的品牌精神文化为品牌注入了更深刻的符号意义。哈雷(图 4-1-5)的品牌文化发展到现在,影响力已经远远超越了哈雷本身。虽然机车是哈雷文化组成的重要部分,但其自由狂放、挣脱一切的品牌精神才是哈雷文化的核心。对哈雷迷来说,拥有属于自己的哈雷摩托车仅仅是一个开始,而一套专门的哈雷服饰,印有图案的皮夹克、富有弹性的紧身皮裤、皮靴、皮带、头巾、帽子,对每一个新的哈雷车主来说,更像是脱胎换骨的一个仪式。从此便可以信马由缰,在都市中驰骋。哈雷品牌的购买使用,也是消费者演绎个性风格、表达自我诉求、展示真我个性的过程。哈雷为产品的所有者提供情感、身体、环境甚至文化关联,把消费者与他们的美国文化根基联系在一起,让他们充满民族自豪感。哈雷摩托用户小组 H. O. G. 在其网站上声明:"哈雷摩托用户小组不仅是一个摩托车兴趣小组,它让全世界 100 万人团结在一起,让哈雷之梦成为一种生活方式。"强调"在他人的陪伴下来表达自我"。

图 4-1-5　哈雷摩托车

品牌精神文化的符号表征能够实现消费者的自我感知、自我表达与自我认同,真正建立起消费者与品牌的心理连接,使品牌文化与消费者"切身相关"。品牌通过传递积极向上的价值观可以产生更大的社会影响力,使品牌文化具有社会表现和社会交流的功能,不仅能为品牌带来更大的商业价值,还能创造社会价值。

5.品牌文化助推财务价值的提升

创办品牌的目的是营利,这是企业生存发展的原动力。品牌是附着在产品上的美丽品名和标志符号,它为产品价值的实现和价值增值提供了说辞,甚至可以说,著名品牌的价值就是企业的核心资产。美国通用公司(General Motors Company)前任 CEO 杰克·韦尔奇(Jack Welch)曾揭示:"品牌文化是永远不能替代的竞争因素,品牌文化一旦与消费者内心认同的文化和价值产生共鸣,它所释放的能量就非常可观,它最终将转化为品牌巨大的附加值及由此带给企业的滚滚利润。"国际领先的品牌研究机构 Interbrand 创造的品牌价值评估法,根据企业市场占有率、产品销售量以及利润状况,结合主观判断的品牌力估算品牌价值。财务价值是品牌价值的重要表现形式,而品牌文化则通过强化品牌盈利能力和提升品牌营收水平,助推品牌价值的提升。

　　6.品牌文化强化品牌盈利能力

　　企业管理理论中,企业盈利的利润要素包括利润源、利润点、利润组织、利润杠杆和利润屏障。利润源是企业的目标消费者群体;利润点是企业向消费者提供的产品和服务;利润组织是企业经营管理的实体;利润杠杆是企业获取利润的一系列活动;利润屏障是企业为了保持竞争优势而建立的进入壁垒。而品牌文化则作用于这些盈利要素,强化品牌盈利能力。

　　(1)品牌文化能够与消费者建立情感联结,形成良好的客户关系。对消费者而言,品牌文化的价值观念、利益属性、情感属性等能带给消费者心理满足的效用,具有超越产品本身的使用价值,可以创造消费感知,丰富消费联想。品牌能够像磁石一样吸引消费者,并通过与消费者关系的不断维系巩固,极大地提高消费者对品牌的忠诚度,并不断吸引潜在消费者成为品牌追随者,不断扩大利润源。2004年,正当网络视频受众被身材修长、体无瑕疵的超模们演绎的护肤品晃得眼花缭乱之时,多芬(Dove)以一系列"真美无界限"为主题的产品广告粉墨登场。艾菲大奖(EFFIE AWARDS)评审委员会主席蒙塔古(Montague)评价多芬系列广告,"这是一场根植于人性魅力和文化洞察的广告营销:它推翻了以往媒体对美丽的定义,以真实女人重写美丽新概念"。系列广告推出两个月之后,多芬在美国的销量上升了600%,半年之后,在欧洲的销量上升了700%。这场营销远远超过公司的期望值,其当年全球销售额超过10亿美元。

　　(2)品牌文化能够丰富产品内涵,给消费者品牌带来认知上的差异,形成品牌产品或服务的"晕轮效应"或"光环效应"。产品盲测盲选等相关实验证明,消费者对产品性能的感觉,在很大程度上取决于对该产品品牌的印象。品牌的晕轮或者光环效应极大地改变着消费者的认知,会以先入为主的心理模式,影响消费者的商品认知和购买选择,并形成认知模式和品牌经验。

　　在品牌文化的效应下,产品和服务能够提升消费者满意度,打造更具价值的利润点。上海回力鞋是中国最早的时尚胶底鞋品牌。在20世纪70年代,回力鞋几乎就是运动休闲鞋类的唯一象征;相比解放鞋而言,它简洁鲜明的设计在那个同质化的时代显得卓尔不凡。到80年代时,拥有一双回力鞋在青少年中已经是相当牛的潮人标志。新时代的潮流不断更迭,回力也一直紧跟时代潮流,同时坚持中国元素打造复古潮流的品牌文化。凭借经典的红白配色、简单轻便的款式,回力不仅在人们心中代表着一种"老国货"的情怀,也一度在明星脚下成为全球"潮货"。截至2018年7月,其天猫粉丝人数已超过500万,其中

90 后粉丝占比更是超过 50％,消费者创新力指标位列行业第一。

(3)品牌文化能够极大地激发利润杠杆的效用。品牌文化通过激活营销传播效果,使利润杠杆的价值效应最大化,更有力地撬动利润源的价值转化。品牌文化的情感属性能够弱化营销推广中的商业色彩,以文化感染力将消费者带入品牌营销的内容场景中,通过建立情感的共鸣和文化认同,促使消费者自觉参与到品牌文化传播中,促进品牌的推广。2018 年,可口可乐中国根植中国城市特色,陆续推出 20 款"城市罐",包括上海潮、成都闲、广州味、北京范、西安调、杭州媚、大连畅、长沙辣、南京雅、青岛浪、厦门风等。除了瓶身图案和文案设计,城市罐还为品牌销售推广设计了互动,联合大众点评和美团 APP,只需通过其 AR 扫描功能扫一扫瓶身,即可解锁不同城市背后的故事。从昵称瓶、密语瓶、台词瓶、歌词瓶到城市罐,可口可乐的包装设计和营销等品牌文化表现形式在立足于中国市场的基础上不断推陈出新,融入了中国文化特色,弱化了其品牌文化的美国色彩。其趣味性加强了人们购买并分享可口可乐的欲望,促使可口可乐年轻时尚的品牌形象不断得到传递和强化。

(4)品牌文化能够建立强有力的利润屏障。利润屏障是企业为防止竞争者掠夺利润源而采取的防范措施,集中体现在企业竞争优势的持久性上。而品牌文化则能够为企业提高准入门槛、保持竞争优势、实现持续盈利提供保障。在美妆护肤界,产品原料产地以及使用水质、制作技术的不同,会带来截然不同的使用效果和感受,是众多消费者的信条。许多品牌经营者抓住这一消费心理,通过对自然风貌、自然水源以及人文景观等原料产地生长环境的描述,带给消费者纯净自然的品牌感受和安全放心的品牌信任。如欧莱雅旗下的薇姿(VICHY)品牌,通过对起源于法国中部的千年历史小城薇姿(VICHY)的温泉水对皮肤病有显著疗效,能增强皮肤天然防御功能等功效方面的渲染,突显出薇姿产品的独特功效和神秘色彩。

(5)品牌文化也是品牌的文化资产,具有 IP 价值。利用品牌文化的物质化呈现,如品牌标志、品牌周边等文化产品的知识产权,通过版权效应构筑强有力的利润屏障。对故宫博物馆而言,故宫这个超级文化 IP 就是取之不尽用之不竭的宝藏,故宫 IP 衍生从不缺热度,并凭借着《我在故宫修文物》和《国家宝藏》两部爆款纪录片吸粉无数,拉近了故宫与大众的距离。2018 年底,故宫博物院文化创意馆发布了六款口红,还未出售就"红了一把"。从最早的胶带等文具的惊艳,再到如今的睡衣和口红,故宫文化创意馆的产品一直遵循"高颜""故事"和"深情"的方针。故宫文创在走红的同时,产品销量也非常可观。其 IP 衍生的周边产品具有无限的开发力和绝对的不可复制力,有效建立了品牌屏障。

（6）品牌文化促进了组织管理的有效性。首先，企业品牌文化形塑了企业的制度文化，主导了企业行为准则，引导并约束员工的行为，确保员工行动目的的一致性，组织运行的一致性和高效性。其次，作为企业的一种氛围，具体体现在企业内例行的活动和仪式中，属于内化、自觉化的东西。再次，品牌文化集中反映了企业集体的、共同的愿景和价值观，因而具有强大的感召力，能够在企业内部形成强有力的导向和凝聚作用，能够引导员工始终不渝地为实现企业目标而努力奋斗，增强企业员工的满足感、认同感和归属感，提高企业凝聚力和向心力，使企业获得健康发展。最后，品牌文化能够丰富品牌和企业形象，通过倡导和践行积极向上的品牌文化，传递价值观，打造企业良好形象，如华为的"狼文化"。1988年华为刚创立，任正非就提出"企业就是要发展成一匹狼"。华为强调要有狼的精神，要有敏锐的嗅觉、强烈的竞争意识、团队合作和牺牲精神。"胜则举杯相庆，败则拼死相救"是华为精神最真实的流露。在创始人的引导、示范、宣传、教育作用下，华为对内形成了强有力的文化凝聚力，进而形成了对外扩张的源源不断的动力。

第二节　品牌文化创新案例——方太

一、品牌介绍

方太成立于1996年，是中国厨电行业的领军品牌，其高端吸油烟机、高端水槽洗碗机等主要产品连续多年领军国内市场，在产品设计、技术创新方面先后荣获国内外多项大奖，是一家成功的家族企业。在提供优质厨电产品的同时，方太品牌倡导环保、健康、有品位的生活方式，致力于促成家庭幸福的品牌追求。从"让家的感觉更好"到"为了亿万家庭的幸福"，方太践行着让千万家庭享受更加幸福的居家生活的品牌使命；从"仁爱"到"因爱伟大"，方太传播诉说着不断升华的品牌文化，促进品牌价值、理念和品牌资产的不断提升。

方太集团的前身是飞翔集团，是茅理翔于20世纪80年代创办的一家电子点火枪厂，1992年定名为飞翔集团。后因价格战失利亏损，茅氏父子意识到中国快速城镇化带来的巨大市场，经过多月多方的考察调研，将新公司的业务聚焦于吸油烟机，着力于填补这块市场空白。1996年1月18日，方太集团正式成立。不久之后，方太的第一代大圆弧流线型深型吸油烟机投入市场，在当时的市场环境下一举拿下40万台的销量。"炒菜有方太，除油烟更要有方太"的广告语在当时传遍大江南北。

　　随后，方太以品牌建设为着重点，以"中国高端厨电专家与领导者"为定位继续了一系列的改革。2000年，方太正式进入厨房行业，建立了集成厨房生产线，完成了中国家电行业高端品牌的第一次转型。2010年，方太与特劳特（中国）战略定位咨询公司（Trout & Partners）展开深度合作，确立了更加清晰的品牌定位战略，为方太未来发展奠定了基调。

　　2015年方太升级新的品牌理念——"因爱伟大"，从"中国高端厨电专家与领导者"的理性定位到"因爱伟大"的感性主张，方太不仅赋予了品牌更多情感因子，更展现了方太作为大品牌，愿意担当更多社会责任的决心和重视品牌社会影响力的姿态。2017年，方太跻身百亿级厨电企业行列，提出了新的品牌使命——"为了亿万家庭的幸福"。在品牌核心理念不断升级的同时，在产品端，方太将"仁爱"作为创新的源泉，将人性化的产品研发作为品牌讲"爱"的前提，以"关爱用户、为用户营造绝佳烹饪环境和美食体验"为动力持续推动产品创新。从"云魔方"的问世，到"星魔方"的推出，方太的每一款产品都体现着对用户痛点的洞察与关爱，每一款产品都诠释着"爱"的品牌理念。方太也因此最终获得国内高端用户的信任和持续追捧。在文化端，方太则以儒家"仁爱"文化打底，以"因爱伟大"为理念，切实将品牌价值观、品牌担当融入品牌包装、品牌传播、公益实践等一系列实践当中，传递"家庭幸福观"，向社会倡导更优质的生活方式，倡议人们用力所能及的力量关爱家人。

二、方太品牌文化变迁

　　2002年，方太创始人茅忠群梳理了方太文化，确立了品牌使命和核心价值观，并在2006年明确提出了"让家的感觉更好"的使命和"成为一家受人尊敬的世界一流企业"的愿景，同时提出了"人品、企品、产品"三品合一的核心价值观。2008年，方太正式导入儒家文化，借鉴中国传统儒家文化的核心思想，将仁爱文化渗透到企业的各个层面，把仁爱贯穿于研发、制造、营销各个环节，并先后成立了方太大学、方太文化研究院、方太孔子学堂。

　　方太创始人茅忠群表示，儒家文化不仅能让企业具备竞争优势，更能使之在社会、道德等层面得以极大地提升，这种包含儒家文化的特色产品将更有利于企业的长远发展。《方太儒道》提到，茅忠群强调方太无意宣扬所谓的经济实力，应向世界传递对生命、对自然、对社会乃至全人类的传统人文精神。而作为主推社会向前的企业组织，更应该发善愿、担责任，以真正的文化软实力实现永续经营。

　　随着数字时代的到来与消费环境的变化，为了让新一代消费者群体感受到品牌的同步成长,方太做了品牌战略的升级,品牌文化的战略地位正逐步提升。不再凸显自己的产品,而是强调产品背后的生活方式和生活理念,并给品牌文化注入了新的内涵,给"家的感觉"增添了年轻元素。随着品牌文化建设的重要性的放大,品牌建设效果也更为显著。

2015年,方太进一步完善品牌价值体系,提出了全新的品牌主张——"因爱伟大",并将愿景从之前的"成为一家受人尊敬的世界一流企业"升级为"成为一家伟大的企业"(图4-2-1),提炼了伟大的企业必须具备的四个特征,即"顾客得安心、员工得成长、社会得正气、经营可持续",并据此形成了四大践行体系。自方太提出"因爱伟大"之后,产品设计和营销传播活动皆与家庭、爱、梦想、幸福等紧密联系在一起。

2018年,方太宣布了新的品牌使命,由最初的"让家的感觉更好"升级为"为了亿万家庭的幸福"(图4-2-1)。"幸福"一词成为方太新使命中的核心,而"家庭"则替代"家"成为方太的专注对象。这里的家庭不仅指方太顾客的家庭,还包括方太员工的家庭,方太合作伙伴的家庭,方太大家庭,祖国大家庭,乃至人类大家庭。茅忠群提出,"我们要创办一家给社会、给人类带来幸福感的企业",强调方太不仅要提供有意义的美善产品,而且要为用户家庭提供真正幸福安心的服务,让员工得到"物质精神双丰收,事业生命双成长"。基于远大使命,茅忠群指出"追求幸福生活是全世界人民的共同目标,以爱与幸福为初心,中国企业在国际化的进程中就能淡化差异,同时促进人类命运共同体的建设"。

方太不断将品牌文化融于产品研发、产品服务、品牌推广各个环节。通过明确的品牌使命、清晰的品牌诉求、贴心的产品功能、创新的营销方案,潜移默化地向用户传递方太的品牌文化。

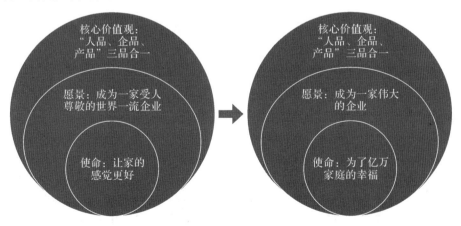

图 4-2-1　方太品牌文化变迁

方太的使命和愿景随着时代变迁做了升级和调整,但方太的核心价值观则始终未变,即"人品、企品、产品"三品合一。茅忠群认为创新最大的源泉是仁爱之心,"企业不仅仅是一个经济组织,还应该是一个社会组织。伟大的企业不仅仅要满足并创造顾客的需求,同时还要积极承担社会责任,导人向善。创造需求靠的是创新,社会责任靠的是良知"。尽管品牌文化的内容表达发生了改变,但其"仁爱"的文化内核始终未变。方太以渗入国人基因的儒家思想贯穿始终,结合时代发展将儒家的仁爱之心凝练为"因爱伟大"的品牌主张。创始人表示:"仁爱是推己及人、修己安人、由近及远。方太通过中华优秀文化的传播首先引导员工向善,接着引导合作伙伴向善,未来方太还要通过自己的表率作用影响更多的人……"

三、方太品牌文化体系

文化是企业的灵魂,而方太的核心理念就是方太企业文化的灵魂。围绕方太的文化内核,方太形成了相应的文化体系,铸就了方太灵魂。方太文化内核主要由三部分构成:核心理念、基本法则与四大践行体系(图 4-2-2)。

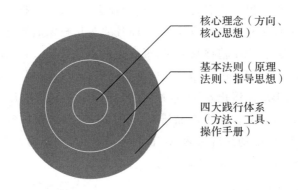

核心理念(方向、核心思想)

基本法则(原理、法则、指导思想)

四大践行体系(方法、工具、操作手册)

图 4-2-2　方太品牌文化内核

三者的关系可用一个同心圆来表达,里层是方太的核心理念,表层是方太的四大践行体系,中间层是方太的基本法则。它连系着方太的核心理念和践行体系,是引导生产经营具体环节和实践操作的细化的原理、原则、法则和指导思想。

(一)核心理念:三品合一

方太的核心价值观即人品、企品、产品的"三品合一"。在"三品"中,"人品"放在首位,方太从传统文化中提炼出"仁义礼智信,廉耻勤勇严"十字,作为方太人品、企品的要求,同时将职业道德、方太精神和职业能力作为人品、企品的重要内容。强调人品、企品、产品三者相辅相成,缺一不可。

方太的愿景从"成为一家受人尊敬的世界一流企业"升级为"成为一家伟大的企业",背后是从社会角度、中华传统文化角度的深层次思考。方太坚持企业不仅仅是经济组织,也是一个社会组织,需积极承担社会责任,不断导人向善,促进人类社会的真善美。方太认为未来的发展仅靠产品已不能实现,还需要依靠品牌价值、品牌文化实现。提供高品质的产品、服务的同时,还要打造健康、环保、有品位的生活方式,传播中华优秀传统文化,促成万千家庭的美好生活与幸福人生,以顾客的幸福安心为最终追求,而不仅仅追求用户产品购买的满足感。

(二)基本法则:心本经营

方太的基本法则首先是"心本经营",方太从传统文化出发,认为以人为本是以人之心为本,以心灵的成长为本,认为只有心灵和生命的成长才能实现真正的幸福。同时"心本经营"还包括以平衡的义利观,通过无愧于心的方式经营。

其次是以道御术。学习传统文化,学道、悟道、明道。同时,结合西方现代管理的方法体系,以道御术,用传统文化的核心理念去驾驭、提升、优化、改变西方管理之术,实现中西合璧。

再次是领导力。方太遵循"大道至简"的原理,将领导力凝练总结为一个词:品格。提出领导力会随着领导者品格和心灵品质的不断提升而提升。再一个是德法管理,即通过制度管理和道德教化并举的方式进行管理,达到阴阳平衡。

最后是"组织修炼"。方太意在通过学习传统文化,聚集"组织能量",从而提升组织能量。

(三)践行体系:顾客得安心、员工得成长、经营可持续、社会得正气

四大践行体系是基于方太"伟大企业"愿景的四个方面而来——顾客得安心、员工得成长、经营可持续、社会得正气。愿景是长远目标,而四大践行体系是实现这一目标大的具体分解。"顾客得安心",方太提炼出"创新立美、品质立信、品牌立意、仁爱立命"的要求。"员工得成长",方太将其定义为幸福成长,是物质与精神的双丰收,事业与生命的双成长。重视员工的职业发展,关注精神成长和生命成长,并将促进员工成长的具体行为概括为关爱感化、教育熏化、制度固化、专业强化。"社会得正气",即方太对社会有责任担当。而方太对社会责任的担负不仅限于做慈善公益,而是坚持经营管理全过程都要符合传统文化的道义,并将社会责任细分为法律责任、发展责任、伦理责任和慈善责任。对于"经营可持续",方太将具体工作分为人文管理、战略管理、运营管理和风险管理。方太坚信,做到顾客得安心、员工得成长、社会得正气,并强化经营管理,便能实现可持续的经营、可持续的发展。

四、方太品牌文化传播

"因爱伟大"是方太近年来一直坚持的品牌主张,因此方太致力于挖掘消费者的心理诉求,借助以幸福家庭观为中心的情感营销,通过温情的好内容打动消费者,不断传播品牌文化。

方太通过一系列广告将品牌文化与企业调性表现于营销推广活动中,传递品牌价值意义,弘扬品牌正能量,构建出了独特的品牌文化。

(一)"造字运动"引发品牌文化的现象级讨论

2016 年,方太发布了三款功能和技术跨界产品。通过将新产品的功能和属性进行拆分重组,结合三款产品的跨界卖点,合成了三个新的"生僻字"。自 5 月 30 起,连续三天,方太在《京华时报》上投放整版广告,每天放出一个生僻的汉字,而不附任何品牌信息,只在文字下方附上:"怎么念? 6 月 7 日见!"(图 4-2-3)

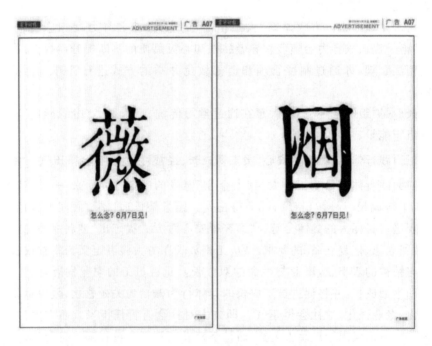

图 4-2-3　2016 年 5 月 30 日方太在《京华时报》投放的两则广告

三款"生僻字"寓意着厨房里的情感,标志着字体笔画与情感、有形和无形之间界限的跨越,三款新产品的发布会也名为"有爱无界"。这种将中国传统文化中的汉字艺术加以创新,通过报纸继续悬念营销和互联网话题讨论的文化现象,在网络上一度引发热潮。

(二)暖心广告诉说方太"因爱伟大"的价值观

除了策划现象级的营销活动,方太在不同的节点还推出不同的创意广告,传播品牌价值和主张。如中秋节,方太玩转诗词古风,通过如"似有雕车待堂前,却执五味烹家宴""不忍素手洗杯盘,爱若无缺事事圆""何惧飞烟染罗衫,一瀑流云,直上九重涧"等诗句,将传统文化与当代厨房生活结合,突出产品价值,传播品牌文化。

2019 年中秋,方太发布了首部真人暖心童话,以视频的形式讲述《光明村》的故事。视频中,光明村是一个用笑声发光的村子,唯一的老师带领着一群孩子,通过不断制造笑声对抗黑暗。而这个故事,则是根据一个贫穷偏远的村庄的实际情况改编而来。黄泥小学的校长也是唯一的老师,他不仅需要负责全体孩子的教育,还要生火做饭,照顾孩子们的饮食。方太为黄泥小学重建了厨房,帮助校长和孩子们获取更健康舒适的饮食生活。视频最后,方太提出:"可能世上没有光,是爱让我们发光,致敬所有为他人带来光明和幸福的自发光体。"通过暖心的故事,传递"爱"的同时,也展现了方太的社会责任感,诉说着方太"因爱伟大"的品牌主张。

(三)帮妈妈圆梦——《妈妈的时间机器》关注女性价值

方太对品牌主张的践行从不局限于某个时段,而是实实在在地通过一以贯之的行动落地。通过深刻的用户洞察,方太发现主打产品油烟机使用的最高频人群——妈妈们,为家操持而遗落了梦想。为此,方太收集了囿于厨房的妈妈们的梦想,以"帮妈妈圆梦"为内容打造了一款 IP——《妈妈的时间机器》。"人人都想拯救世界,却没人愿意帮妈妈洗碗。""每个女孩曾经都有梦想,只是后来她们做了妈妈。"方太通过对家庭生活的精准洞察,将我们习以为常和选择性忽略的洗碗和梦想这两件事摆在了台面上。"要捡起心中的梦,先放下手中的碗",方太以此为口号,将洗碗机打造为能为妈妈节省时间的"时间机器",通过解放她们的双手,鼓励她们做自己想做的事。

在节目组和方太团队的帮助下,围绕着家庭、厨房打转的妈妈们重新拾起尘封的梦想,写小说、打架子鼓、做纸雕、造字……在方太的陪伴帮助下,践行梦想、实现梦想的妈妈们绽放出不一样的光彩。

如《妈妈的时间机器》第三季中,宋妈妈的梦想是设计一套字体,并让全中国的人都能投入使用。而一套字体涵盖近 7000 个字,要设计出一套全新风格的字体,工作量和难度都非常大。为了帮宋妈妈完成这个梦想,除了用方太水槽洗碗机每天帮她节省一个小时外,方太还组建了一个设计团队,历时 14 个月,通过大量研究整理,以"形、意、度"为标准入手,用 6763 个字,设计出了一套名为"方太'梦想宋'"的字体(图 4-2-4)。

图 4-2-4　方太"梦想宋"字体①

方太坚持不能仅停留在强调女性为家庭的付出,更要关注家庭中女性的精神需要和价值实现。《妈妈的时间机器》热播了四季,从梦想唤醒到梦想落地,方太展现并延续了品牌责任和品牌精神,推进着品牌内涵的深化。

在第四季中,方太不再独自为妈妈圆梦,而是联合京东、饿了么、神州专车等众多品牌一起助力妈妈完成梦想。这似乎是表明方太已经不仅满足于靠自身的力量去唤醒妈妈在家庭之外的梦想,而是致力于邀请更多有爱的、跨行业的品牌加入这场声援。而方太联合众多品牌为妈妈的梦想助力的同时,也集结了更多的社会力量,聚集了更多的社会关注,启迪社会思考减轻妈妈家务负担的必要性和妈妈实现自身追求的需求性。

(四)"油烟情书"《我们的风云》传递"幸福十"品牌内涵

2018 年,方太发起"油烟情书"活动。方太认为,"油烟是下厨的痕迹,也是爱的印记"。以"方太为你吸除油烟伤害,只留下柴米油盐中的爱"为主题,方太向用户募捐厨余油烟,将油烟变成油墨,通过"油烟中的情书"记录表达柴米油

---

① 图片来源:https://huaban.com/pins/1580316369/.

盐的平淡生活背后的深刻情感。为了这一活动，方太花费了 4 个月的时间进行油烟收集、书信采编、排版印刷，终于打造出了"油烟情书"（图 4-2-5）。并创办了"油烟情书电视商业广告（TVC）"、《油烟情书》书籍、"油烟情书"书展、"阅读阅美"等活动和栏目。"油烟情书"获 2018 年金瞳奖金奖及评审团单项大奖，方太赢得"评审团品牌大奖"。

图 4-2-5　方太"油烟情书"①

---

① 图片来源：https://www.digitaling.com/projects/23818.html? utm_medium＝social.

2018 年 4 月,方太推出了全新的宣传片《我们的风云》,整个视频全部由黑白的静态照片加上旁白构成,没有言语,没有剧情,全部通过动作神态传达人物的精神面貌和生活状态。照片画面生动,生活感、烟火气十足。文案更是满满温情。"一口汤,温热两个时代""当烟消散无形,美好的事情都尘埃落定""谢谢你,让我们陪伴在你的生活里,陪着你家长里短,陪着你柴米油盐,把他人眼里的细碎光影、波澜不惊,过成自家的诗与风云"……整个短片突出了方太"家庭幸福"的品牌理念和"因爱伟大"的品牌主张。

严格来说,以上三件事情,字体、油烟情书、家庭影像都跟方太的产品并无直接关联。方太不仅诉说产品的力量,更是将品牌置身于中国家庭的场景中,是对爱情婚姻、家庭关系、幸福生活的深刻洞察。在"妈妈的时间机器"系列广告中,我们看到方太致力于唤起中国妈妈自身意识的觉醒;在"油烟情书"里,我们通过方太发现一蔬一饭中深藏的付出与关爱;在《我们的风云》里,我们通过方太捕捉到日常生活中平凡而美好的家庭碎影。我们从方太的价值传递中感知方太的鲜活力量和情感。方太不仅是在用慢功夫打磨广告,更是在用慢功夫塑造品牌文化,塑造一个温情的品牌。

无论是造字运动,用汉字笔画传达产品卖点的跨界沟通,抑或是"妈妈的时间机器"中,用方太厨电为妈妈省下时间去完成梦想……方太的每一次行动都让人耳目一新,但同时,每一次营销的最终落脚点都会回到关爱家人。在品牌传播过程中,方太的作品不断翻新出彩;在整体的传播过程中,每一个细节都传递相同的品牌理念,做到了品牌调性把控的一以贯之。方太官网发起的"幸福电影集"活动,带动了近 6 万人参加。通过用户海量家庭幸福照的上传,方太收集了无数幸福表情,打造了一家幸福影像馆。

为了丰富"家庭幸福观"的内涵,和践行"为了亿万家庭的幸福"的使命,方太逐渐将关注点从家庭内部拓展到家庭与家庭之间,不仅关注每一个小家庭,也关注一个个小家庭组成的"大家庭"。将"爱"的定义做了再次的延伸拓展,将"爱"从"个人与家庭"延伸到了"社区与邻里",尝试以"幸福"为切入点,为当代社区破题。通过多年的实地调研,专注于家庭内部故事的方太,提出了"幸福社区"的概念,以"幸福+"模式,驱动产品、服务、品牌营销全方位升级和进化,推动厨电产品、服务与人们的生活更加深度地结合。2019 年年度发布会前夕,方太打造了一支倡议邻里幸福公约的视频短片《致老家的邻居》,以方太的视角解读"幸福家庭观",并推出了一个名为"隔壁家人公约"的 H5 广告,以书信的形式,让用户自行生成帮扶内容。通过朋友圈、电视、小区电梯、地铁、机场等多层媒介,广泛触及社会各层,向全社会发起"邻里幸福公约"(图 4-2-6)。

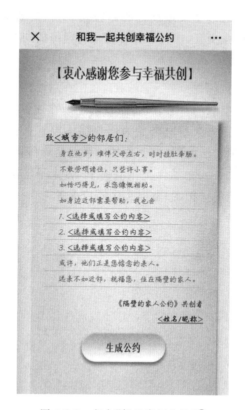

图 4-2-6　方太"邻里幸福公约"①

　　方太此次发起的邻里幸福公约,不仅是为促成友好的邻里关系,更是为离家在外无法照料家人的子女提出了一项社会关爱方案。不仅是对品牌文化的全新诠释,也是对品牌使命的进一步靠近。

　　方太在线上建立了"方太幸福家"栏目,并细分为衣食无忧、身心康宁、传家有道等版块,如身心康宁版块包括健康养生、相处和睦;传家有道版块包括心灵成长、积善之家……通过信息的提供帮助用户解决家庭问题。方太还建立了线上和线下相结合的生活体验平台——"方太生活家"。在线上平台,方太通过客户端、微信、网站共同构建了一个一体化互动社区,并联通线下所有接触点,打破了传统的"线上下单,线下送货安装"的格局,以美食烹饪的线上线下交互体验为主题,提供美食养生、茶艺插花等多种超值服务。

　　方太生活家专营体验店已经在全国各线城市开设,这些独立的体验店,将方太多种高端产品融入其中并全面开启烹饪教室、名品品鉴、美食讲座等多种

①　图片来源:https://zhuanlan.zhihu.com/p/76873437.

线下体验活动。方太通过全渠道推行的体验式、交互式场景营销模式,实现了品牌与用户的主动性强交互,提升了品牌文化沟通传播的有效性。

四、小结

方太从不局限于空洞的口号表达,而是真正地在践行"爱"、呼吁"爱",并不断升华着"爱"的内涵。方太厨电产品为用户提供更具人性化和温情感的厨电产品,在促进家庭幸福生活的同时,也通过一系列品牌传播活动,不断传递着品牌的价值观念、品牌关怀。在品牌文化渲染下,方太早已不再只是冰冷厨电的生产者,而是爱的味道的守护者、幸福文化的传承者。

第五章　品牌营销

未来营销之战将是品牌之战,是为了获得品牌主导地位而进行的战争。

——拉里·莱特(Larry Light)

第一节　品牌创意营销

一、品牌营销的界定

品牌营销从外延上看是指一个企业为实现产品销售而开展的营销活动,包括产品制造、价格制定、品牌组织管理、品牌识别等在内的一系列营销活动,进而建立品牌资产,目标是提高品牌的附加值。在这些活动中,营销人员首先要让企业的每个人了解企业的品牌代表什么,然后将正确、清晰、一贯坚持的品牌特色告诉所有消费者、供应商以及其他利益相关者。

从内涵上来说,品牌营销主要包括三个核心理念,即品牌定位、品牌推广、品牌维护与创新。

(一)品牌定位始终是品牌营销的第一步

品牌定位首先要确定能够与目标市场消费者心智相吻合的差异化竞争优势,接着需要制作出能够为目标市场消费者接收和接受的信息(即品牌识别系统),最后进一步确定向目标市场传递这种竞争优势的方式,并从各种渠道传送给消费者。

(二)品牌推广是品牌营销的关键环节

品牌推广的手段包括广告推广、文化推广、公共关系推广、代言人推广以及它们之间的整合。广告推广是现代商战上克敌制胜的法宝,具有立竿见影的效果,永远是品牌推广的基本策略;文化是品牌的"DNA",运用文化进行品牌推广能够令消费者形成独特的情感体验,并产生持久的效应;公共关系推广是通过良好的公共关系的创造与维护来达到塑造品牌形象、提升品牌知名度的目的;代言人推广是借助名人效应来形成品牌与名人在某些方面形象的一致性,从而塑造品牌形象。

(三)品牌维护是品牌创新的必要保证

品牌不是静止的,而是动态变化的。在市场竞争压力和技术变革等一系列动力的作用下,品牌及其所代表的产品不断地提升以功能性特征为核心的品牌产品内涵和以品牌文化为核心的品牌精神内涵,以创新来赢得市场竞争的动态优势。因此,在品牌运作过程中,企业应该经常对品牌运作现状进行诊断,并预测品牌下一步的发展状况。在品牌诊断的基础上,企业要在三个方面做好品牌维护工作,即产品保证、质量管理和广告宣传。现代市场经济环境千变万化,有损品牌形象的事件随时都有可能发生,品牌需要从法律和企业自身这两个方面来加以保护,如打击假冒产品,提高防伪技术等。品牌危机虽然鲜有发生,但企业必须加以防范,要掌握可能产生危机的原因,加强管理,消灭危机于萌芽之中,以避免对企业形成灾难性的影响。[①]

二、品牌营销的方式

(一)传统营销:4P、4C、4R

1960 年,美国教授杰罗姆·麦肯锡(E. Jerome McCarthy)在《基础营销》(*Basic Marketing*)一书中提出 4P 营销理论,即产品(produt)、价格(price)、渠道(place)和促销(promotion)。1967 年,美国著名营销学家菲利普·科特勒在其《营销管理:分析、规划与控制》一书中进一步确认了以 4P 为核心的营销组合方法。

产品:注重开发的功能,要求产品有独特的卖点,把产品的功能诉求放在第一位。

价格:根据不同的市场定位,制定不同的价格策略,产品的定价依据是企业的品牌战略,注重品牌的含金量。

渠道:企业并不直接面对消费者,而是注重经销商的培育和销售网络的建立,企业与消费者的联系是通过分销商来进行的。

促销:企业注重销售行为的改变来刺激消费者,以短期的行为(如让利、买一送一、营销现场气氛等)促进消费的增长,吸引其他品牌的消费者或触发提前消费来促进销售的增长。

---

① 郭洪.品牌营销学[M].成都:西南财经大学出版社,2011:157-178.

　　20世纪90年代,随着消费者个性化日益突出,加之媒体分化、信息过载,传统4P营销理论逐渐不能适应时代的发展。从本质上讲,4P营销理论思考的出发点是企业中心,是企业经营者要生产什么产品、期望获得怎样的利润而制定相应的价格、要传播和促销产品的哪个卖点,并以怎样的路径选择来销售。其中忽略了顾客作为购买者的利益特征,忽略了消费者是整个营销服务的真正对象。以客户为中心的新型营销思路的出现,使消费者为导向的4C营销理论应运而生。

　　1990年,美国学者罗伯特·劳特朋(Robert F. Lauteborn)教授提出以消费者需求为导向,重新设定市场营销组合的4C理论,即顾客(customer)、成本(cost)、便利(convenience)和沟通(communication)四大营销组合策略,简称4C营销理论。4C营销理论的核心是顾客战略,以顾客为中心进行企业营销活动规划设计,从产品到如何实现顾客需求(consumer's needs)的满足,从价格到综合权衡顾客购买所愿意支付的成本(cost),从促销的单向信息传递到实现与顾客的双向交流与沟通(communication),从产品流动到实现顾客购买的便利性(convenience)。

　　4C营销理论以消费者需求为导向,相对于以市场为导向的4P营销理论有了较大发展。但4C营销理论过于强调顾客的地位,被动适应顾客需求的色彩较浓,与市场经济的竞争导向相矛盾。针对上述问题,美国学者唐·舒尔茨(Don E. Schultz)在4C营销理论基础上提出4R营销理论——关系(relationship)、节省(retrenchment)、关联(relevancy)和报酬(rewards),侧重于在企业和消费者之间建立起有别于传统的更有效的新型关系,该理论以关系营销为核心,重在建立顾客忠诚。

　　2001年,美国学者艾略特·艾登伯格(Elliott Ettenberg)在《4R营销》一书中提出新4R营销理论,即"关联(relevance)、反应(reaction)、关系(relationship)和回报(reward)"全新营销组合策略,具体如下。

　　紧密联系顾客(relevance):企业必须通过某些有效的方式在业务、需求等方面与顾客建立关联,形成一种互助、互求、互需的关系,把顾客与企业联系在一起,减少顾客的流失,以此来提高顾客的忠诚度,赢得长期而稳定的市场。

　　提高对市场的反应速度(reaction):多数公司倾向于说给顾客听,却往往忽略了倾听的重要性。在相互渗透、相互影响的市场中,对企业来说最现实的问题不在于如何制定、实施计划和控制,而在于如何及时地倾听顾客的希望、渴望和需求,并及时做出反应来满足顾客的需求,这样才利于市场的发展。

　　重视与顾客的互动关系(relationship):4R营销理论认为,如今抢占市场的关键已转变为与顾客建立长期而稳固的关系,把交易转变成一种责任,建立起与顾客的互动关系,而沟通是建立这种互动关系的重要手段。

回报是营销的源泉(reward):由于营销目标必须注重产出,注重企业在营销活动中的回报,所以企业要满足顾客需求,为顾客提供价值,不能做无用的事情。一方面,回报是维持市场关系的必要条件;另一方面,追求回报是营销发展的动力,营销的最终价值在于其给企业带来短期或长期收入的能力。

新 4R 营销理论以竞争为导向,着眼于企业与顾客建立互动与双赢的关系,不仅积极地满足顾客的需求,而且主动地创造需求,通过关联、关系、反应等形式建立与它独特的关系,把企业与顾客联系在一起,形成了独特的竞争优势。

(二)网络营销 4I 及其特点

随着互联网技术的进步和社交媒体的发展,当前营销的总体趋势已由大众营销向基于用户管理的关系营销转移,传播模式以由传者为中心向以受众为中心转移,对用户主体的关注度比以往任何时候都更加聚焦,同时互联网去中心化的特征和自媒体的发声机制也大幅提升了用户的传播力和影响力,在这样的背景下,以互动为核心的 4I 营销理论应运而生。

4I 营销理论是由美国西北大学市场营销学教授唐·舒尔茨提出,其主要为四个原则,即"趣味性、利益性、互动性和个性化"。

趣味原则(interesting):趣味性位列 4I 原则之首,因为中国互联网的本质是娱乐属性的,在互联网这个"娱乐圈"中,广告、营销也必须是娱乐化、趣味性的。趣味性营销,类似于植入广告,将营销信息潜移默化地、悄无声息地蕴藏于趣味内容之中,通过故事性、趣味性、幽默的内容吸引用户关注与分享,在此过程中营销信息也随之被接受和传播,让用户在不知不觉中"上钩"。

利益原则(interests):利益通常包括两个大的方面即物质利益和精神利益。物质利益主要为物质实利。精神利益主要为情感满足,包括心理疏导、身份认同、归属感、荣誉感等元素。从长远来看,物质利益可以被竞争对手模仿和替代,但来自精神层面的满足则具有不可复制性,这是更深层次利益的体现。

互动原则(interaction):网络媒体区别于传统媒体的一个重要的特征是其互动性,成功的网络营销一定建立在良性互动的基础之上,消费者与品牌之间的平等互动交流,可以为营销带来独特的竞争优势。充分挖掘网络的交互性并与消费者交流,才能扬长避短,让网络营销的功能发挥至极致。

个性原则(individuality):个性化的营销,就是让消费者心理产生"焦点关注"的满足感,个性化营销更能投消费者所好,更容易引发互动与购买行动。在传统营销中,做到"个性化营销"的成本非常之高。但在网络媒体环境中,数字化技术的发展为个性化营销提供了极大的方便。此外得益于大数据时代的到来,企业针对用户所收集的数据会越来越准确,可以针对不同群体实施更加个性化、更精准的营销方案。

科特勒曾经指出,互联网是为具有一定的资金实力和科学技术的一群个体保留的一国。现如今,互联网变得越来越广泛,它把世界各地的人们以近乎零成本的方式联系在一起,人们也越来越离不开互联网。建立在互联网基础之上的网络营销可以说是营销家族中的新生儿,可它的成长速度却是前所未有的。网络营销虽没有改变市场营销的本质,但却深深改变了顾客获取信息、消费和沟通的方式,进而强烈地冲击着传统营销模式。

基于互联网高速发展下的数字革命赋予消费者和企业全新的能力,网络营销具有鲜明的特点。

第一,跨时空。网络可超越时空限制进行信息交换,使全球企业与消费者之间脱离时空限制达成交易成为可能,企业能有更多的时间和更大的空间进行营销,可 24 小时随时随地提供全球性营销服务。

第二,高效性。传统营销不仅依赖于一层层严密的渠道,还需要投入大量人力与广告以取得市场。而网络时代却大不一样,在传统的人员推销中要几十个人甚至成百上千号人做的事,可能在网上只需要一两个人,甚至只需要一个较为完善的系统就能完成。在未来,人员推销、市场调查、广告促销、经销代理等传统营销组合手法必将与网络相结合,并充分运用网上的各项资源,形成以最低成本投入、获得最大市场销售量的新型营销模式。

第三,多媒体。互联网被设计成可以传输多种媒体的信息,如文字、声音、图像等信息,让为达成交易进行的信息交换可以以多种形式存在,可以充分发挥营销人员的创造性和能动性。

第四,个性化。网络营销是一对一的、理性的、以消费者为主导、非强迫性的、循序渐进的营销过程。消费者可以在网上了解产品的最新价格,选择各种商品,做出购买决策,自行决定运输方式,自行下订单,从而获得最大的消费满足。

第五,整合性。互联网上的营销一方面从商品信息、收款至售后服务一气呵成,是一种全过程的营销渠道。另一方面,企业可以借助互联网,将不同的传播营销活动进行统一设计规划和协调实施,以统一的传播资讯向消费者传达信息,避免不同的传播产生不一致的消极影响。

三、品牌营销的效用层级

在传统的营销和新经济时代的网络营销中,通过采取各种营销手段,品牌与消费者之间可以在品牌营销方面依次达到六个效用层级(图 5-1-1)。

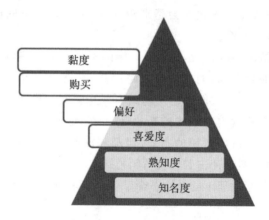

图 5-1-1 品牌营销效用层级

第一个效用层级:知名度。如果企业的某种产品尚未被目标消费者所知,那么,营销人员首先需要打响该产品的知名度,让目标消费者知道有这样一个产品,这样一个品牌。

第二个效用层级:熟知度。当目标消费者对品牌有一定的了解,但却不知道品牌更多、更全面的信息时,营销人员需要分析目标消费者对企业的了解究竟有多少,他们还需要获得哪些信息,营销人员需要在此基础上与目标消费者进行更深层次的沟通,并以此来提高品牌的熟知度。

第三个效用层级:喜爱度。目标消费者了解一个品牌,也熟悉这个品牌,那么品牌在他们心中的感觉到底是什么样的? 如果一个品牌无法赢得消费者的喜爱,那么,即使该品牌拥有知名度和熟知度也无济于事,也无法将品牌效益转变为经济效益。因此,营销人员需要了解目标消费者对品牌的喜爱度,如果品牌不被用户所喜爱,那营销人员要挖掘出其背后的原因,与目标消费者重新进行沟通,进而去解决问题。

第四个效用层级:偏好。如何判断目标消费者是否对某个品牌有偏好呢? 目标消费者可能确实喜欢某个品牌,但是当看到其他同类品牌的时候,是不是仍然会坚定地选择该品牌呢? 如果答案是肯定的,那这就是一种偏好。营销人员用本品牌产品与竞争产品进行质量、价值、性能及相关特性方面的比较,增强消费者对品牌和产品的信心,从而建立起目标消费者的选择偏好。

第五个效用层级:购买。购买是品牌营销的最直接的目的,无论目标消费者如何偏爱该品牌,对品牌有多么坚定的信念,但如果没有发生实际的购买行为,营销行为就没有达到其目的。因此,营销人员必须通过营销沟通引导目标消费者完成购买行为。

第六个效用层级:黏度。"黏度"是品牌营销的更深层次目的,也是衡量消费者忠诚度计划的重要指标,其直接体现在消费者是否发生重复购买行为。

四、品牌创意营销

当市场高度同质化,企业遇到的问题不再是简单的促销,也不再是新品发布,这个阶段品牌和创意就成为企业的新工具。广告人所做的工作就是根据时代的变化,建设和管理品牌创意这些新模式。

(一)品牌创意从何而来

戴维·阿克认为,有创造性的品牌,其创意可以来自任何地方,企业营销人员可以从以下方法和视角来管理创意思维与方法:品牌接触点(brand touch points)、消费者动机和未满足需求(customer motivations and unmeet needs)、消费者甜蜜点(customer sweet spots)。[①]

1.品牌接触点

品牌体验是消费者关系的精华。它应该是令人愉悦、超乎预料的,甚至能激发消费者的互动交流。不同品牌的接触点是不同的,卓越的品牌体验能够成为品牌价值主张的一个具有区别性的特征。比如,星巴克就是以"愉悦轻松"的体验消费来吸引消费者,从而制造了一系列的店内接触点。

品牌体验是由品牌接触点带来的,品牌接触点可以发生在消费者与品牌接触的任何时间,虽然所有接触点的影响、体验上的弱点并非完全相同,但通过以下五步可以优化和改进接触点。

(1)明确所有存在的和潜在的接触点。

(2)评估接触点体验。

(3)确定每个接触点对消费者决策和态度的影响。

(4)确定优先次序。

(5)建立行动方案。[②]

改进每个接触点的品牌体验是建立和夯实品牌关系的一种方式。然而,更重要的是考虑消费者全程体验系列接触点,通过激励消费者完成任务或解决问题而被激活。从消费者全程体验的角度来看,其目标是让整个进程简单、容易、

---

① 戴维·阿克,王宁子,等.品牌大师:塑造成功品牌的 20 条法则[M].陈倩,译.北京:中信出版社,2015:117-118.

② 戴维·阿克,王宁子,等.品牌大师:塑造成功品牌的 20 条法则[M].陈倩,译.北京:中信出版社,2015:121.

清晰和有效率。

2.消费者动机和未满足的需求

现有消费者及潜在消费者对于产品的使用可以成为创意的来源。一个最直接的方式就是通过询问消费者来明确其消费动机、使用中存在的问题和未满足的需求,其结果可能成为品牌建设计划的跳板。宝洁公司曾做过一项研究,让他们的一些营销人员和墨西哥的低收入家庭一起"生活"。宝洁的研究者发现,衣服的洁净是最重要的,但洗衣服很费时间,90%的人都在使用软化剂,漂洗也得好几遍,衣物缩水问题也很突出。因此,宝洁发明了唐尼一次净洗衣液(Downey Single Rinse),它不仅解决了缩水问题,而且节省时间,从而获得巨大成功。

营销人员也可以绕开消费者,通过分析消费者环境来判断其动机和未满足的需求,从而做出如何改进的决定。如,苹果(Apple)专卖店整洁干净的布局和与众不同的"天才吧"是一般消费者不会预先想到的创意,但乔布斯(Steve Jobs)认为这样的店面设计才能展现品牌的精髓,并受到消费者的欢迎。[①]

3.寻找消费者甜蜜点

寻找消费者的"甜蜜点",就是找到双方感兴趣的创意或企划,将品牌与消费者的关系以亲密的方式联系起来。无论甜蜜点是攀岩、骑行,还是健康生活,都必须让消费者参与进来,激励他们谈论品牌。双方共同感兴趣的企划可以围绕产品或品牌构建,特别是那些消费者参与度高的品牌。如,三星通过在商场设立体验店的方式来让消费者亲自感受 Gear VR 眼镜所带来的视觉享受。而对于一些与消费者潜在甜蜜点毫不相关的品牌或产品,营销人员就需要创立一些事件或活动,寻找与消费者甜蜜点相联系的方面。如,丝芙兰(Sephora)主打护肤品和化妆品,消费者对这些产品本身并不感兴趣,但是消费者在乎美丽。因此,丝芙兰有一个针对美的研讨会。消费者可以去那里彼此交流或者和资深顾问交流,一起探讨美如何在生活中扮演一个重要的角色。

五、品牌营销的创意方法

(一)借势营销

"借势"是指在真实的、不损害公众利益的前提下,把某些事件、人物、传说、影视作品、社会潮流、传统节日等社会热点对公众的吸引力和影响力,巧妙地和品牌营销活动目标结合在一起,制造品牌营销活动的看点,以达到提高品牌知

---

① 戴维·阿克,王宁子,等.品牌大师:塑造成功品牌的 20 条法则[M].陈倩,译.北京:中信出版社,2015:121.

名度、扩大品牌社会影响的目的。

　　"借势"方法的运作,最基本也是最重要的一点就是要找准"可借之势"。品牌选择社会热点时,不仅要考虑所借用热点原有的影响力,更重要的是要考虑与本品牌战略是否相符。也就是说品牌在找到社会热点之后,还要依据品牌战略对这些热点进行谨慎选择。只有当社会热点与品牌或产品有意义上的关联时,"所借之势"才能顺理成章、不留痕迹,巧妙地为品牌的形象传播服务。以下是"借势营销"的具体做法。

1. 名人效应

　　这是营销人员借助社会名流的知名度和美誉度来提高品牌知名度和美誉度的方法。名人往往拥有更高的曝光度和号召力,利用他们的知名度和美誉度来进行创意营销可以产生"名人效应"。如,珠穆朗玛移动通信有限公司邀请万科集团前董事长王石作为其8848钛金手机的形象代言人,并在其官网打出了"敢为天下先"的品牌口号。具有传奇色彩的形象代言人搭配该品牌高昂的售价使得该产品在发布期间就获得了高度的关注,也为该品牌的高端品牌形象奠定了基础。

　　但是,不同的名人在各个领域具有不同的知名度,关键是要找到名人形象与品牌个性之间的关联性。同时,一旦名人与品牌之间发生关联,名人的言行也会影射到品牌商,这也是"借名人之势"所要承担的风险。

2. 事件营销

　　营销人员借助正在发生的引人注目的新闻事件,使其成为品牌传播的着力点。新闻事件往往对公众有很大的吸引力,他们对事件的发展和结局也常常具有极大的兴趣和好奇心,因此事件营销也是品牌创意营销的常用方法之一,如2018年世界杯期间的"华帝退款事件"。华帝既不是世界杯赞助商,也没有为此投放大量广告,但华帝利用人们对世界杯的高度关注,打出了"法国队夺冠,华帝退全款"的活动口号。根据相关数据,此次活动在新浪微博的阅读量就达到了8700多万,并引发了9.6万的关注和讨论量,使该品牌得到了极大的曝光。

3. 节日营销

　　节日营销是营销人员借助人们对重大节日、重大纪念日等特别日子的关注和重视,开展应时、应景活动的一种营销方法。节日营销活动,一方面可以通过产品本身与节日的关联性扩大品牌的影响力;另一方面,品牌通过各种活动来增添节日的美好气氛,增加人们对于品牌的好感度,从而提升品牌的美誉度。如,支付宝在春节期间的"集五福"活动,该活动的"爱国、敬业、友善、富强、和谐五福卡"与社会的主流意识形态高度契合。同时,由于春节红包是中国人民在春节时的一种重要传统习俗,支付宝用户集齐"五福卡"之后也可获得春节红包，而"五福卡"必须通过"AR扫福"和"好友赠送"等手段获得，用户在进行活动时不自觉地通过支付宝建立了社交属性，将熟人关系转移到支付宝内，引发全民互动，从而进一步扩大了品牌的影响力。

(二)造势营销

造势营销是指通过精心策划具有轰动效应的事件来吸引媒体和公众注意，从而在公众心中树立品牌形象的一种营销方法。造势的关键是制造"有用之势"，也就是去消费者所在的地方接触他们。布莱克威尔和克里费尔德(Steven Blackwell & Tara Crifield)在研究造势活动之后，总结出了造势事件的几个关键功能或优势。他们认为造势事件的根本要素是不露声色地传达掩藏于事件中的信息。也就是说，造势事件实际上是一个传播渠道，其结果就是在接受者完全没有心理准备时发出一个虽然含蓄却具有说服力的信息。

1.庆典造势

这是在品牌成立之际、重大工程开工或竣工之时、品牌的重要纪念日等举办盛大的用来展示品牌形象的庆祝活动。这种活动充分利用庆典机会制造丰富多彩、气氛热烈的场景，与公众同庆同乐，加深公众对品牌的好感和记忆。这种方式往往通过确定庆典主题、邀请社会名流和媒体代表、安排奠基或剪彩等高潮性仪式以及各种参观、座谈等活动，扩大品牌影响，树立良好形象。

2.展览造势

这是综合运用各种文字、图片、实物、模型、讲解、幻灯、录像、音响、环境布置、现场示范、现场咨询等手段开展营销活动的方法。它具有较高的知识性、趣味性、实用性，能广泛吸引公众的注意力和兴趣，并为公众提供一个详细了解、咨询和交流的机会。同时，新闻的宣传造势，更加有利于知名度和美誉度的提高。如2019年的IBM中国论坛，IBM通过邀请知名学者、行业专家以及企业领袖参与其论坛，不仅彰显了该论坛的影响力之大，也进一步传播了IBM作为信息技术公司领头羊的品牌形象。

3.服务造势

服务造势，即举办各种专项服务活动，无偿为公众提供服务，获取公众的兴趣和好感，增强品牌在公众心中的凝聚力的方法。品牌服务的方式多种多样，除了咨询、培训以外，还可以根据品牌的业务特点和公众的需要进行设计，不断创新深化，形成特色。如在星巴克的"咖啡教室"活动中，星巴克会邀请门店的专业咖啡师前来助阵，对咖啡的选择、烘焙、冲泡等环节进行详细讲解，让顾客们在优雅品尝星巴克醇正浓郁咖啡的同时感受到不一样的咖啡体验，树立"优质咖啡专家"的品牌形象。

4.事件造势

即以创造性思维指导、策划、组织、举办的具有新闻价值的活动或事件,以吸引新闻媒体与公众的关注和兴趣,并使品牌成为新闻报道中的主角,以达到提高品牌知名度、美誉度的目的。如 2017 年引起全球关注的"人机对抗赛",即"阿尔法围棋"与世界排名第一的世界围棋冠军柯洁对战,并以 3 比 0 的总比分获胜。而"阿尔法围棋"是谷歌旗下公司所研发的一款围棋人工智能机器人,这也证明和提升了谷歌作为一家强大的科技公司的实力与品牌形象。

5.娱乐造势

企业可以邀请公众或内部人员进行娱乐联欢,或举行相关的盛大娱乐活动,使其具有新闻价值,并得到广泛传播。如著名内衣品牌维多利亚的秘密时装秀(Victoria's Secret Fashion Show,图 5-1-2),从 1996 年起,每年都会举行年度时装秀,维密秀从一开始没有知名度的走秀,到现在已经成长为全球知名度最高的内衣秀。而且,每年维密秀的主题都有变化,与时俱进是这个品牌令人记忆深刻的一个原因。[①]

图 5-1-2　2018 年维密秀[②]

---

① 舒咏平,吴希艳.品牌传播策略[M].北京:北京大学出版社,2007:262.

② 图片来源:https://www.toodaylab.com/76387.2019 年维密取消大秀.

(三)IP 营销

IP(intellectual property)即知识产权,IP 营销就是将品牌与 IP 结合在一起,通过持续的内容输出,塑造出更具有人格化特点和价值内涵的品牌形象,以吸引消费者的关注,同时加深品牌在其心目中的印象,提升品牌的认知度和美誉度,从而获得更多的认可和信赖。[①]

IP 营销的模式多种多样,其根本在于品牌需要完成一个人格化的过程,主要有以下几种模式。

1.品牌 IP

品牌 IP 化最为彻底的方式就是将自身打造成一个 IP,无论是从品牌名、Logo,还是产品等方面,都全面凸显形象的独特性,传达具有高辨识度的价值观,如迪士尼公司塑造的众所周知的经典人物米老鼠、唐老鸭、白雪公主等。当消费者看到这些人物时,就会不自觉地将它们与迪士尼联系起来。迪士尼也不满足于这些经典卡通人物停留于荧幕上,更是将它们搬到了迪士尼主题公园的现实生活中,进一步强化了它们与迪士尼的相关性(图 5-1-3)。

图 5-1-3 迪士尼公园的米奇和唐老鸭[②]

2.品牌人物 IP

当我们说起苹果,就不得不提到其灵魂人物乔布斯,很多人喜欢苹果,更将乔布斯作为偶像,乔布斯的个人魅力已经成了苹果挥之不去的光环,这也恰好说明了品牌的核心人物可以作为一个 IP 赋予品牌个人精神,让品牌拥有生命。

褚时健这个名字在中国商界如雷贯耳,以其知名度来说,绝对是个当之无

---

① 李珊.近年来品牌热衷的 IP 营销究竟是什么?〔DB/OL〕.(2019-06-04)〔2020-01-20〕.https://mp.weixin.qq.coms/liGSs5s3xzebnuJLEOpohA.

② 图片来源:www.jianshu.com/p/096e358d2ed8.

愧的个人IP,而其创立的褚橙团队,正是以褚时健作为品牌的代言人。品牌营销策划团队主要通过褚时健传奇人生、人物精神的报道,将褚时健的个人形象与褚橙紧密结合为一体,使褚橙这个品牌染上了浓厚的个人色彩和形象特征,让人在想到褚时健的同时联系到褚橙,在为褚时健的个人传奇所折服时,也对这个品牌肃然起敬,心生好感。

除了褚橙外,董明珠之于格力,马云之于阿里巴巴,雷军之于小米等,都是非常典型的品牌形象代言人,他们的言行举止是品牌个性和价值观的体现,其个人形象的高频曝光能大大提升品牌在老百姓心目中的好感度和信任感。所以,在考虑品牌IP营销时,不要忽视了品牌核心人物在大众口碑中的知名度和话题度,他们本身就是品牌的一个IP。

3. 联合知名 IP

已经发展相对成熟而不具有知名人物的品牌要进行IP营销,在人格化上重新塑造品牌IP或是借助个人影响力都显得为时过晚,但它们能够借助已有的知名IP来进行IP营销,也就是IP联动、跨界营销,让品牌内涵更加丰富,品牌形象更加生动。

2018年6月京东与环球影业(Universal Picture)的IP联动,就成功在社交平台刷屏了。环球影业是好莱坞最大的电影制片厂,诞生过如功夫熊猫(KungFu Panda)、小黄人(Minions)、侏罗纪世界(Jurassic World)等知名热门IP,此次京东跨界娱乐进行IP联动,不仅显示了强大的实力与迎合年轻化市场的决心,同时更传递出一种面向国际、贴近消费者的态度,是非常有价值的一次IP营销。

(四)口碑营销

口碑营销(word of mouth)是历史上最为悠久的营销工具,在互联网环境中由于人际交往的不确定性而迸发出巨大的魔力,能够点石成金,形成链条式的扩散传播(见图5-1-4),影响范围获得极大扩展,常见类型包括:论坛推荐文、文图评论、病毒式的影音内容等。口碑营销的数据追踪可以让营销人员深入洞察网民的真实想法,延长用户对品牌的接触和产品的真实看法,从而调整传播策略。同时,作为新兴技术,营销人员也必须了解口碑营销的5T原则。[①]

---

① 美国口碑营销协会的安迪·塞诺威兹 (Andy Sernovitz) 在《做口碑》(*Word of Mouth Marketing—How Smart Companies Get People Talking*) 一书中提出口碑营销框架的5T模型。

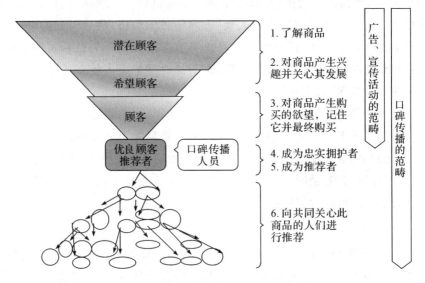

图 5-1-4　口碑营销的传播模式

1. 谈论者(talkers)：寻找愿意分享和讨论品牌的人群

这些人群不一定是名人，但他们非常乐于分享，愿意尝试新鲜事物和产品，对周围人群具有较大的号召力和影响力。营销人员可以从企业的社群媒体，如微博、微信社群等发掘愿意主动分享产品的粉丝，也可以从过往的订购记录里找到长期支持的客户，并进一步归纳出与其属性相似的群体，找到这群人让他们为企业的品牌发声。

2. 话题(topics)：提供至少一项值得讨论的话题

乐于分享是人们的天性，但营销人员也必须创造值得他人分享的话题，比如优质的商品、细腻的服务、新奇的名称、有趣的广告、有特色的企业文化，甚至展现行业领头羊的气魄等。营销人员想要人们记住品牌或产品，就可以创造相关的话题。

3. 操作工具(tools)：寻找合适的渠道促使口碑扩散

以往口碑营销大多是借由人们口耳相传、互相推荐，现今借助社交媒体的影响力能让口碑营销更快速更有效。例如，微博直播、YouTube 开箱等，这些都是常见的口碑谈话渠道。营销人员要经营好这些平台，与粉丝和消费者保持互动，让这些平台成为企业信息传播的营销互动平台和社群资源库。

4.互动(taking part)：积极参与消费者的讨论

参与讨论并不困难，用户通过 E-mail、微博私信、服务号等向营销人员提出问题，这些就是参与讨论的一环了，因此不要忽视客户服务。可以让消费者有机会留下他们的意见和评价，并主动建立属于自己品牌或商品的社群、社团，创造与消费者沟通互动的机会，或是参与各大社群媒体的相关话题讨论，提高品牌或商品的能见度，让消费者记住并明白品牌的特色，通过互动与消费者建立信任感是口碑扩散的关键。

5.追踪(tracking)：记录消费者对品牌或产品的回馈

追踪即对营销活动的检测和分析，在品牌营销活动中，品牌方要注意收集消费者对产品或服务的看法，了解消费者真实的想法和兴趣点，从而不断完善自身产品、服务和行为。传统的营销方式，由于消费者分散，信息难以收集，而新兴的社交媒体如微博、小红书等具有开放的舆情监控和数据分析等功能，使追踪和分析数据都变得电子化和智能化。

六、数字媒介创意营销

数字媒介包括网站、博客、社交媒体、在线视频、智能手机媒介等，这些已成为企业建设或增强品牌、创造突破性的品牌计划的必要条件。对于品牌营销来说，数字是一种强大的力量。[①] 其主要体现在以下几个方面。

· **让消费者参与进来**。数字营销计划，尤其是那些涉及消费者社群的计划，通常会引发一系列评价和建议。与消费者被动接受广告或是仅仅在某一事件的赞助商名单中看到一个企业的名字相比，消费者主动参与更容易听取、学习、相信品牌主张并改变行为。

· **充实和深化内容**。数字媒介在内容上不受限制，一个网站可以涵盖大量的信息，一段四分钟的视频就可以深入讲一个故事。

· **有针对性**。大部分数字手段可以把目标定位到个人，比如上网浏览的访客可以根据自己的需要来设计体验。

· **积累信任**。与付费的电视媒介或印刷广告相比，网站内容和在线消费者意见具有更高的可信度，这是因为大容量的信息意味着更多的实质内容，而付

---

① 菲利普·科特勒,凯文·莱恩·凯勒.营销管理[M].15 版.何佳讯,于洪彦,牛永革,等译.上海：上海人民出版社,2016：582-591.

费广告的品质并不是显而易见的。①

(一)在线营销

1.网站:企业应该设计网站来传达其品牌愿景、历史、产品等信息,网站要让人过目难忘并且足够有趣来鼓励重复访问。杰弗里·雷波特(Jeffrey Rayport)和伯纳德·贾沃斯基(Bernard Jaworski)认为有效的网站应该具备七个设计要素,他们称之为7C理论。为了鼓励重复访问,企业要特别注意语境和内容因素,因此要加入另一个C——持续的变化(constant change)。

- 情境(context):布局和设计
- 内容(content):网站的文本、图片、声音和视频
- 社区(community):网站如何实现用户之间的传播
- 定制化(customization):网站针对不同用户定制页面或允许用户设置个性化页面的能力
- 传播(communication):网站如何实现网站对用户、用户对网站或双向的传播
- 连接(connection):网站与其他网站的链接程度
- 商务(commerce):网站实现商务交易的能力

除了自有网站以外,公司还可以建立微型网站(microsite)用来补充主网站的单独网页或一组网页。这些微型网站对于一些销售低兴趣产品的企业尤为重要。例如,人们很少浏览保险公司的网站,但公司却可以在二手车网站上建立一个微型网站,向二手车购买者提供建议,同时也可以提供优惠的保险业务。

2.陈列式广告(display ads):陈列式广告就像是被张贴在网络上的传统商业广告,形式包含文字、图片、音频和视频。无论是文字导向型(报纸广告等)还是图片导向型(杂志广告等),或是富媒体(rich media)导向型广告(电视商业广告等),都会因为增加了回复装置(response device)而被升级,在这种回复设置的指引下,用户能够点击这则广告即所谓点击率(click through),从而进入登录界面,登录界面往往是消费者进入某品牌目标广告页之前看到的一页,对营销人员来说起着至关重要的作用,因为它往往影响着消费者是否愿意在这个品牌页面停留更长的时间。

3.搜索广告:在线营销的一个重要组成部分是付费搜索(paid search)或点击付费广告(pay-per-clickads)。在付费搜索中,营销人员对搜索关键词进行竞

---

① 肯特·沃泰姆.奥美的数字营销观点:新媒体与数字营销指南[M].张志浩,译.北京:中信出版社,2009:245-250.

价,这些关键词代表消费者想要的产品或消费兴趣。当消费者使用百度、谷歌搜索这些关键词中的任何一个词时,营销者的广告就会出现在搜索结果的上方或旁边,搜索结果取决于公司所出的价格以及搜索引擎使用的确定广告与本次搜索相关度的算法。

广告商只有在消费者点击链接的时候才付费,但营销者认为那些进行搜索的消费者已经表现出了购买兴趣,因此他们就是主要的潜在消费者。搜索广告的平均点击率,即点击链接的消费者的比例大约为 2%,远远高于在线陈列式广告。其中带有图形的标准横幅广告的点击率为 0.08%,而带有音频或视频的多媒体广告(可扩展的横幅广告)的点击率为 0.14%。

每次点击的成本取决于链接在网页上的排名以及关键词的流行程度。越来越受欢迎的付费搜索引发了关键词竞价者之间的激烈竞争,大大提高了搜索广告的价格,因此竞价者必须格外重视最佳关键词的选择、竞价的策略性,以及对结果的有效性和效率的监测。

(二)在线营销的优势与劣势

多样化的在线传播手段意味着公司能够向消费者提供或发送定制的信息,这些信息能够吸引消费者,因为它们反映了消费者的特殊兴趣和消费行为。

营销者能够很容易地测量营销效果,可以记录有多少唯一身份访问者或"独立访客"点击了相关页面或广告,以及他们在页面上的停留时间,在页面上做了什么,以及以后又访问了哪些网页。此外,互联网还提供了情境植入(contextual placement)这一优势,营销者可以在与产品相关的网站上购买广告。他们还可以根据消费者在搜索引擎上输入的关键词来放置广告,并以此来接触到那些刚刚开始购买过程的消费者。

在线营销也有缺点,消费者可以轻而易举地过滤掉大多数信息。另外,有些网站可以利用软件伪造点击量,使营销人员误认为广告比实际更有效。广告商也会丧失一些对在线信息的控制力,因为这些信息有可能会被黑掉或恶意破坏。

但是显然在线营销利大于弊,互联网依然吸引着各种类型的营销人员。美容产品创始者雅诗兰黛(ESTEE LAUDER)曾经宣称自己仅仅依靠三种传播方式来建立数百万美元的化妆品业务——"电话、电报和向女性宣传"。但现在雅诗兰黛也在积极地加入互联网,其公司的官网不仅介绍新老产品,同时也宣传该品牌的理念(图 5-1-5)。

图 5-1-5　雅诗兰黛宣传图[1]

(三)社交媒体营销

社交媒体营销又名社会化媒体营销,就是利用社会化网络、在线社区、博客,或者其他互联网协作平台和媒体来进行营销、公共关系处理和客户服务维护及开拓的一种方式,"一般社会化媒体营销工具包括 SNS 社区、论坛、微博、博客、图片和视频分享等"。[2]

1.社交社区

社交社区(social communities)指的是以关系(relationships)及社交活动参与为重心的社交媒体渠道,用户与拥有相同兴趣爱好或身份认同的人交流互动。社交社区的主要特点是双向及多向交流,用户可以通过这种方式对话、合作并分享各自的经历与资源。虽然所有社交媒体渠道都是围绕关系网络建立的,但对于社交社区来说,通过互动与合作来建立和维持人际关系才是用户参与其中的首要原因。

许多社交媒体渠道都属于社交社区这个领域,包括社交关系网站(social networking sites)、留言板(message boards)与论坛(forums),以及各种维基网站(Wiki sites)。这些网站都强调个体用户要在社区背景下为集体的交流、对话与合作作出自己的贡献。

如果品牌能在社交社区领域中变成活跃的参与者,该品牌就能够利用社会网络进行品牌的推广与策划、用户服务与关系管理、市场调查等多种营销活动。

---

[1]　图片来源:https://www.esteelauder.com.cn.

[2]　李怡芳,曹睿.中国社交媒体营销策略研究[J].经济研究导刊,2013(36):92-93.

2. 社交出版

社交出版的渠道包括博客(blogs)、微分享网站(microsharing sites)、媒体共享网站(media sharing sites),以及社交书签与社交新闻网站。博客是博主定期更新线上内容的网站,其内容包括文字、图像、音频和视频。博主既可以是普通的用户,也可以是新闻工作者、传统媒体工作者或者组织机构等,所以博客的话题十分多样。这也就是为什么有的博客看起来像网络小报或者新闻杂志网站,有的看起来更像个人网络日记。博客的社交功能来自它所提供的社交分享工具,而博客的互动性则体现在留言功能上:浏览博客的人可以在博文下面留言讨论,形成系列话题。现有的一些博客发布服务甚至还可以帮博主进行格式编辑和互动管理。

微分享网站,也叫做微博客网站(microblogging sites),同博客的性质相似,只不过在这类网站上发帖是有字数限制的。一则微分享可以是一句话、一个短语、一条嵌入视频或者一个可以导向其他网站内容的链接。新浪微博就是国内最知名的微分享平台,其发帖字数一度被限制为 140 个字。

媒体共享网站与博客网站相似,都是由博主进行内容管理。不过,媒体共享网站不是用来分享文字或多媒体内容的,而是聚焦于视频、音频(音乐和播客)、图片、报告或文件资料的分享。媒体共享网站的内容可以直接在网上搜索到,但用户使用这类网站的好处是可以选择关注平台上特定的内容发布者。从这方面来看,媒体共享网站也具有社交和互联的性质。以下列出的是不同种类的媒介中几个比较有名的平台。

- 视频分享:YouTube、优酷、抖音、秒拍、美拍
- 图片分享:Instagram、网易 lofter、堆糖、图虫
- 音乐音频分享:酷狗、虾米、网易云音乐
- 报告与文件分享:道客巴巴、百度文库、百度云盘、豆丁网

社交出版能够帮助营销人员传播品牌内容(内容营销),有助于将消费者引向品牌的自有网站。营销人员可以将社交内容通过社交媒体新闻稿、微博推送、社交新闻和社交书签网站等方式进行传播。

3. 社交娱乐

广泛意义上,社交娱乐包含了与娱乐产业相关的媒体数字方式及社交形式,在该领域中,娱乐渠道的联结、参与和分享都是以数字方式呈现的。社交娱乐的形式包括社交游戏、动态视频游戏、实境游戏、社交音乐、社交电视及电影等,这些形式既可以被独立使用,也可以被综合使用。

社交娱乐平台中的产品投放和广告投放一样,也需要经历策划、安排的过程。品牌既可以赞助社交渠道中的娱乐内容,也可以以游戏、音乐、电影的形式创造品牌内容,从而设立自己专属的社交娱乐平台,这种方式被称为品牌化娱乐(brand entertainment)。品牌化娱乐是内容营销的组成部分,品牌化娱乐除了需要鼓励目标用户与品牌进行互动,并且将品牌内容分享到个人社交平台以外,还需要在用户群中激发用户对品牌的口头传播。

在此,我们需要知道社交出版与社交娱乐的区别。两者均在一定程度上(不是完全地)遵循内容营销法则,就像是做广告需要满足信息传递和娱乐大众这两个目标一样,内容营销也有这两方面的需求。社交出版领域的内容营销强调信息的传递,而社交娱乐领域的内容营销则强调娱乐大众。社交出版在很大程度上与传统媒体类似,任何人(无论是品牌、新闻出版机构还是个人)都能够在线上渠道发布内容。对于品牌来说,这种观点可以看作品牌建立声誉、促进正面口碑传播、激发品牌相关信息的机会;而社交娱乐则与娱乐产业相似,目的是为观众送去欢乐,排遣他们心中的苦闷,帮助他们逃离现实生活的枷锁。在营销的过程中,品牌通过创造或利用社交娱乐场所的方式接触受众,从而以此为品牌增添价值。[①]

(四)社交媒体营销的 SWOT 分析[②]

1. 优势（strength）

(1)低门槛。社交媒体并没有对使用用户做出任何限制和条件,这就意味着任何个人和企业都可以在社交媒体平台上注册并进行使用。

(2)快传播。通过转发和分享,在社交媒体平台之上的信息可以得到迅速传播,扩散速度很快。

(3)强互动。较传统营销方式而言,社交媒体营销是一种沟通、交流,甚至是一种思想火花的碰撞,使我们对于事物的看法更加立体化、多维化。例如,微博营销具有极强的互动性,为企业开展口碑营销、情感营销、危机公关奠定了基础。

(4)低成本。社交媒体营销作为一种新兴的网络营销方式,较传统的广告媒体而言,价格、成本低廉得多,因此,营销人员应该重视社交媒体营销,并将其纳入企业营销体系。

---

① 特蕾西·L.塔腾,迈克尔·R.所罗门,北京大学新媒体研究院社会化媒体研究中心.社交媒体营销[M].上海:格致出版社,2017:219-220.

② 李怡芳,曹睿.中国社交媒体营销策略研究[J].经济研究导刊,2013(36):92-93.

2.劣势（weakness）

（1）信息泛滥。社交媒体的门槛较低导致了社交媒体上的信息数量庞大，所以那些内容单一、营销活动乏味、期待短期效益的营销手段很难看到利益回报。

（2）社群营销的手段趋于单一、同质化。目前大多数企业已经意识到了社群维护对用户管理的重要性。但由于社群信息的流动性、集中性和及时性，使得社群动态管理的难度较大，营销手段趋于单一。大多数社群常以优惠券的方式拉新，随着时间的推移，社群总无可避免地陷入沉默，缺乏价值输出以维护用户持久黏性。

3.机会（opportunity）

（1）中国互联网用户数量多，社交媒体营销前景巨大。根据中国互联网中心（CNNIC）公布的数据，截至2022年6月，我国网民规模为10.51亿，其中即时通信用户规模达10.27亿，占网民整体的97.7%。[①] 而微信在2019年就已拥有超过11亿的用户，同时也拥有国内最多也最活跃的社交媒体用户群。因此，中国的社交媒体是巨大的营销市场。

（2）伴随中国网络技术的发展，社交媒体平台功能逐步完善。随着其功能的逐步完善，越来越多的企业会利用社交媒体这个平台。对个人消费者来说，社交媒体有可能进一步成为他们的个人消费门户。

（3）企业创建社交媒体认证账户可以提高权威性。企业通过官方社交媒体和用户沟通，因公众对其信任度较高，所以既可以增加用户对产品的了解，同时也能更好地了解用户的需求。

4.威胁（threaten）

（1）网络平台不够完善，阻碍社交媒体营销的发展。网络安全是开放性的网络营销方式健康发展的前提，与国外相比，目前中国社交媒体营销的网络平台的安全性存在一些问题，网络平台还不够完善。

（2）缺乏互联网监管，阻碍社交媒体营销的发展。由于用户可以自由发布信息，言论中容易出现虚假信息和不正当竞争行为，这不利于社交媒体平台的良性发展，会使公众对其信任度降低，一定程度上对社交媒体营销的发展造成了负面影响。

---

① 　CNNIC.第50次《中国互联网络发展状况统计报告》[EB/OL].（2022-08-31）[2022-10-12].http://www.cnnic.net.cn/NMediaFile/2022/0926/MAIN1664183425619U2MS433V3V.pdf.

第二节 节日营销创新案例——宜家家居

一、宜家家居(IKEA)的品牌故事

宜家家居总部位于瑞典,是目前全球最大的家居用品厂商。宜家成功地融合制造商品牌和零售商品牌,以一体化的品牌策略顺利整合家具产业链。基于这个观念,宜家坚持自己设计所有的产品并且拥有专利。宜家设计的产品分成三大系列:宜家办公、家庭储物和儿童宜家,在宜家品牌的支撑下,旗下的两万多件商品都有各自的品牌系统。

宜家希望能为大家带来种类多样、价格低廉并且设计独特、让大多数人可以负担得起的家具家饰品。为了实现这样的想法,从产品设计、原料采购、生产制造,到分店的经营,宜家一直不断地寻求创新和改善。

宜家知道如果要提供给顾客便宜、质量又好的商品,企业必须有效地管理成本及运用创新的制造方法,这也正是宜家从瑞典斯莫兰(Småland)起步至今从未改变的信念,最有效地利用原料,寻找更经济、更有效率及更有创意的制作或包装方式,降低成本,回馈给大家(图 5-2-1)。

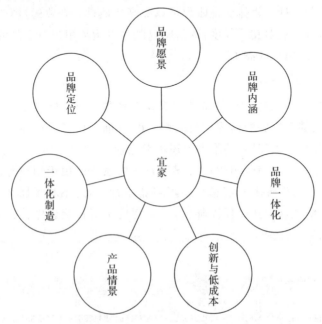

图 5-2-1 宜家家居的品牌建设图

二、宜家家居的品牌理念

(一)种类多元的商品

在宜家,你可以找到多样风格又能相互搭配的家具家饰品,无论你是喜爱浪漫还是现代简约风格,你都能在宜家找到相应的产品,让你的居家布置更具个人特色和魅力。无论你追求哪种风格,宜家的设计师与产品开发人员都会努力让每个宜家商品都符合消费者日常使用的需求,并且减少不必要的浪费。

(二)便宜合理的价格

提供价格便宜又实用的商品是宜家理想与经营理念的核心,宜家所有的商品背后都有同样的基本价值:以每个人都买得起的价格来生产设计精良、实用的家具家饰。宜家不断努力把每件事做得更好、更简单、更有效率,来达成这项挑战。

(三)创造更美好的生活

宜家开始设计商品的优先考虑就是价格,并将这样创新的理念带入家具产业,独有的经营方式也就是所谓的"IKEA way"。宜家追求有效地利用每一种原料来设计并制造人人负担得起的优质商品,以满足每个人对于居家布置的需求与喜好。

三、宜家家居的产品策略

(一)"低价格"定位满足大众市场需求

宜家的经营理念是"提供种类繁多、美观实用、老百姓买得起的家居用品"。从创建初期,宜家就决定与家居用品消费者中的"大多数人"站在一起。这意味着宜家要满足具有很多不同需求、品位、梦想、追求以及财力,同时希望改善家居状况并创造更美好日常生活的人的需要。针对这种市场定位,宜家把产品定位成"低价格、精美、耐用"的家居用品。

在欧美等发达国家,宜家把自己定位成面向大众的家居用品提供商。因为其物美价廉、款式新、服务好等特点,受到广大中低收入家庭的欢迎。但由于中国市场相对欧美市场来说消费水平较低,且原有的低价家具生产厂家竞争激烈接近饱和,高端家居品牌的目标消费群体较为稀少,于是宜家把目光投向了城市中相对比较富裕的阶层。宜家在中国的市场定位是"想买高档货,而又付不起高价的白领"。事实证明,宜家的这种定位是十分准确的,宜家作为全球品牌,其商场的各个角落和经营理念都蕴含着异国文化,这在一定程度上满足了目标客户的心理需求；且宜家家居有顾客自己拼装、免费赠送大本宣传刊物、自由选购等特点，加上较出色的产品质量，让宜家在吸引更多新顾客的同时，稳定了自己固定的回头客群体。

(二)简约风设计满足消费者审美

宜家家居出售的产品全部由宜家公司独立设计，产品风格与众不同。宜家强调产品"简约、自然、清新、设计精良"的独特风格。宜家源于北欧瑞典（森林国家），其产品风格中的"简约、清新、自然"亦秉承北欧风格。大自然和家都在人们的生活中占据了重要的位置。实际上，瑞典的家居风格完美再现了大自然，充满了阳光和清新的气息，同时又朴实无华。

宜家的家居产品无论是单件产品还是家居整体，从罗宾床、比斯克桌子到邦格杯子，无不是简约、自然、匠心独具，既设计精良又美观实用。和其他厂商的家居用品比较，宜家给人的印象是：宜家是上述诸多优点的集合，而上述诸多优点集合起来也就是宜家。宜家的这种风格也确实能够打动大多数消费者的心，激起消费者的购买欲望。

(三)产品线广泛，打造一站式购物体验

宜家产品系列广泛，共有 10000 多种产品供消费者选择。基本上，任何品位的消费者都可以在宜家买到所需的家居产品。宜家产品系列的"广泛"有以下几方面的含义。

首先，功能广泛。消费者无需往返于不同的专卖店购买家居用品。在宜家可以找到从客厅家具、玩具、煎锅到餐具刀，从办公家具到绿色植物的所有商品，消费者不必在各个家居店之间东奔西走。

其次，风格范围广泛。不同品位的消费者在这里都能找到自己的所爱。但宜家的产品也不是无所不包，宜家没有过于极端或过于夸张的产品。宜家提供的是创造舒适的家居环境所需要的产品。

另外，通过适当协调，可同时实现广泛的功能和风格。无论消费者喜欢哪种风格，都会有一款扶手椅与书柜相配，有一款书柜与新的折叠桌相配，有一款新的折叠桌与扶手椅相配。因此，宜家的"系列广泛"有着多层含义。

(四)产品包装创新，解决消费者痛点

宜家秉持"民主设计"的理念，展开了与消费者多渠道的互动，围绕用户痛点实施产品创新。比如，消费者在购买家居产品时通常会遇到价格昂贵、运输麻烦的问题，同时宜家也发现一些家居产品经常会在运输过程中损坏，因此，自1956 年起宜家开始试用"平整包装"，由消费者在家中自行组装家居。这一小小的运输细节上的创新极大降低了宜家的运输成本，从而降低了产品的价格，为

消费者购买宜家产品提供了价格上的优惠和运输上的便利。

四、宜家家居的低价格策略

前面提到宜家的经营理念是"提供种类繁多、美观实用、老百姓买得起的家居用品",这就决定了宜家在追求产品美观实用的基础上要保持低价。实际上,低价格策略贯穿于从产品设计到造型、选材、OEM 厂商的选择/管理、物流设计、卖场管理的整个流程。

(一)低价格思想贯穿于始终

宜家的设计理念是"同样价格的产品,比谁的设计成本更低",因而设计师在设计中的竞争焦点常常集中在是否少用一个螺钉或能否更经济地利用一根铁棍上,这样不仅能有效降低成本,而且往往会产生杰出的创意。宜家发明了"模块"式家具设计方法(宜家的家具都是拆分的组装货,产品分成不同模块,分块设计。不同的模块可根据成本在不同地区生产;同时,有些模块在不同家具间也可通用),这样不仅设计的成本得以降低,而且产品的总成本也能得到降低。

(二)先定价、再设计

在宜家有一种说法:"我们最先设计的是价签。"即设计师在设计产品之前,宜家就已经为该产品设定了比较低的销售价格及成本,然后在这个成本之内,尽一切可能做到精美、实用。如宜家的邦格杯子,为了保持低价格,设计师必须充分考虑材料、颜色和设计等因素,如杯子的颜色选为绿色、蓝色、黄色或者白色,因为这些色料与其他颜色(如红色)的色料相比,成本更低;为了在储运、生产等方面降低成本,设计师把邦格杯子设计成了一种特殊的锥形,因为这种形状使邦格杯子能够在尽可能短的时间内通过机器,从而更能节省成本。后来宜家再次将这种杯子的高度、杯把儿的形状做了改进,可以更有效地进行叠放,从而节省了杯子在运输、仓储、商场展示以及消费者家中碗橱内占用的空间。

(三)原材料创新降低成本

宜家不断采用新材料、新技术来提高产品性能并降低价格。例如研发新型材料刨花板,虽然刨花板在强度和外观上较劣于木材,但是相对于普通木材成本较低,且具有耐磨、易处理、承重性高等优点,因此宜家家具便大量利用刨花板作为各种耐重家具的主要结构。

（四）与 OEM 厂商密切合作

宜家与 OEM 厂商的合作主要体现在三个方面。一是在产品设计过程中，设计团队与供应商密切合作，尽可能找到便宜的替代材料，降低成本；二是在生产过程中，主要由 OEM 厂商供货，通过向供应商承诺大量订单，激发合作厂商进行设备投资，节省投资的同时亦可降低成本；三是鼓励各供应商之间进行竞争。在选择供应商时，考虑总成本最低，同时参考质量、产能等其他因素。

（五）高效低成本物流体系

宜家持续优化的物流管理体系确保了其成本优先策略的实施。除了1956 年推行至今的"平板包装"外，宜家在运输枕头时，将其中的空气抽掉，这样避免了无谓地把空气运来运去，大大提高了运输效率。宜家还对高、低流量产品采用不同的运输模式，因为宜家发现 80％的销售业绩和货物流量来自仅占全部产品线 20％的产品，为了使供应链更有效地运转，宜家在销售大区设立低流量中央仓库，在靠近销售地设立高流量配送仓库，这就使得高流量产品到商店的交货期大大缩短，提升了服务水平，也降低了自身成本。

五、宜家的体验营销

（一）精心营造"家"的氛围

宜家通过对商场的精心布置，让顾客感受到的不是家具，而是自己梦想中的家。在打造样板间时，会根据不同的消费群体的心理，创造不同风格特色的样板间，如单身生活空间、都会风格区、温馨家庭风格等，把一个家（卧室、厨房、客厅等）需要的所有东西全部展现。昔日零散的家具和用品得以有机组合在一起，散发着强烈的风格，在第一时间吸引顾客的眼球。宜家样板间整体、直观的视觉效应，不仅让顾客能看到自己挑选的家具如何更好地融入家的环境，还能让他们在家具的摆设上找到源源不断的灵感，引起连锁购买的欲望。

（二）场景化＋体验营销无处不在

在宜家购物，顾客会发现与传统家具市场有着根本上的不同，消费者完全可以自由地选择自己喜欢的逛商场的乐趣，宜家鼓励消费者在卖场进行全面的亲身体验，比如拉开抽屉、打开柜门、在地毯上走走、试一试床和沙发是否坚固等。与国内的很多家具店动辄在沙发、床垫上标出"样品勿坐"的警告相反，在宜家，所有能坐的商品，顾客无一不可坐上去试试。宜家出售的一些沙发、餐椅的展示处还特意提示顾客："请坐上去！感觉一下它是多么的舒服！"

（三）温情化标语打动顾客

宜家的标语用词生动、感情真挚，常常让人眼前一亮。在客厅区，顾客常常会看到"这就是我们的家"的广告语，并配以家人欢笑、拥抱的图片以及细腻煽情的文字；在儿童区入口，可爱的玩具烘托出让每一对父母都为之感动的话："为了我们的下一代——世界上最重要的人。"

在宜家，顾客能享受到一流的服务，还有亲切真诚的问候："需要帮手吗？"或是善意提醒"买多了？不用担心！""改变主意了？没关系"等。客户意见表上是客气的"请帮助我们提高"，而让顾客用餐后自己清理餐桌这看似麻烦的事，宜家只用了春风化雨般的几行文字就消释了潜在的抱怨。

（四）强调 DIY 个性化参与

宜家鼓励顾客发挥 DIY 精神，采用自选自助的方式，参与筹划、选购、运输、安装等环节。顾客自己做主的快乐和成就感，不仅可以在没有销售人员束缚的购物过程中实现，更能在亲自动手组装家具的时候深刻感受。DIY 带来的乐趣是无以言表的，只有亲身经历过的人才能深刻体会。而此过程中，顾客所见的这张桌子简洁明快的线条，消费者所触摸的木板的圈层纹理和浅浅的凹凸感、所嗅到的新家具的独特气味连同在宜家商场购物时愉悦的感官体验，深深融入了一个称为家的美好愿景里。

（五）异域美食满足你的胃

宜家商场的大面积加上精心设计路线，让消费者很难在短时间内逛完宜家，这时宜家的瑞典美食足以让顾客扫除长时间逛商场的疲倦（图 5-2-2）。据统计，30％的消费者去宜家只为了吃饭。宜家餐厅并不仅仅是商场里一个独立的用餐区域，而是作为顾客的宜家感官体验之旅的重要一环。顾客在里面可随处看到品尝瑞典美味的标语，食物上插着黄蓝相间的瑞典国旗，墙壁上是迷人的瑞典风景照，餐厅里的装修延续了餐厅外的宜家家居风格——简约、自然而富有现代感。因此，宜家餐厅和宜家其他区域的服务一样，不仅满足了顾客的味觉享受，还让顾客的其他感官都得到充分的放松和愉悦。

图 5-2-2　宜家餐厅里的食物①

(六)免费退换打造完美闭环

宜家最经典的三大会员政策:免费咖啡、会员优惠、180 天免费退换。免费咖啡降低了用户进店成本,跟宜家餐厅一样,消费者可能是为了吃顿饭/喝杯咖啡,顺便逛了一次卖场。成本不低,但宜家官方曾经表示过:很值得。进店后,会员还有专属优惠,加上宜家闻名遐迩的动线设计,让消费决策变得很轻松,容

---

①　图片来源:https://weibo.com/ikea.

易冲动消费。而180天的免费退换政策,使得大件家具的购买门槛也变低了。同时,免费退换政策也有效地强化了宜家"民主"的企业形象。宜家的三大会员政策形成一个完美的消费闭环,其核心是粉丝对宜家文化的认可。

宜家在"讨好"会员这件事上,也是用尽心思。例如宜家的克纳拉雨伞,非会员价29.9元,会员价19.9元,雨天会员价9.9元。价格的差异使得宜家会员产生一种归属感,大批的"宜粉"会自发地在朋友圈等社交媒体主动宣扬宜家的美名。此外,各地的宜家商场还会定期举办丰富多样的会员活动,比如家居讲座、周年庆活动、闭店后看电影、邀请共同用户庆祝瑞典露西亚节等。活动不以推销宜家产品为目标,而是让用户感受到宜家的专业和宜家文化,渲染瑞典人注重家庭生活的文化氛围,增强品牌忠诚度。

六、宜家数字营销战略

(一)善用移动媒体

移动数字化技术的发展方便了人们的生活,对此,宜家也推出了自己的手机 APP"宜家'家居指南'"(图 5-2-3)。用户可以利用这款 APP 安排家具的布局,也可以将自己喜爱的布局方式分享给他人,同时还可以参与投票推荐自己最喜爱的布局。对于在投票中获胜的创意,宜家会对创作者给予奖励。用户也可以通过这款 APP 查看商场内最新的限时特惠,了解产品的价格、尺寸、颜色及库存情况,找到它们在商场内的具体位置,方便提货。此外,用户还可以借助 APP 掌握商场的购物路线和区域划分,清楚商场、餐厅、斯马兰(儿童乐园)和食品小卖部的营业时间,了解从所在地到商场的正确路线。

图 5-2-3 宜家"家居指南"APP 页面

(二)使用 AR、VR 技术

AR(增强现实)和 VR(虚拟现实)是最近几年比较热门的技术,对此,宜家在 2017 年 9 月底就推出了一款名为"IKEA Place"的 APP,用户可以在 IKEA Place 中预览想要购买的家具摆放在自己家中的效果。IKEA Place 采用了 3D 和苹果 ARKit 技术,能高度还原所有商品的尺寸、细节设计,甚至连产品的面料质感、亮度和阴影都能呈现。而用户需要做的仅仅是将摄像头对准想要摆放家具的位置,然后在 APP 上选择自己喜欢的家具,IKEA Place 就会自动帮你校对好尺寸和位置。

宜家还在 PC 游戏平台 Steam 上发布了一款名为"IKEA VR Experience"的 VR 游戏(图 5-2-4),让消费者可以在虚拟实景中设计、体验厨房空间,带上 VR 眼镜就可体验。在游戏过程中,消费者可以穿梭在厨房的空间内,拉开抽屉,取出平底锅放在炉子上,然后试着煎块牛排。

图 5-2-4　IKEA VR Experience 的操作界面[①]

(三)创意内容营销

宜家经常打出"再创低价"的宣传策略,而所谓的低价,不仅仅是找出各式便宜商品。便宜的物流支出、完善的商品包装、划算的产品材质等,都是宜家的考虑项目,从设计、生产、定价一路到消费者的家中,都是基于"负担得起的价格"来提供服务。据调查显示,多数消费者都觉得宜家的商品并不便宜,为了强化品牌的"低价"特色,宜家通过"生活片段+宜家商品=从未想过的美好结局"为记忆点(图 5-2-5),来展现宜家"低价创造无价"的要求,在满足消费者接收广告的新鲜感与乐趣感的同时,给予品牌高度正面的评价与好感。因此,宜家在

---

① 图片来源:https://store.steampowered.com/app/447270/.

奥美的建议下,使用轻松、幽默、风趣的插画影音风格,再以 6 秒短影音广告抓住消费者眼球,当消费者想按下 Skip 键时,短影音也正好结束,同时又能透过 Facebook、Instagram、YouTube 等多渠道传播,甚至还可以将其直接当成网络横幅广告的素材,曝光机会大幅提升。

图 5-2-5　台湾宜家创意广告

1. 解锁直播体验式营销新玩法,引发年轻人共鸣

宜家素来奉行体验式营销,通过产品的布置陈列,创造出不同的生活场景,让消费者充分体验自己家的种种可能。这次,宜家将其北京五棵松体验中心搬上了时下流行的直播平台(见图 5-2-6、图 5-2-7),并以"一对陌生男女在宜家体

图 5-2-6　宜家北京五棵松体验中心开业

图 5-2-7 宜家体验中心开启 24 小时直播

验 24 小时,到底他们会有什么改变"为主题,引发人们的好奇,为习惯于线上购物的互联网人群提供了新的、真人秀式的体验方式,拉近了与当代青年的距离。

在内容上,两位线上招募而来的直播参与者将在宜家 24 小时直播时首次相遇,在工作人员的帮助下,熟悉整个宜家体验中心,并以任务卡这种在真人秀节目中常见的形式来增进彼此的沟通(图 5-2-8),这就吸引了综艺节目主要受众——年轻群体的关注,更何况其中的男主角还是《奇葩说》选手赵英男。在直播完成任务的过程中,两位参与者不仅向观众们展示了在五棵松体验中心的舒适生活、舒适睡眠、客厅储物、儿童乐园等区域"住"下来,选房间、做饭、画画、聊天,还跟工作人员一起卖家具,体验了区别于其他宜家商场的电子屏和更快捷的购物方式。

图 5-2-8 24 小时直播年轻男女在宜家体验中心吃饭

在情感上,招募陌生男女的限制也投射了现代人的社交状况,戳到了年轻人的痛点。一方面,拓宽社交圈的需求为直播引来了大量招募者;另一方面,两个陌生人从合作布置餐桌,一起画画做手工,到逐渐熟络、交流内心想法的过程,引发了年轻人对自己生活的想象和共鸣。就在屏幕前一个个年轻人的评论中,这次直播拿下了超过470万的播放量。而两位直播参与者在24小时之后的采访中也说:"家这个概念,对于我们年轻人或者北漂来说,本来不是那么重要,但是经过在宜家的24小时,我感到两个人在一起还是很有意思的,体验中心给我带来了很多不一样的感受。"

2.城市文化创意,联结宜家与北京新青年

除了开业前的24小时直播,在体验中心开业当天,宜家北京在体验中心门口陈列了一张由家居图形组成的巨幅北京地图,鼓励顾客随意填涂,共同完成一个彩色的北京。简单的互动机制加上视觉震撼力十足的城市地图,具有极强的社交力。其次,有趣的家居元素,不仅强调了宜家与北京居民的联结,也在参与者心中留下了强烈的品牌烙印(图5-2-9)。

图 5-2-9　宜家门口民众观看地图

七、小结

宜家五棵松体验中心开业之际,宜家零售中国区总裁安娜·库丽佳(Anna Pawlak Kuliga)表示,中国是一个日新月异的市场,顺应变化、顺应消费者的需求是宜家未来在中国继续发展的重要基础。为了贴近中国消费者,宜家正积极推进多渠道零售策略,即通过线下和线上渠道的融会贯通为消费者提供更便捷的购物体验。

从影响者策略来说,这次活动不仅邀请了媒体进店体验,还与各个领域意见领袖合作,并持续一个月在官方和 KOL 的社交媒体平台上进行曝光,总推文阅读量超过了 1200 万,在体验中心的媒体发布会上也赢得了较好的评价。意见领袖"住范儿"评价说:"宜家体验中心的设计带给我与其他宜家商场不同的平静和舒适。"

第六章　品牌传播

对于现代企业或者非常需要成功的企业来说，没有什么比建立自己的品牌更为重要的事。以前的企业竞争主要在价格、广告、营销层面，现在已经进入了品牌化竞争的阶段。

——夏保罗（美国花旗银行亚太区前总裁）

第一节　品牌传播与品牌影响力

一、品牌传播

品牌传播是基于"传播学"的视角，对广告、公关等营销推广工具进行的基础、规律、方式方法的探讨。20 世纪 80 年代末西方兴起的"整合营销传播"是对广告、公关、促销等整合传播的理论探索，其核心要义即"整合＋传播"。国内学者余明阳、舒咏平教授较早提出这一概念，并对其内涵和特性进行了探讨，品牌传播是一种动态的操作性的实务，"即通过广告、公共关系、新闻报道、人际交往、产品或服务销售等传播手段，以最优化地提高品牌在目标受众心目中的认知度、美誉度、和谐度"[①]。品牌传播具有信息的聚合性、受众的目标性、媒介的多元化、操作的系统性等特征。[②]

互联网的出现极大地改变了我们所在的世界，将品牌传播带入泛娱乐化的数字营销的快轨道。2011 年，风险投资人约翰·杜尔（John Doerr）提出了"SoLoMo"概念，社会化（social）、本地化（local）、移动化（mobile）成为移动互联网发展的趋势，品牌传播的时空限制被打破，信息形态全媒体化，消费者传播和分享的主体意识更加凸显。

---

① 余明阳,舒咏平.品牌传播刍议[J].品牌,2001(11):8-10.

② 余明阳,舒咏平.论"品牌传播"[J].国际新闻界,2002(3):63-68.

（一）传播媒介社交化

Facebook、Twitter、微信、微博、抖音、小红书等社交化媒体已成长为最重要的媒体渠道。品牌借助于社会化媒体能很快打开市场,提升品牌知名度。通过 KOL 的推广,默默无名的小品牌也可以一骑绝尘,名扬天下。

1. 微信——闭环式品牌传播

微信作为国内重要的社交软件,自 2011 年起发展至今,月活跃已超过 12 亿,是中国用户量最大的 APP。2021 年,企业微信连接和服务的微信用户超过 5 亿,微信已成为经济生活的"数字化基础设施",其品牌推广主要有公众号广告、朋友圈的原生广告和社群。

公众号广告类似于之前的软文,即软广告,是由企业的市场策划人员或广告公司的文案人员负责撰写的"图文广告"。与硬广告相比,其精妙之处在于一个"软"字,让用户不受强制广告的宣传,文章内容与广告完美结合,从而达到广告宣传效果,包括特定的新闻报道、深度文章、付费短文广告、案例分析等。这种方式不仅可以降低企业的广告投入,还可以提升品牌的知名度和品牌形象,为品牌的传播提供一个精巧有效的方式。公众号广告还有另一种形式,就是在文章尾端有公众号关注、应用下载、卡券分发、品牌活动等官方推广形式。这种方式比软文更简洁易懂,可以实现二次"圈粉"。

原生广告(native advertising)最早出现在 2010 年福布斯网站的 Brand Voice(品牌声音)栏目中,这一概念由美国硅谷投资人弗雷德·威尔逊(Fred Wilson)于 2011 年提出:"新的广告形式将存在于网站的原生变现(native monetization systems)当中。"[①]原生能够将品牌内容融入用户使用体验,是一种能够指导广告实践的理念。朋友圈的原生广告最早源于 Facebook,利用朋友圈的闭环生态,通过精准的用户画像,将广告融入用户朋友圈,用户在浏览朋友圈的同时可以看到品牌投放的广告。

朋友圈原生广告一样拥有点赞和评论功能,甚至在内容下面标出有几个好友也能看到这条广告。这一闭合的微信生态链特性可以有效降低用户反感,看到朋友圈好友的点赞和评论甚至能提高对广告的认同感和亲切感,朋友圈广告既有图片又有短视频。微信订阅号中,广告商选择粉丝数量较多且与自身用户群体特征相符的公众号自媒体进行合作,自媒体会在文章中嵌入广告,这也是原生广告。

---

① 喻国明.镶嵌、创意、内容:移动互联广告的三个关键词——以原生广告的操作路线为例[J].新闻与写作,2014(3):48-52.

微信社群是一个开放的俱乐部，企业借助微信群可以实现管理的扁平化，提高管理和沟通的效率，基于品牌传播目的的微信群的组建和维护，可以快速扩展用户，保持用户黏性，增强品牌忠诚度。微信群传播开放度较高，可以实现瞬间传达、组织自由等优势。

2. 微博——裂变式品牌广播

微博是基于用户关系的开放式社交媒体平台，具有网络传播的一般特点，传播更新速度快、多媒体超文本传播、信息量大、成本低、全球传播、互动性强。[①] 微博品牌传播主要通过官微、KOL 等实现裂变式传播，微博的原生广告比微信更具灵活性，能根据用户的位置进行推送。

官方微博不仅是一种简单的告知手段和工具，还是企业与消费者互动的桥梁，同时还担任着品牌危机公关的平台功能。相比以往危机公关的处理方式，微博平台更快速、高效、透明，能及时传播官方信息，消解谣言，扭转品牌形象。2017 年海底捞的危机公关可以总结为"这锅我背、这错我改、员工我养"。这次危机不仅没有影响海底捞的品牌形象，还被誉为企业危机公关的范本。

3. 小红书——口碑传播智库

小红书 APP 成立于 2013 年，是一个年轻人聚集的生活方式平台，最初是海淘用户的口碑传播社区。小红书开创了一种"社区＋电商"双轮驱动的新模式。2016 年，小红书将人工运营内容改为机器分发，根据用户画像对其兴趣分类进行笔记匹配，让用户之间的互动变得更亲密，以提升用户体验。小红书通过大数据挖掘用户的真实需求来筛选商品，将真实的声音传达给商家，不断改善福利社上线的产品分类，以最快最优的方式满足用户的需求。

小红书自 2017 年起邀请明星入驻，增强平台活跃度、粉丝量和传播力，刘嘉玲、高圆圆、欧阳娜娜、黄子韬等超过 1000 名艺人陆续来到小红书。截至 2021 年 4 月，小红书月活用户超 1 亿，2020 年笔记发布量近 3 亿条，每天产生超 100 亿人次的笔记曝光。[②] 小红书的口碑传播主要建立在数量庞大的消费笔记及数千万条的真实消费体验上，用户对品牌信息感知度和信任感较高，成为品牌方非常看重的"口碑传播智库"。

---

① 匡文波.网络传播学概论[M].3 版.北京：高等教育出版社，2009：37-40.
② 千瓜数据：2021 小红书活跃用户画像趋势报告[EB/OL].（2021-04-23）[2021-06-20]. https://finance. sina. com. cn/tech/2021-04-23/doc-ikmyaawc1278044. shtml.

4. 抖音——品牌传播的新阵地

抖音短视频是一个旨在帮助大众表达自我、记录美好生活的短视频分享平台。通过应用人工智能技术为用户创造丰富多样的玩法,让用户在生活中轻松快速产出优质短视频。[①]

从"专注新生代的音乐短视频社区"到"记录美好生活",抖音 slogan 的变化说明它正在拥抱更多的人群。有数据显示,抖音日均播放量已经高达 20 亿,俨然成为爆点内容的制造器。[②] 抖音于 2016 年底低调上线,那时的抖音基本以特效运镜、潮流舞蹈为主要风格,2017 年《中国有嘻哈》的成功植入,更是引爆年轻市场,吸引了大批 90 后入坑。

抖音有以下六种品牌传播方式。

一是酷潮玩法。许多品牌看到酷潮风格的恐怖传播力,于是特效、舞蹈开始成为品牌必争之地。品牌方会邀请抖音大 V 制作相应的运镜或舞蹈作品,然后带动更多粉丝用户模仿,进而引发传播热潮。如脉动邀请很多 KOL 制作了"变身"视频,引起非常广泛的传播。

二是视频挑战赛。许多品牌用户都借助这一功能,发起各种创意营销。2017 年必胜客联合抖音上线了一个主题为"DOU 出黑,才够 WOW"的挑战赛(图 6-1-1)。其中挑战赛的背景音乐由知名音乐人宋秉洋为必胜客"WOW 烤肉黑比萨"量身打造,裹挟着黑比萨一跃成为当时的娱乐潮流。抖音还特别打造了必胜客全新虚拟概念店作为舞台,搭配夸张好玩的表情道具、独特的转场效果等定制元素,帮助创作者的内容更具吸引力,创造了1 亿视频播放量的纪录。

图 6-1-1　必胜客联合抖音、宋秉洋推出"DOU 出黑,才够 WOW"挑战赛[③]

---

①　抖音官网. https://www.douyin.com/.

②　数据来源:http://www.sohu.com/a/229210988_618348.

③　图片来源:https://m.weibo.cn/u/2623849371.

三是借势传播。2018 年抖音上发布的重庆二号线"穿楼轻轨"引发一系列"重庆热",让重庆火到了国外。重庆成为网红城市,几个月的客流量堪比一些旅游城市全年的客流量。出产于重庆的江小白适时地在抖音上推出了"重庆的味道"信息流广告和重庆味道瓶(图 6-1-2),融合重庆美食、美景、美女,借势重庆网红属性彰显品牌定位。

图 6-1-2　江小白——年轻人喜欢的"重庆味道"信息流广告和重庆味道瓶①

四是人性化的品牌抖音。品牌方根据自身定位及抖音的传播特点给自己建立特殊的标签,如卖萌的支付宝、技术宅的小米手机。在抖音上品牌方不再是一个品牌,更多的是一位抖音普通用户。在评论区积极地与用户互动交流,传播自身特质,亲民又富人性,极受用户喜爱。

五是 DIY 创意吃法。DIY 的创意营销可以提高用户的参与感,这种类型非常适合餐饮行业。海底捞的花式吃法,CoCo、一点点的网红菜单等,成功让抖音成为 15 秒版的"舌尖上的中国"!这种玩法提高了线下转化率,用户想要参与到视频拍摄就必须体验产品或场景。

六是抖音 KOL 营销。抖音被誉为新一代的网红制造机,抖音不仅网红多,而且涵盖了技术流、音乐、舞蹈、美妆、情感、播音等各个方面,总有一个调性与企业品牌相符合,这种营销甚至抖音自己也在用。

(二)传播内容:有趣为第一要义

随着 Z 世代消费主体的崛起,社交媒体、短视频平台的快速发展,微信、微

---

① 图片来源:黄阿黄.重庆的味道江小白、CoCo 创意 DIY,分分钟学会抖音营销[EB/OL].(2018-05-22)[2021-09-10].https://www.digitaling.com/articles/46275.html.

博、小红书和抖音已成为品牌传播中重要的数字营销平台,任何一家企业都有可能借助社交化媒体获得数以亿计的关注和流量变现,但短期盈利不等于品牌价值的提升,在品牌传播中不可忽视"有趣的内容"。

1. 品牌自发传播

用户对内容的要求越来越高,最重要的是有趣、好玩。前有恒源祥无止境的"羊羊羊"后有"洗脑"的 BOSS 直聘,他们做到了很快被记住,但是内容过于无趣,反而被消费者厌烦。品牌自发传播是出于主动制造话题,要尽可能创作有趣的内容。

(1)一镜到底的长图。2017 年老国货百雀羚在朋友圈推出一镜到底的长图广告(图 6-1-3),"化身一九三一美女特工",讲述了一个神转折的民国悬疑故事,看到最后才发现是百雀羚母亲节定制礼盒"月光宝盒"的广告。故事情节起承转合十分自然,结局出乎意料,大家看后的评价多是"好创意、走心、有趣"。长图广告的内容呈现方式非常新颖,包含了一个完整的故事结构和细节,获得了极高的关注度和转发量。这个广告很快刷新了大家对百雀羚的认识,起到了很好的品牌传播效果。这种形式成本低、效果好,广受品牌欢迎,之后京润珍珠和丁香医生也仿效推出长图广告。一镜到底的表现形式必须在内容上不断设置悬念,才能引导受众继续阅读下去。

图 6-1-3　百雀羚长图广告——部分截图①

———————————

① 　图片来源:百雀羚官方公众号.

（2）H5 广告。H5 广告自 2014 年就初露锋芒,发展至今在互动性及视觉体验上都有了改进。H5 广告分为五个类型。一是情景型。该类型也是最热门的类型。制造某种特定情景,利用画面来讲故事,增加用户的代入感,加入交互技术,让用户可以自己控制情节走向。例如,"滴滴两周年",滴滴将三段用户实际体验改编成 H5,夸张地再现场景,直观展示了滴滴的使用效果。二是测试型。测试型 H5 适用于跟进热点,技术简单、制作周期短,可以迅速借势热点,传播效果明显。例如,"网易新闻:你是《欢乐颂 2》里的哪个主角"(图 6-1-4),网易新闻借势大热剧集《欢乐颂 2》,收获了大量的关注和传播。三是展示型。展示型受到许多品牌的青睐,它的制作简单,没有过多交互技术加入,但是尤为重视视觉设计,让用户饱足眼福。例如,"航班管家:鸟人的活剧",该 H5 一共包含了六个画面,展现出不同的态度。四是视频型。这种类型将 H5 与视频相结合,明星演绎,颇具大片风格,人机互动,比视频广告更受品牌方欢迎。例如,"腾讯游戏×韩寒:天赋是杀不死的",这支 H5 中,韩寒身兼作家、导演、赛车手三职,演绎了一出自我捍卫天赋的大逃杀,其中加入的动漫元素也给用户带来了全新的体验。五是技术型,这种类型充分利用技术,包括 VR、3D、重力感应、双屏互动等。例如,"天猫:地球上的另一个你,会在哪里",在这支 H5 中天猫利用强大的技术展示了平行世界的另一个自己,通过手机上下晃动可以切换梦想和现实的状态,两个场景切换时背景音乐(background music,BGM)也会无缝衔接。[①]

图 6-1-4　H5 广告——网易新闻:你是《欢乐颂 2》里的哪个主角[②]

---

①②　王晶.2018 年度十大 H5│广告门 APP 年度榜单[DB/OL].(2019-01-04)[2021-03-15]. https://www.adquan.com/post-2-48040.html.

（3）动图海报。动图海报是由短视频或照片序列生成的"迷你视频"，介于静态图片与动态视频之间，给人新鲜感。最常见的图形交换格式（graphics interchange format，GIF）分为四种：一是已有 GIF 素材＋文字/二维码。二是静态图片素材变成 GIF 动图，多用于商品上新、产品推荐、功能展示。三是视频图片类，也叫 Cinemagraph 式，集创意、艺术化、拍摄、后期处理于一体，例如朋友圈出现的一些小视频格式海报。四是将三维动画转化成 GIF 格式。GIF 的内容有故事类、明星代言类、活动介绍类、活动专题类、新品上市类、借势宣传类。[①]

品牌自发传播的内容和形式丰富有趣，有助于增强消费者对其品牌个性和品牌形象的认知。为了获得更好的传播效果，品牌方要善于洞察社会热点，借助新的技术手段和平台实现内容的融合创新，这是品牌传播的关键。

2.用户主动传播

用户生成内容（user-generated content，UGC，又称作 user created content，UCC 或 consumer generated media，CGM），泛指以任何形式在网络上发表的由用户创作的文字、图片、音频、视频等内容，是 Web 2.0 环境下一种新兴的网络信息资源创作与组织模式。

随着 UGC 内容的增加，品牌方将传播的主动权交到用户手中，用户基于对品牌的喜爱和参与热情，表达对品牌的好感和批评。用户主动传播的内容主要有两类，一类是生活场景类，用户于某个场景内，打造随手拍、记录生活的感觉，可以产生较强的带入感和情感共鸣。这种生活场景类的内容分享常常出现在小红书、微博、微信、抖音等平台。第二类是知识干货类，主要是指导用户解决问题（如晒后如何处理、怎样挑选合适的衣服等）。这类内容有一定的专业性，以 KOL 为主导，借助于专业 KOL 的光环效应推荐产品，更容易引发消费者的购买行为。光环效应最早出现在心理学领域，1907 年美国心理学家弗雷德里克·威尔斯（Frederic Lyman Wells）第一次提出光环效应现象（当时被称为晕轮误差，Halo Error）。[②]

（三）营销手段：单向传播向多元互动转变

借助于网络传播的移动化、智能化、社交化和视频化，传统营销中品牌方与消费者之间的单向传播，向着多元互动转变。品牌方要利用好媒介平台传播有

---

① 钱可观. GIF 动图：6 个案例看透创意动图海报的套路[EB/OL].（2018-04-10）[2021-10-03]. https://baijiahao.baidu.com/s? id=1597281638973104468&wfr=spider&for=pc.

② WELLS F L. A statistical study of literary merit, with remarkds on some new phases of the method[M]. New York：Science Press,1907：7.

趣好玩的内容,在营销手段方面也要向个性化服务和体验转变,以提升消费者的品牌好感度和忠诚度。

1. 借势营销

借势营销是指企业实时捕捉社会热点或公众关注的焦点事件等,借助其轰动效应,把企业自身元素创造性地融入其中,在社交媒体中开展传播或营销活动。借势营销已成为企业尤其是中小企业低成本塑造品牌、提升形象、快速发展的一剂药方。[①]

借势营销的优点是借助热点事件,可以将用户注意力引流到自己的内容上,从而提升用户对品牌的好感度和参与度,且成本较低,这是一个让品牌和产品快速获得曝光的好方法。

2017年丧文化风头无两,就连网红喜茶都被人恶搞成"丧茶",一位微博搞笑博主在微博里这样写道:"想在喜茶对面开一家丧茶,主打:一事无成奶绿;碌碌无为奶茶;没钱整容奶昔……"饿了么和网易在这个想法的基础上进行思维扩散,将这个想法落到实处,五一小长假开始之前,在上海开了一家丧茶快闪店(图6-1-5),当天门店消费者络绎不绝。这种充满丧文化的店面、吉祥物、文案深受年轻消费

图6-1-5　丧茶快闪店

---

① 郭元.借势营销方式的新探索[J].中国市场,2016(12):35.

者喜爱,也给了消费者不一样的体验。这一快闪门店的形式,在有限的场景中打造无限的可能性,给线下营销带来了新的沉浸式体验和创意。

2.跨界营销

"跨界"代表一种新锐的生活态度与审美方式的融合,跨界对品牌的最大益处是让原本毫不相干的元素相互渗透、相互融会,从而给品牌一种立体感和纵深感。建立"跨界"关系的品牌,一定是互补性而非竞争性的品牌,这里所说的互补,并非功能上的互补,而是用户体验上的互补。"跨界"营销行为需要界定的互补关系,不再是基于产品功能上的互补关系,而是基于用户体验的互补关系,在营销思维模式上实现了由产品中心向用户中心的转移,真正确保以用户为中心的营销理念。[①]

2018年底,故宫×Kindle推出2019新年限量版礼盒(图6-1-6)。故宫从Kindle的礼盒、保护套、日历入手,给Kindle的潜在用户展示故宫的文化,进行精准营销,同时借助用户"有文化"的特点,有望得到二次传播。故宫近年来也是个大IP,跨界营销玩得炉火纯青,口红、食品等文创产品层出不穷。

跨界有三种形式:一是产品跨界,如旺旺×塔卡沙(图6-1-7)、大白兔×美加净(图6-1-8)、周黑鸭×谜尚;二是内容跨界,在内容上将两个品牌融合,如肯德基×《银魂》、合味道×《银魂》;三是渠道跨界,在一品牌产品销售过程中,加入两种产品的传播,比如麦当劳儿童餐送Pokemon、产品海报背书、产品间的公关赞助等。

图6-1-6　故宫×Kindle推出2019新年限量版礼盒[②]

①　邓勇兵.跨界营销:体验的综合诠释[J].中国市场.2007(42):56-57.
②　图片来源:Kindle中国.

图 6-1-7　旺旺×塔卡沙①

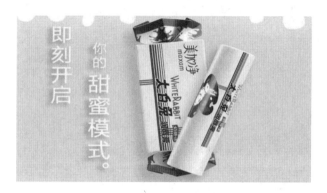

图 6-1-8　大白兔×美加净②

3.线上＋线下融合联动

在互联网与大数据的背景下,线上线下融合联动的新零售模式作为一种新的经济形式被许多品牌方采用,可以帮助品牌方实现"全天候无间断"地接触消费者,引发消费者的持续注意和体验,获得更多的关注。消费者的完整行为,既包括线上,也离不开线下,品牌传播的渠道兼顾线上＋线下融合联动的模式。

2018 年,兰蔻(Lancome)在"双十一"前搞了一次声势浩大的预热营销活动。法国巴黎战神广场悄然架起了一架兰蔻定制纸飞机,粉色礼盒环绕周围,在阳光照耀下与埃菲尔铁塔相得益彰(图 6-1-9)。在此之前,巴黎战神广场从未对外开放过任何商业合作,兰蔻首次让法国政府打破先例给出合作特权,为这场事件营

---

① 图片来源:旺旺官微.
② 图片来源:大白兔、美加净官微.

销打响了全球瞩目的第一炮。同时这架独具情怀的纸飞机,更承载着蔻蜜们选购的"双十一"商品来到国内,将兰蔻最纯正的法式宠爱传递给每一位消费者。兰蔻又在北京三里屯延续这次营销活动,将那架飞机落地成为集新零售、网红拍照、现场体验于一身的限时体验店,一夕之间成为全民打卡的新晋网红地标。店内设有"十年星品""小黑瓶"黑科技装置、新鲜玫瑰网红拍照墙、"票圈吸赞王"粉水区打卡照、气垫区趣味体感游戏(图 6-1-10)、彩妆试用空间(图 6-1-11)和自助购买区等将个性化、专属化、私密性以及科技感融于一体的区域,在体验方面征服了消费者的心智。这次线上+线下活动无疑是一次非常成功的品牌营销活动。不仅有完整的故事情景,还符合消费者线下体验、线上下单的购物习惯。

图 6-1-9 巴黎兰蔻定制纸飞机

图 6-1-10 气垫区趣味体感游戏

图 6-1-11　彩妆试用空间①

二、品牌影响力

品牌影响力是品牌对其利益相关群体(股东、员工、供应商、代理商、竞争者等)的发展和消费者购买行为及其理念的影响程度的综合体现。从狭义上来看,品牌影响力是"一种能够左右他人认知、态度与行为的能力,也是一种控制能力,是通过其标定下的产品及服务对受众的影响和控制能力,其发生过程是一个企业和目标受众互动的过程"②。其核心指标是品牌忠诚度,品牌忠诚度决定着顾客对品牌的选择偏好和关注程度。

品牌忠诚度是"消费者品牌忠诚强度的测量"③,由于消费者长期反复购买该品牌,对品牌产生一定的信任、承诺、情感维系和行为依赖。品牌忠诚度高的消费者对价格的敏感度较低,愿意为高质量付出高价格,能够认识到品牌的价值并将其视为朋友与伙伴,也愿意为品牌作出贡献。

在互联网时代,塑造品牌影响力和忠诚度要从品牌故事、品类突击和品牌升级创新方面入手。

(一)讲好品牌故事

如今,"讲故事"已成为企业营销传播的重要手段之一。讲好品牌故事就是

① 马可君.兰蔻双十一全方位营销升级,给你带来最纯正的法式宠爱[DB/OL]. (2018-10-21) [2021-03-10]. http://www.yidianzixun.com/article/0KJcxE6H.

② 刘凤军,李敬强,李辉.企业社会责任与品牌影响力关系的实证研究[J].中国软科学,2012(1): 116-132.

③ 丁夏齐,马谋超,王詠,樊春雷.品牌忠诚:概念、测量和相关因素[J].心理科学进展,2004(4): 594-600.

赋予品牌人格化的力量,讲一个符合消费者价值观的故事,以此获得消费者共鸣和联结。

第一,故事主题"应反映品牌的核心理念"。[①] 品牌故事首先要有一个积极的、能同时反映品牌核心利益和消费者价值观的主题,这个主题在品牌实践中可以表现为品牌宣言、主张或口号。例如,小米一开始的品牌口号就是"为发烧而生",在产品研发过程中让消费者积极地参与其中,并将过程公开,雷军甚至还推出其作序的《参与感》一书,使得这个故事更具说服力。

第二,故事真实可信,且具有感染力。一个好的品牌故事在内容上应真实可信,能激发消费者情感、共识和承诺,让消费者获得改变,建立对品牌的信任感。万宝路香烟的命名盛传有两个故事,一个是万宝路由一句话的首字母组合而成,"Man always remember love because of romance only"(男人只因浪漫而牢记爱情),背后还有一个男孩为了纪念逝去的爱情而取名的浪漫故事支撑,这段爱情时光变成了他一生挥之不去的永恒时刻。而另一个则是其选址在伦敦街道 Marlborough。很显然,前一个故事更有感染力,比第二个故事流传更广,更容易令消费者记忆。

第三,品牌故事包含承诺,且具有传播力。品牌故事中最好包含一种承诺,可以通过神话、偶像事迹等形式让消费者相信在购买或使用故事中的品牌后能够实现某种生活理想。1985 年海尔怒砸冰箱的故事广为流传,张瑞敏接管青岛电冰箱总厂后发现 76 台冰箱有缺陷,76 台冰箱的价值相当于 500 名工人 3 个月的工资。但是张瑞敏当着全体员工的面,将这 76 台冰箱给砸烂,并且整个事件都用录像记录下来。这个故事广为流传,高质量的承诺成为海尔的一个品牌特性,提高了品牌的影响力。

品牌故事是一种诚意、情感、态度或承诺的表达,是和消费者沟通最主要的手段之一。创立于 2010 年的戴瑞珠宝(Darry Ringi,简称 DR)是一个很会讲品牌故事的企业,全球首创传奇之约,每位男士凭身份证,一生仅能定制一枚,寓意"一生只爱一人"(图 6-1-12)。每位来此定制 DR 钻戒的男士,均需提交身份证,与所购买戒指的唯一 DR 编码一一对应,确保一生仅能定制一枚,赠予此生唯一挚爱之人。购买 DR 钻戒前须签订一份真爱协议,证明将此生唯一的承诺给了了最爱的一人。这样的故事显然非常具有吸引力,也拉近了消费者与品牌的心理距离。

---

① 汪涛,周玲,彭传新,朱晓梅.讲故事 塑品牌:建构和传播故事的品牌叙事理论——基于达芙妮品牌的案例研究[J].管理世界,2011(3):112-123.

图 6-1-12　戴瑞珠宝①

(二)开展品类战略

一提到运动鞋,你会想起什么?耐克是不是立马浮现在你的脑海中?一提到中文搜索引擎,一定绕不开百度。一提到洗护用品,宝洁一定出现在你心目中的前几名。这些品牌代表的不仅仅是自己的品牌,而是一个品类。想扩大自己品牌的影响力,最佳的方式就是让品牌能够代表整个品类。首先必须厘清的是品类并不是商家进行划分的,而是按消费者的认知所划分的。

中外学者对"品类"的认知始于里斯和特劳特的"定位理论",代表作有《品牌的起源》(*The Origin of Brands*)、《品类战略》(*Category Strategy*)、《品类定位升级》、《开创新品类》、《品类十三律》、《新品类掘金》等,代表学者有"定位之父"里斯和他的女儿劳拉(Laura Ries)、戴维·阿克,国内有张云、唐十三、张默闻等。里斯认为,创建品牌就是要成为新品类的开创者或代名词,里斯的观点是:品牌=品类+品牌名称。

从品牌实战的角度来看,开创新品类就是要在消费者心目中占据品类优势,建立品类记忆相关性,可以从以下几方面着手。

1.挑战原有行业巨头

新成立的品牌如果想要和原有品类竞争,在消费者心目中拥有较高知名度,小企业要敢于"以小博大",挑战行业巨头。1999 年蒙牛初进入市场时名不见经传,然而就是这样一个小品牌竟然扬言要向伊利学习,争创内蒙古乳业第二品牌,一度在行业内被人嘲笑,但正是这样的"豪言壮语",令消费者很快记住了这个名不见经传的品牌。蒙牛不仅仅在口号上敢于立先,在营销渠道上也标新立异,走"农村包围城市"的路线,先攻占二、三线城市,等规模成型后,再转战

---

① 图片来源:戴瑞珠宝官网.

一线城市与伊利正面竞争,这样的做法顺利让蒙牛跻身中国奶业前几名。国内外挑战品类原有巨头的故事不胜枚举,汉堡王挑战麦当劳、亲亲挑战喜之郎等。这些品牌都通过挑战原有品类中的巨头,提高了品牌知名度,提升了自己的品牌影响力。

2. 开创一个新的品类

挑战原有品类巨头无疑是一个迅速提高品牌曝光度、知名度,提升品牌影响力的好方法。但是避开与行业巨头硬碰硬,开辟一个新的品类也是一条非常好的道路。无论是耳熟能详的七喜开创的"非可乐"汽水,还是熟稔于心的苹果开创智能手机iPhone,都是开创了自己的新品类,从而成为品类的代表。2012年,作为"年轻人的白酒"的江小白在白酒行业的隆冬时节突出重围,它蓝色的小瓶包装令人印象深刻(图6-1-13)。没有盲目将自己置身于传统的白酒市场,而是采取开创新品类的方式——"年轻人第一口酒"。江小白还重新定义场景,把传统白酒做出了一种新的场景化产品,提出"小聚、小饮、小时刻、小心情"的新消费场景,直戳年轻人的需求点。同时,在移动互联网传播时代,江小白利用年轻一代的情感诉求,从触动消费者心智和引发目标消费者的共鸣上出发,利用"表达瓶"等策略以影响目标消费者的购买决策,满足目标消费者情感诉求,占领目标消费者的心智。2017年,江小白收入突破10亿元,此后的3年里基本每年都保持10亿元增长,2019年业绩甚至高达30亿元。

图6-1-13　江小白包装①

---

① 快消费公馆.为什么品牌都爱在瓶身上做文章?[EB/OL]. (2019-10-11)[2020-10-03].凤凰新闻. https://ishare.ifeng.com/c/s/7qfMnL36Hee.

（三）品牌价值提升

品牌价值提升是保持品牌常青的重要工作，是一种战略，也是一种目标。品牌价值提升是适应当下和未来市场以及消费者需求变化的重要手段，否则品牌就容易出现老化，甚至危机。品牌价值提升是品牌要素、价值体验、增值能力与品牌资产等诸多方面相对于品牌原有状态的全面提升。品牌价值提升有助于提升品牌知名度，提升品牌在知名度里的层级，以获得更大的品牌效益和品牌影响力。

品牌知名度的最低层次是品牌识别，这是由提供帮助的记忆测试确定的，如通过电话调查，给出特定产品种类的一系列品牌名称，要求被调查者说出他们以前听说过哪些品牌。虽然需要将品牌与产品种类相联，但其间的联系不必太强。品牌识别是品牌知名度的最低水平，但在消费者选购品牌时却是至关重要的。

第二层次是品牌回想。通过让被调查者说出某类产品的品牌来确定品牌回想，但这是"未提供帮助的回想"，与品牌识别不同的是，品牌回想不向被调查者提供品牌名称，所以要确定回想的难度更大。品牌回想往往与较强的品牌定位相关联，品牌回想往往能左右潜在消费者的购买决策。

1.品牌外在要素的提升

外在要素主要指品牌的识别要素，包括视觉识别、行为识别和听觉识别等。[①]李宁、太平鸟这两个企业搭载国际时装周，打造全新的消费者体验。2018年李宁亮相纽约时装周，以"悟道"为主题推出系列鞋服，成为首个亮相的中国运动品牌（图6-1-14）。秀场外消费者可通过在线观看"天猫中国日 China Day"页面直播，即时购买秀场产品，走秀款中部分货品秀完即罄，甚至引领了"国潮"的流行，这一年也被公认为"国潮元年"。此举不但挽救了2010年以后巨亏31亿元的颓势，还一举引领了时尚潮流。李宁通过时装周改变了消费者对李宁的认知，成功进行了品牌提升。太平鸟从2018年2月首次亮相纽约时装周至今，不仅搭载国际国内年轻设计师共创中国品牌魅力，更是赛道分明，在纽约、米兰、巴黎三大国际时装周进行差异化表达，在国际舞台崭露头角。例如，2019年以"太平青年 Game on"为主题，在纽约周传递太平鸟对趣味、时髦和青年文化的时尚洞察。在巴黎则是与《哈利·波特》和《菲利克斯猫》联名，传递其"充满趣味和好奇心的游戏探索精神"，强化中国品牌的设计力量。

---

① 周易军."品牌提升"还是"品牌升级"？[J].中国品牌与防伪,2010(8):45.

图 6-1-14　2018 年李宁亮相纽约时装周①

　　波司登是中国著名羽绒服品牌,但因羽绒服为季节性产品,夏季市场疲弱。波司登利用南北半球季节差异,通过"天猫出海"进军全球市场,产品卖到南半球。从此,羽绒服生产和销售不再受季节限制,同时生产线可全年投产。2020年,波司登亮相伦敦时装周,以其卓越的设计在国际舞台亮相(图 6-1-15)。波司登此举引发国际市场对中国品牌的关注,提升了消费者对波司登的品牌印象。近年来,五芳斋、知味观、张小泉、回力等都通过改变消费者的认知来亲近年轻消费者,进行了不同程度的品牌提升,成功扭转了企业形象,提升了品牌影响力。

图 6-1-15　波司登亮相伦敦时装周②

　　2.品牌内在要素的提升

　　内在要素包括品牌核心价值、品牌理念、品牌个性、品牌文化等,通过对诸要素的提升,有助于提升品牌在消费者心目中的价值属性和消费偏好。2017 年网易云音乐上线一部名为《音乐的力量》的全新品牌影片(图 6-1-16)。

---

　　①　图片来源:李宁官方微博.
　　②　图片来源:波司登官方微博.

影片中，一名德国狙击手一举击毙 40 名英国士兵。激战至深夜，当德国狙击手再度持枪瞄准战场上一名负伤的英国士兵时，英国士兵却从怀中取出口琴，在几度哽咽中吹起爱尔兰民谣 *Danny Boy*，想念故乡的孩子。一曲完毕，英国士兵颤抖着摘下帽子，准备坦然面对死亡，却听见战场另一端传来德国狙击手同样悲伤哀婉的笛声，他想起了家乡的未婚妻。这一刻，输赢已经不再重要。

随着《音乐的力量》影片的上线，网易云音乐品牌 slogan 也从"听见好时光"升级为"音乐的力量"。旧的"听见好时光"侧重的是音乐与个体之间的互动关系，旨在体现播放器和用户之间的关系。而新的"音乐的力量"是为了体现人与人之间的交往，是弱化播放器，强调用户之间的互动。这支品牌升级影片一经上线就广受好评，更是占据微博热搜长达 12 小时之久，最终覆盖影响 1.13 亿用户。网易云音乐这次的品牌提升非常成功，使用户迅速接受了它的价值观，进而提高了品牌影响力。

图 6-1-16　网易云音乐影片封面——音乐的力量[①]

随着国际市场竞争的加剧，产品同质化严重，企业之间的竞争上升为品牌在全球市场的传播力和创新力的竞争。品牌影响力似乎可以这样理解，它既是对所处行业结构的塑造力，对消费文化的引导力，对产业链和价值链的控制力，对竞争和垄断的驾驭力，但它更是所有这些指标的组合。影响力至关重要，你的品牌或被记住或被遗忘，关键就在于此。[②]

---

① 图片来源：https://music.163.com/#/mv? id=5599153.
② 张晶.关注品牌的影响力(各抒己见)[N].人民日报,2006-2-20(15).

第二节 国家品牌传播力案例——德国制造

德国,一个土地只有 36 万平方公里,人口不足 9000 万的国家,却拥有 2300 多个享誉世界的知名品牌,如奔驰(Mercedes Benz)、宝马(BMW)、西门子(Siemens)等。目前德国 GDP 位列世界第四,仅次于美国、中国、日本,发展势头远远超过欧洲其他国家。德国产品是世界公认的质量过硬的产品,"德国制造"已成为品质、可靠、精准的代名词。

一、国家品牌的内涵

(一)国家品牌的概念(nation brand)

国家品牌的概念来源于市场营销中的品牌理论,被看作国家"软实力"的基础和重要的"战略资本"。[①] 国家品牌是"独特的、多维因素的混合,为国家向其所有的目标受众提供文化上的区别与关联"。[②] 国家品牌还是"构建国家形象的最终结果"。[③]

国家品牌是人们感受到的一个国家有形、无形价值的总合,同商品品牌一样,是国家竞争力的重要因素。因为当人们对某种品牌产生良好的品牌印象后,该品牌就会产生经济价值与社会价值。国家品牌化就是以一种强大的、有吸引力和有区别性的方式来展现国家形象。[④]

国家品牌的构成要素相对复杂。国家品牌主要是由当前国家的地理位置、自然环境、经济、政治、文化状况所决定的,当然也要受到历史状况和发展前景的影响。此外,国家品牌还受到文化符号的影响,一个国家特有的物(包括自然物、文化产物等)、人(古代、现代、当代的名人)、事(著名事件),都将为该国品牌的建立奠定坚实的基础。

(二)Anholt-GFK Roper 国家品牌指数测量法

西蒙·安霍尔特(Simon Anholt)创建了一套测量国家和城市品牌形象的方法,被称为 Anholt-GFK Roper 国家品牌指数测量法(national brands index,简称 NBI)。目前,这一指数被用于测量 50 个国家(地区)的国家品牌形象,每年由

---

① 韩慧林,孙国辉.国家品牌研究述评与管理启示[J].现代管理科学,2014(9):9-11.

② DINNIE K. Nation branding:concepts,issues,practice[M]. 2nd ed. New York:Routledge,2015:5.

③ A. B. 格鲁莎. 王丽梅. 薛巧珍. 国家品牌:现代条件下国家形象的塑造技巧——以意大利为例[J]. 国际新闻界,2008(11):13-18.

④ 许静.论公共外交中的国家品牌化策略传播[J].南京社会科学,2012(6):106-112.

GFK Roper 公共事务与媒体公司(GFK Roper Public Affairs and Media)与安霍尔特共同执行。NBI 指数测量法是通过一套问卷来调查国家品牌形象。[①]

问卷由一般性问题与实体性问题组成。一般性问题旨在测量受访者对一国的认识程度,分为对该国的熟悉程度、喜爱程度、与该国的交往经历与看法。每一个指标又分为七级量表。[②] 实体性问题包括六个栏目:商品、治理、文化、人民、旅游、移民与投资(图 6-2-1)。每个栏目下有一些具体问题,受访者的回答同样被归为七级量表。[③]

图 6-2-1　国家品牌六边形[④]

1.商品

(1)如果注意到某商品产自下述国家,你觉得购买该商品不好/很好?

(2)该国为科技创新作出了重大贡献吗?

(3)该国是一个观念先进、思维新颖并富有创造力的地方吗?

(4)哪类商品/服务与下述国家相关?(高技术、银行、汽车、广告、手工艺品、农业、时尚、食品、石油、影视)

---

①②③　徐进.国家品牌指数与中国国家形象分析[J].国际关系学院学报,2012(1):19-26.

④　赵小岩,Mark Keida,冯若谷,盛夏.全球声誉竞争中的国家品牌指数调查[J].全球传媒学刊,2015(1):189-201.

2.治理

(1)该国有一个能力强、处事公正的政府吗？

(2)该国尊重公民权并公平对待公民吗？

(3)该国在国际和平与安全领域的表现是负责任的吗？

(4)该国在保护环境方面负责任吗？

(5)该国在帮助世界减贫方面负责任吗？

(6)你认为什么形容词最适于描述该国政府？

（正面用词为：可靠的、透明的、可信赖的、令人安心的；负面用词为：不可测的、危机的、腐败的、不稳定的）

3.文化

(1)该国在体育方面表现出色吗？

(2)该国有丰富的文化遗产吗？

(3)该国有令人感兴趣的/令人激动的当代文化（包括音乐、电影、艺术和文学)吗？

(4)你最期待该国的什么文化行为/文化产品？（歌剧、流行音乐、杂技、雕塑、博物馆、街头狂欢、电影、体育、现代设计、音乐)

4.人民

(1)你愿意与来自该国的人成为亲密的朋友吗？

(2)该国人民令你有宾至如归之感吗？

(3)你愿意雇用来自该国的高素质人才吗？

(4)你认为用什么词最适于描述该国人民？（正面用词为诚实、努力、有才能、有趣、宽容、富有；负面用词为懒惰、无知、不可靠、好斗)

5.旅游

(1)如果资金不是问题的话,你很愿意/很不愿意到该国旅游吗？

(2)该国富有自然美景吗？

(3)该国富有历史建筑和历史遗址吗？

(4)该国有充满活力和令人着迷的城市生活吗？

(5)你认为什么词最适于描述到该国旅行的经历？（正面用词为浪漫的、激动的、迷人的、有教育意义的、超凡的、放松的；负面用词为沮丧的、乏味的、危险的、有压力的)

6.移民与投资

(1)你愿意在该国生活和工作很长一段时间吗？

（2）该国是一个拥有高品质生活的地方吗？

（3）该国是一个求学的好地方吗？

（4）该国有你愿意投资的行业吗？

NBI 的构建者安霍尔特认为：国家品牌指数是国家的成绩单，它能够衡量世界对每个国家的认知，就如同它们是大众品牌一样。[①]

德国 GFK 集团下的罗佩尔公共关系与传媒公司董事长赵晓燕认为，"如同一个商业品牌依赖利好舆论来销售产品一样，国家同样也依靠声誉和形象来吸引游客、招商引资，或是在其他方面提升国家经济实力和国际地位"[②]。

阿盖什·约瑟夫（Ugesh A. Joseph）认为："虽然困难重重，但世界上越来越多的国家开始相信并实践国家品牌化，通过提升国家品牌形象来彰显自己与他国的差别，并改善自身经济状况。"[③]

二、德国国家品牌的构建

在国家品牌指数的全球调查中，德国成绩显著。2008 年，德国从 50 个国家中脱颖而出，被评为世界"最佳整体品牌"（Best Overall Brand）国家。[④] 而在 2020 年，德国位列第一。[⑤]

菲利普·克劳契维茨（Philip Glouchevitch）在其著作《巨人再起：德国企业的兴盛之道》（*Juggernaut*）中写道："德国人特性中好的一面是其彻底性，且通常会物尽其用，享有良好信誉的德国产品无处不在。作为消费者，德国人对需求提出了最高标准；作为制造商，他们自己组织生产、开设公司来满足这种高标准的需求。但同时存在一个广泛的担忧，德国民族过于刻板的印象正在极大扭曲着国家的真实形象。"[⑥]

---

① 参见 GFK 官网：https://www.gfk.com/group/press.

② 阿盖什·约瑟夫.德国制造——国家品牌战略启示录[M].赛迪研究院专家组，译.北京：中国人民大学出版社，2016：3.

③ 阿盖什·约瑟夫.德国制造——国家品牌战略启示录[M].赛迪研究院专家组，译.北京：中国人民大学出版社，2016：4.

④ 阿盖什·约瑟夫.德国制造——国家品牌战略启示录[M].赛迪研究院专家组，译.北京：中国人民大学出版社，2016：3.

⑤ 数据来源：益普索.2020 年"国家品牌指数"（Nation Brands Index）排名[EB/OL].（2021-11-10）[2021-12-22].https://www.sydneytoday.com/content-1021426750088019.

⑥ 阿盖什·约瑟夫.德国制造——国家品牌战略启示录[M].赛迪研究院专家组，译.北京：中国人民大学出版社，2016：5.

（一）企业品牌可以为国家品牌产生"连带效应"

人们在提及某一个国家时，总会联想到某一个或者若干个产品或者服务大类，例如瑞士的钟表、法国的香水、德国的轿车、美国的电脑等。产品品牌能够引发"连带效应"，影响个体对国家形象的认知。"连带效应"指在一个相互联系的系统中，一个很小的初始能量就可能产生其他相应的连锁反应。[①]

排名	品牌	增长	品牌价值
01	Apple	+26%	408,251 $m
02	amazon	+24%	249,249 $m
03	Microsoft	+27%	210,191 $m
04	Google	+19%	196,811 $m
05	SAMSUNG	+20%	74,635 $m
06	Coca-Cola	+1%	57,488 $m
07	TOYOTA	+5%	54,107 $m
08	Mercedes-Benz	+3%	50,866 $m
09	McDonald's	+7%	45,865 $m
10	Disney	+8%	44,183 $m
11	Nike	+24%	42,538 $m
12	BMW	+5%	41,631 $m
13	LOUIS VUITTON	+16%	36,766 $m
14	TESLA	+184%	36,270 $m
15	FACEBOOK	+3%	36,248 $m
16	CISCO	+6%	36,228 $m
17	intel	-3%	35,761 $m
18	IBM	-5%	33,257 $m
19	Instagram	+23%	32,007 $m
20	SAP	+7%	30,090 $m
21	Adobe	+36%	24,832 $m
22	CHANEL	+4%	22,109 $m
23	HERMÈS	+20%	21,600 $m
24	J.P.Morgan	+6%	21,401 $m
25	HONDA	-2%	21,315 $m
26	YouTube	+21%	20,905 $m
27	IKEA	+6%	20,034 $m
28	Pepsi	+4%	19,431 $m
29	UPS	+1%	19,377 $m
30	American Express	-2%	19,075 $m
31	GE	+3%	18,420 $m
32	accenture	+7%	17,758 $m
33	GUCCI	+6%	16,656 $m
34	Allianz	+17%	15,174 $m
35	HYUNDAI	+19%	15,168 $m
36	NETFLIX	+19%	15,036 $m
37	Budweiser	-4%	15,022 $m
38	salesforce	+37%	14,770 $m
39	VISA	+19%	14,741 $m
40	NESCAFÉ	+4%	14,466 $m
41	SONY	+20%	14,445 $m
42	PayPal	+36%	14,322 $m
43	H&M	+1%	14,133 $m
44	Pampers	+3%	13,912 $m
45	ZARA	-9%	13,503 $m
46	Audi	+8%	13,474 $m
47	VW	+9%	13,423 $m
48	AXA	+10%	13,408 $m
49	adidas	+11%	13,381 $m
50	Mastercard	+18%	13,065 $m
51	Starbucks	+16%	13,010 $m
52	Ford	+2%	12,861 $m
53	L'ORÉAL	0%	12,501 $m
54	citi	+5%	12,501 $m
55	Goldman Sachs	+3%	12,491 $m
56	ebay	0%	12,285 $m
57	Philips	+4%	12,088 $m
58	PORSCHE	+10%	11,739 $m
59	NISSAN	+5%	11,131 $m
60	SIEMENS	+5%	11,047 $m
61	Gillette	-8%	10,657 $m
62	Nestlé	+4%	10,646 $m
63	hp	+8%	10,481 $m
64	HSBC	+2%	10,317 $m
65	DANONE	-5%	9,846 $m
66	Spotify	+16%	9,762 $m
67	3M	+3%	9,702 $m
68	Colgate	+3%	9,629 $m
69	Morgan Stanley	+6%	9,380 $m
70	Nintendo	+26%	9,197 $m
71	LEGO	+21%	9,082 $m
72	Kellogg's	-9%	8,642 $m
73	Cartier	+9%	8,161 $m
74	Santander	+8%	8,100 $m
75	FedEx	+12%	7,548 $m
76	Ferrari	+12%	7,160 $m
77	DIOR	+17%	7,024 $m
78	Corona	+6%	6,952 $m
79	Canon	-14%	6,897 $m
80	DHL	+7%	6,747 $m
81	Jack Daniel's	+4%	6,537 $m
82	CAT	+11%	6,503 $m
83	LinkedIn	+22%	6,368 $m
84	Hewlett Packard Enterprise	+5%	6,313 $m
85	HUAWEI	-2%	6,196 $m
86	KIA	+4%	6,087 $m
87	Johnson&Johnson	+3%	5,937 $m
88	Panasonic	0%	5,832 $m
89	Heineken	0%	5,720 $m
90	JOHN DEERE	+5%	5,616 $m
91	zoom	+24%	5,536 $m
92	TIFFANY & CO.	+6%	5,484 $m
93	KFC	+10%	5,428 $m
94	PRADA	+3%	5,416 $m
95	Hennessy	+5%	5,299 $m
96	MINI	+5%	5,231 $m
97	BURBERRY	+5%	5,195 $m
98	LAND ROVER	0%	5,088 $m
99	Uber	-4%	4,726 $m
100	SEPHORA	New	4,628 $m

图 6-2-2　Interbrand 2021 全球最佳品牌排行榜[②]

如果人们形成了对于某个国家的总体印象，就会带着这种印象去看待来自这个国家的所有人、事和物，其中最显而易见的就是来自该国的产品和服务，那么这

---

① 王晓璐，孙卫华. 产品品牌与国家形象传播研究[J]. 新闻知识，2012(3)：6.

② 图片来源：https://interbrand.com/best-global-brands/.

个时候,该国的国别名称就具有了品牌效应,可以为来自本国的人、事和物提供具有承诺强化的"国家品牌背书"功能,我们称之为国家品牌。[①] 而德国有许多享誉全球的企业品牌,提起这些企业品牌,我们所联想到的就是优秀的"德国制造"。

2021 年 Interbrand 评选出的全球品牌 100 强榜单中(见图 6-2-2),德国上榜的企业有汽车品牌:奔驰、宝马、大众、奥迪、保时捷;企业软件供应商:思爱普(SAP);电子电气工程领域的西门子(SIEMENS AG FWB);邮递和物流集团:敦豪航空货运公司(DHL)以及全球著名运动品牌 Adidas(阿迪达斯)等。

(二)研究机构与科研组织为德国品牌创新力背书

基思·丹尼(Keith Dinnie)在《国家品牌》(*National Branding*)中写道:"国家认同在国家品牌的形成过程中起着关键作用……对国家认同核心特征的认识和理解是进行国家品牌竞争的前提条件。"[②]想要真正理解一个国家品牌,必须探究塑造国家品牌的社会、文化因素,同时也能够发现区别于别的国家品牌的特质。德国国家品牌建设包括几个重要的促进因素,如各种研究机构和组织、标准化、商品交易会和展览会,以及政治制度等。

德国有各种各样的研究机构和组织,正是由于这些组织的存在,德国的科研力量一直处于世界前列水平,如弗劳恩霍夫协会(Fraunhofer-Gesellschaft)、亥姆霍兹联合会(Helmholtz Association)、莱布尼茨学会(Leibniz-Gemeinschaft)、马克斯·普朗克学会(Max-Planck-Gesellachaft)等。德国的大学也是重要的研究机构和组织。德国拥有约 400 所大学,设置了多种学科,其中约 200 所为应用科学大学。这些大学涵盖了基础研究、应用研究和发展等各种广泛的研究活动。德国的国家机构通常也充当研究资助主体,经营多家研究机构,并针对各自机构领域活动。德国企业的研发活动也最为活跃。德国弗劳恩霍夫协会的一项研究显示,德国科研经费的 90% 都集中在企业,使德国企业有着令人惊讶的产品更新速度,从而保持其品牌的持续发展。很多研发机构在从事科技创新的同时,也通过自身设有的市场部门积极推广技术成果向实际应用的转移。[③]德国政府还发起了一系列针对网络和集群的项目,主要是为了促进工程、生物技术、能源和环境、化学和纳米技术等领域的新技术应用。[④] 强大的科研能力给

---

① 唐文龙.国家品牌[J].企业管理,2008(4):1.

② 阿盖什·约瑟夫.德国制造——国家品牌战略启示录[M].赛迪研究院专家组,译.北京:中国人民大学出版社,2016:168.

③ 上海质量管理科学研究院课题组.发达国家的品牌建设方略——"制造业质量与品牌发展战略"系列研究(三)[J].上海质量,2016(8):49.

④ 阿盖什·约瑟夫.德国制造——国家品牌战略启示录[M].赛迪研究院专家组,译.北京:中国人民大学出版社,2016:173.

予德国在工业方面的领先优势,也塑造了德国全球公认的工业大国形象。

(三)行业认证为"德国品牌"培育标准化环境

德国的各种行业和贸易协会以及认证和标准化组织在加强各类产品质量、促进行业发展、加快整体经济增长方面起了至关重要的作用。[①] 比较出名的有德国工业联合会(Bundesverband der Deutschen Industrie)、德国工商联合会(Deutscher Industrie-und Handelskammertag)、德国联邦外贸与投资署(Germany Trade and Invest)、德国技术监督会(Technischer Überwachungs-Verein)、德国标准化协会(Deutsches Institut für Normung)、德国技术监督基金会(Stiftung Warentest)等。德国人将其严谨的作风融入制造工艺、技术创新和政策制定等每个环节中。其中,行业、贸易和标准化组织在加强产品质量、促进各行业发展过程中发挥了至关重要的作用,确保政府采取正确的政策和措施来激励各行业增长,营造有利于促进高品牌、高效率"德国制造"品牌培育的环境。[②]

(四)德国深厚的政治文化底蕴为品牌孕育文化基础

品牌的一半是文化,德国悠久的历史和政治文化底蕴是德国国家品牌孕育的文化基础。德意志联邦共和国是一个联邦议会共和制国家。德国自1949年以来,就开始执行多党制。德国总统是国家元首,但仅仅主持国家礼仪性活动,实质性行政权有限。行政权属于联邦总理和联邦内阁,立法权属于德国议会和参议院,而司法部门是独立机构。[③]

文学方面,德国文学内涵丰富,包含了众多流派,不仅对西方思想史的发展产生巨大影响,并且对世界当代和现代思想史的发展也影响深远。德国文学史从中世纪持续到20世纪,并进一步强调德国国家发展与文学之间的联系。对德国形象产生重要影响的作家有马丁·路德(Martin Luther)、卡尔·马克思(Karl Marx)、西格蒙德·弗洛伊德(Sigmund Freud)、弗兰兹·卡夫卡(Franz Kafka)、托马斯·曼(Paul Thomas Mann)、贝尔托特·布莱希特(Eugen Bertholt Friedrich Brecht)和君特·格拉斯(Günter Wilhelm Grass)等。德国的艺术家也是不胜枚举,在音乐、建筑、设计、体育运动以及媒体方面都有不朽

---

① 阿盖什·约瑟夫.德国制造——国家品牌战略启示录[M].赛迪研究院专家组,译.北京:中国人民大学出版社,2016:173.

② 上海质量管理科学研究院课题组.发达国家的品牌建设方略——"制造业质量与品牌发展战略"系列研究(三)[J].上海质量,2016(8):49.

③ 阿盖什·约瑟夫.德国制造——国家品牌战略启示录[M].赛迪研究院专家组,译.北京:中国人民大学出版社,2016:181-183.

建树。①

德国人热爱美食,德国啤酒更是享誉全球,还有各式各样的香肠、奶酪、面包。德国有超过 5000 种不同的啤酒可供随时饮用,全国更是约有 1200 家啤酒厂。②

阿盖什·约瑟夫认为:"'德国制造'形象所具备的高质量、可靠性和创造性是由不同因素造就的,这些因素结合在一起就产生了世界一流的商品和服务,为德国赢得了当之无愧的声誉。"③

三、德国国家品牌影响力传播

"德国制造"代表的是德国国家品牌,这一国家品牌形象获得全球广泛认可,其品牌形象的传播过程值得探究,通过会展为国家品牌传播打下基础,找出自身差异性,构建国家品牌形象,不断更新补充国家品牌形象,再通过良性互动强化国家品牌形象,这一过程推动着德国国家品牌传播,提升了其品牌影响力,值得其他国家学习。

(一)展览王国的地位为国家品牌的全球传播摇旗助威

德国拥有 800 多年的展览历史,在当今世界会展格局中,德国是当之无愧的"展览王国",是世界会展业的领头羊。④ 德国经济展览和博览委员会(AUMA,the Association of the German Trade Fair Industry)每年举办 134 场国际国内商品交易会和展览会。其中最出名的包括汉诺威工业博览会(Hannover Messe)、法兰克福书展(Frankfurt Book Fair)、法兰克福国际时尚消费品展(Tendence)。德国商品交易会最关键的影响力在于它的国际性,大约一半以上的参展商都来自海外,其中三分之一的参展商来自欧洲以外的国家,另外约五分之一的游客也来自国外。会展带来频繁的对外交流,再通过参会者将国家品牌不断强化、传播,打下了德国国家品牌传播的基础。

---

①　阿盖什·约瑟夫.德国制造——国家品牌战略启示录[M].赛迪研究院专家组,译.北京:中国人民大学出版社,2016:184-206.

②　阿盖什·约瑟夫.德国制造——国家品牌战略启示录[M].赛迪研究院专家组,译.北京:中国人民大学出版社,2016:207.

③　阿盖什·约瑟夫.德国制造——国家品牌战略启示录[M].赛迪研究院专家组,译.北京:中国人民大学出版社,2016:299.

④　温朝霞.从文化工业理论到世界品牌:德国文化建设的启示[J].探求,2020(1):59.

(二)突出本国独特性的国家宣传口号和形象标识设计

一国独特性的展现往往基于自身既有的地理环境和人文历史条件,因此更多地表现为一种过去取向。在国家品牌推广过程中,国家宣传口号和形象标识设计突出体现了本国的独特性。[①]

德国经济在二战中受到重创,可是德国依旧建立起"德国制造"的国家品牌。究其原因,无非以下几点。一是德国拥有良好的经济基础。战前,德国在资本主义世界中就是仅次于美国的第二经济大国。战争期间,德国的工业又有所扩展。德国原有的科技文化水平较高,战后初期西部又从东部接纳了近千万难民。这支由科学家、工程技术人员和廉价的熟练工人所组成的庞大建设大军,为联邦德国经济复兴提供了宝贵的技术和人力基础。二是美国"马歇尔计划"(The Marshall Plan)的援助。从1948年到1951年期间,联邦德国依据"马歇尔计划"等共获得36.5亿美元的援助。其后,从50年代中期起,美国私人资本大规模涌入联邦德国。1957年美国对联邦德国私人直接投资达5.8亿美元,到1969年猛增到42.8亿美元,年平均增长率为18.1%。几十亿美元的美国资本对联邦德国工业加速现代化无疑起到了促进作用。此外,国民经济的非军事化、富有活力的企业经营管理方法、发展国家垄断资本主义、推行法治、对教育的重视、欧洲一体化进程的开始等原因给了德国制造业充分的发展机会。[②]

德国工业的强势地位也自然塑造了"德国制造"这个国家品牌,这是德国国家形象中比较具有独特性的方面。德国不断向世界传播这一国家品牌形象,强化了世界人民的印象。

如果国家品牌建构一直停留在对独特性元素的挖掘,则很可能会沦为一种较低层次的对外传播,因为独特性会随着全球传播的逐步深入,在国外受众的眼里变得渐渐不那么独特,甚至会产生审美疲劳。抓住既有的"独特性"不放也意味着传播中的因循守旧和思维固化。[③]

(三)与时俱进更新完善国家品牌形象

国家品牌的创造力应该建立在国家品牌的独特性之上,同时创造力的展现也要适应当前的国家战略和国际环境。因此国家品牌中的创造力往往是现在取向的,是面向现实,面向当下的。[④]

2006年德国足球世界杯前后,德国民众热情好客,以礼相待,举办了丰富

---

① 刘沐潇.国家品牌的三维塑造:独特性、创造力、贡献度[J].对外传播,2018(10):52.

② 胡荣华,胡静.二战后德国的崛起及其原因[J].安徽文学,2007(11):228.

③④ 刘沐潇.国家品牌的三维塑造:独特性、创造力、贡献度[J].对外传播,2018(10):52.

多彩的庆典娱乐活动,最终赢得了全世界的认同和好感。德国整体的内在品质和外在形象得到了大幅提升。世界杯将德国灵魂深处的品质展示给了世人,颠覆了其一贯的严肃、缺少幽默感的刻板印象,展示了其风趣、友好的一面。① 德国也开展了更具活力和激情的"创意国度"(Land of Ideas)宣传推广计划,向世界传达了德国具有竞争力和创造力的积极信息。② 其官网介绍道:"德国国家形象虽然由一系列经济、地理和文化因素塑造,但是像其他地方一样,德国的国家形象主要由其人民决定。"③因此"创意国度"计划以最具变动特点的"人"为核心,为具有创意想法的人们提供平台,在德国营造创新创意的文化氛围。其实,"创意国度"计划的诞生同样基于对德国历史文化特点的深入了解和挖掘。德国丰硕的思想文化成果为其在新时期打造"创意国度"形象奠定了基础。④

扩大国家品牌影响力需要运用多方协作的整合营销理念,汇聚众智,充分调动国家文化部门、贸易部门、使领馆、高校、企业、组织、媒体和普通民众进行品牌的设计和推广。有竞争力的国家品牌也会为各参与主体带来实际的收益和好处。⑤ 德国企业的成功得益于国家品牌影响,反过来,这些产品和服务又维护和加强了国家品牌创造一个正加强周期。⑥ 德国的创意同时也正向加强了"德国制造"国家品牌的影响力和说服力。

(四)良性互动中强化国家品牌

一国对他国的"贡献度"或可成为国家品牌塑造的一个新的切入点。阐释自身的发展对他国的贡献通常表现为向对方许下诺言并信守诺言,是一种面向未来的取向。⑦ 这种具有贡献性的国家品牌塑造可以扩大国家品牌的影响范围,提高影响力。

"工业 4.0"这个概念最早出现在德国,于 2013 年的汉诺威工业博览会(Hannover Messe)上被正式推出,其核心目的是提高德国工业的竞争力,在新一轮工业革命中占领先机。⑧ 随后由德国政府列入"德国 2020 高技术战

---

① 阿盖什·约瑟夫.德国制造——国家品牌战略启示录[M].赛迪研究院专家组,译.北京:中国人民大学出版社,2016:3.

② 刘沫潇.国家品牌的三维塑造:独特性、创造力、贡献度[J].对外传播.2018(10):53.

③ 创意国度官网:https://land-der-ideen.de/en.

④⑤ 刘沫潇.国家品牌的三维塑造:独特性、创造力、贡献度[J].对外传播.2018(10):53.

⑥ 阿盖什·约瑟夫.德国制造——国家品牌战略启示录[M].赛迪研究院专家组,译.中国人民大学出版社,2016:299.

⑦ 刘沫潇.国家品牌的三维塑造:独特性、创造力、贡献度[J].对外传播.2018(10):53.

⑧ 中青在线.李克强为什么要提工业 4.0[EB/OL].(2014-10-11)[2020-01-15].http://www.gov.cn/xinwen/2014-10/11/content_2763019.htm.

略"中所提出的十大未来项目之一。该项目由德国联邦教育局及研究部
(Bundesministerium für Bildug und Forschung, BMBF)和联邦经济技术部
(Bundesministerium für Wirtschaft und Technologie, BMWi)联合资助,投资预
计达 2 亿欧元,旨在提升制造业的智能化水平,建立具有适应性、资源效率及基
因工程学的智慧工厂,在商业流程及价值流程中整合客户及商业伙伴,其技术
基础是网络实体系统及物联网。德国所谓的"工业 4.0"是指利用物联信息系统
(cyber-physical system,简称 CPS)将生产中的供应、制造、销售信息数据化、智
慧化,最后达到快速、有效、个人化的产品供应。

四、小结

"中国制造 2025"与德国"工业 4.0"的合作对接渊源已久。2015 年 5 月,国
务院正式印发《中国制造 2025》,全面部署推进实施制造强国战略。工业 4.0 已
经进入中德合作新时代,在中德双方签署的《中德合作行动纲要》中,有关工业
4.0 合作的内容共有四条,第一条就明确提出工业生产的数字化即"工业 4.0"
对于未来中德经济发展具有重大意义。双方认为,两国政府应为企业参与该进
程提供政策支持。[①]

德国工业 4.0 的国家品牌建设为中国制造作出贡献,同时因为"德国制造"
的国家品牌形象已经深入人心,中德之间的合作也会为两国的国家品牌形象的
塑造实现互利共赢。

---

① 郭言.创新成为中德合作新引擎[N].经济日报,2016-6-15.

第七章　品牌资产

　　20世纪前改变营销的颠覆性思想就是视品牌为战略资产。

——戴维·阿克

第一节　品牌资产管理

一、品牌资产的概念及组成要素

　　20世纪80年代,品牌资产(brand equity)成为营销研究和实践领域一个崭新的、非常重要的概念。90年代以后,特别是1991年戴维·阿克的《管理品牌资产》①一书出版后,品牌资产就成为营销研究的热点问题。1992年卡普费雷尔提出基于品牌识别棱镜理论进行分层级的品牌资产管理。1993年凯文·凯勒在《营销学报》发表《基于顾客的品牌资产:概念模型,测量和管理》(Conceptualizing, measuring and managing customer-based brand equity),提出了CBBE模型(customer-based brand equity),基于消费者的品牌资产,并以此为起点,开创了品牌学术的凯勒时代。

　　目前,学界和营销界对品牌资产的定义有财务视角、市场视角、消费者视角等。从财务视角看,布拉斯科(Brasco)②和斯托巴特(Stobart)③认为,品牌资产可以根据资产负债表的资产价值或企业计算并购和清算的价值,从市场交易来定

---

①　《管理品牌资产》一书的英文名是 *Managing Brand Equity: Capitalizing on the Value of a Brand Name*.

②　BRASCO T C. How brand names are valued for acquisition? [C]//Leuthesser, L, Defining measuring and managing brand equity: A conference summary report. Cambridge, MA: Marketing Science Institute,1988:88-104.

③　STOBART P. Alternative methods of brand valuation [C]//Murphy J. Brand valuation: Establishing a true and fair view. London: The Interbrand Group,1989:23-31.

义,并认为品牌资产是公司现在或未来盈余的折现值,品牌价值应被视为公司列于财务报表的无形资产。西蒙和沙利文(Simon&Sullivan)认为,品牌资产是根据公司未来现金流的递增量来定义,即相同产品比较有无品牌对未来现金流量的影响。① 从市场视角看,基姆(Kim)认为品牌资产是指品牌唤起注意者思考、感受、知觉和联想的特殊组合,此组合进而产生市场购买影响力。所谓的注意者是指注意品牌并做出例行购买,且对现存产品有稳定的需求,或是会因新产品扩张购买行为的人。② 瑟伊娜普和苏安妮(Zeynep&Durairaj)认为,当一个品牌在消费者心目中具有强烈的正向影响,进而创造品牌忠诚度时,则称其品牌具有品牌资产。③ 从消费者视角看,凯勒认为,品牌资产是指因消费者的品牌知识所导致的对品牌营销活动反应的差异性。品牌资产是消费者对那些有品牌的产品的价值偏好。④ 布莱克斯顿(Blackston)则认为品牌资产的创造可视为品牌与消费者交互的过程,而此过程可以被称作品牌关系的建立。⑤

在众多品牌资产的定义中,阿克、法夸尔(Peter H. Farquhar)、凯勒对品牌资产的界定被广泛接受。他们认为,品牌资产是指相对于无品牌名的相同产品,一个有品牌名的产品在市场营销效用或产出上的增量。⑥ 其中,戴维·阿克在《管理品牌资产》一书中对品牌资产的界定、归类和管理进行了全面的总结。他提出"品牌资产是指与品牌(名称和标志)相联系的,可为公司或顾客增加或削弱产品价值或服务价值的资产和负债"⑦。品牌资产大体可以分为五类:品牌忠诚度、知名度、感知质量、品牌联想、其他品牌专属资产。品牌资产的阿克模型简洁明了地从企业和顾客角度创造价值,对理解品牌资产具有里程碑的意义。

(一)品牌忠诚度

品牌忠诚度是品牌资产的核心,也是最重要的决定因素。拥有忠诚的消费群,可以具有持久的竞争优势。品牌忠诚度的价值在于可以降低营销成本、吸

---

① SIMON C J,SULLIVAN M W. The measurement and determinants of brand equity:A financial approach[J]. Marketing Science,1993,12(1):28-52.

② KIM P. A perspective on brands[J]. Journal of Consumer Marketing,1990,7(4):63-67.

③ GÜRHAN-CANLI Z, MAHESWARAN D. The effects of extensions on brand name dilution and enhancement[J]. Journal of Marketing,1998,35(4):464-473.

④ KELLER K L. Conceptualizing, measuring, and managing customer-based brand equity[J]. Journal of Marketing,1993.57(1):1-22.

⑤ BLACKSTON M. Observations:Building brand equity by managing the brand's relationships[J]. Journal of Advertising Research,2000,40(6):101-105.

⑥ FARQUHAR P H,EQUITY M B. Managing brand equity[J]. Marketing Research,1989,1(3):24-33.

⑦ 戴维·阿克.管理品牌资产[M].吴进操,常小虹,译.北京:机械工业出版社,2012:13.

引新的顾客、增强谈判力、构建竞争壁垒等。消费者对于电商平台的忠诚度往往较低,在同样实力的电商平台中,消费者往往会通过对比,选择价格最低的平台下单。因此,几乎所有的电商平台都推出了专属的会员服务,以期提高平台用户的品牌忠诚度。亚马逊推出 Prime 会员服务,消费者可以享受海外订单满200 元跨境免邮、年度 Prime 会员日全球狂欢、会员专属折扣、Prime 周三会员日、电子书免费阅读等服务。天猫为淘宝用户提供 88 VIP 会员服务,用户支付88 元/年的会员费,可以在优酷、淘票票、饿了么、虾米音乐等淘宝集团的 APP里享受会员权益,还可以享受天猫超市、天猫国际、天猫奢品、阿里健康、淘宝心选等 588 个品牌折上 9.5 折的优惠,同时获得多品类的电商专属购物券。

品牌忠诚度是判断品牌影响力的重要维度。世界品牌实验室连续 17 年发布的《世界品牌 500 强》(The World's 500 Most Influential Brands),其评判依据是品牌的世界影响力(表 7-1-1)。其中,品牌影响力有三项关键指标,包括品牌忠诚度、市场占有率和全球领导力。

表 7-1-1　2020 年《世界品牌 500 强》前 10 名品牌

2020排名	2019排名	品牌英文	品牌中文	品牌年龄	国家	行业
1	2	Amazon	亚马逊	25	美国	互联网
2	1	Google	谷歌	22	美国	互联网
3	3	Microsoft	微软	45	美国	软件
4	4	Apple	苹果	44	美国	计算机与通讯
5	7	Mercedes-Benz	梅赛德斯-奔驰	120	德国	汽车与零件
6	9	Toyota	丰田	87	日本	汽车与零件
7	6	Nike	耐克	48	美国	服装服饰
8	5	AT&T	美国电话电报	143	美国	电信
9	10	Walmart	沃尔玛	58	美国	零售
10	13	Facebook	脸书	16	美国	互联网

制表:世界品牌实验室(WorldBrandLab.com.)

(二)品牌知名度

品牌知名度是指潜在消费者认识或记起某一品牌归属于某类产品的能力。在某种情形下,品牌只是具有知名度就足以让消费者做出在市场中对品牌较为有利的决策。消费者往往会选择自己熟悉的品牌,熟悉的品牌会让人有安心、可靠的感觉。消费者往往只会在知名的品牌清单中做选择,不知名的品牌都没有机会进入消费者选择的清单,尤其是快消品,品牌知名度的效果更加凸显。例如,我们在买牙膏时,可能不会每次都买同一个品牌,但一般情况下我们都会在佳洁士、高露洁、黑人、Ora2皓乐齿、云南白药等品牌中做选择,很少会花精力去了解一个不知名的品牌。我们在购买跑鞋时,往往会选择耐克、阿迪达斯、安德玛(Under Armour)等我们熟知的专业做跑鞋的品牌。当消费者对某种产品非常陌生的时候,往往会上网搜索相关关键词,诸如"瓷砖十大品牌""热水器十大品牌""空气净化器十大品牌"此类的内容,体现的就是品牌知名度如何影响消费者的认知和购买。

(三)品牌感知质量

品牌感知质量,即消费者在对竞争品牌进行各方面的对比和选择之后,对于品牌产品或服务整体品质水准所形成的定论和概念。值得注意的是它不是真实和客观的质量,而是以消费者感知为基础的质量,是一种无形的感觉。阿克认为,"感知质量可以直接影响顾客的购买决定和品牌忠诚度,特别是购物者不想或不能进行详细分析时"[1]。

越来越多的企业意识到了"品牌感知质量"的重要性,在营销和公关活动中试图在消费者心智中建立某种特定的、专属的、鲜明的品牌感知质量。如茶饮品牌喜茶通过各种营销活动,与不同行业进行跨界营销,在同行竞争中树立了特别的品牌感知质量,例如与服装品牌太平鸟推出联名卫衣;和玛丽黛佳推出"满杯红钻(美妆礼盒)";与大英博物馆(British Museum)推出联名杯套、手提袋、马克杯等黑金配色搭配博物馆的主题产品;和百雀羚、小黄鸭(B. Duck)、杜蕾斯(Durex)、贝玲妃(Benefit)推出联名包装等(图7-1-1)。在消费者心中留下喜茶不断焕发新生命力、充满惊喜和新鲜感的品牌感知,超越了同类茶饮品牌带给消费者的体验。

图7-1-1 喜茶 & 大英博物馆—马克杯、喜茶 & 百雀羚—礼盒[2]

---

① 戴维·阿克.管理品牌资产[M].吴进操,常小虹,译.北京:机械工业出版社,2012:17.
② 图片来源:https://www.meihua.info/a/73206.

(四)品牌联想

品牌联想是指在消费者心目中,可以直接或间接与品牌有关事物连结的联想。其中产品属性与顾客的利益是最具显著影响力的联想,因为它们提供了购买商品的理由和品牌忠诚度的基础。其他如产品层级、外观、产品利益、配销渠道形象等也是建立品牌与消费者关系的基础。例如,看到故宫文创出品,我们会联想到故宫博物院悠久的历史和深厚文化,进而产生有文化内涵、有创意的感觉,同时增加我们对产品的信心。

创建强势品牌必须超越产品属性的范畴,而且要做到品牌联想差异化,例如组织联想、品牌特质、象征、情感和自我表现等。香水品牌就有较强的品牌联想差异,看到香奈儿5号(Chanel No.5),联想到的是一个有清新摩登气息的年轻恬淡女子;看到缪缪(Miu Miu)香水,想到的是充满着特别甜味的性格活泼的可爱少女;三宅一生(ISSEY MIYAKE),让人联想到气质安静温和的、温柔独立的女生。

(五)其他品牌专属资产

其他品牌专属资产是一个品牌拥有的专属资产,如商标、专利、渠道关系等。它可以阻止竞争对手争夺消费者和市场,进而保护品牌资产。阿克指出,商标可以防止竞争对手采用相像的名称、标志或包装迷惑顾客。强势的专利会直接影响顾客对品牌的选择,而一个业绩记录良好的品牌还可以控制分销渠道。[①]越来越多的企业意识到专利的重要性,纷纷进行专利注册,带头构建行业标准,从而提升自己的品牌专属资产。

1998年凯勒出版的《战略品牌管理》被誉为"品牌圣经",书中进一步夯实完善了CBBE"基于顾客的品牌资产理论",将品牌所有的概念和框架都彻底转换为顾客视角,这在后来成为凯勒整个理论框架的根基。战略品牌管理涉及创建、评估及管理品牌资产的营销规划、活动设计与执行,一般通过四个步骤进行:一是识别和确立品牌定位和价值,二是规划并执行品牌营销活动,三是评估和诠释品牌绩效,四是提升和维系品牌资产。[②] 每个阶段的具体目标如图7-1-2所示。

---

① 戴维·阿克.管理品牌资产[M].吴进操,常小虹,译.北京:机械工业出版社,2012:18-19.
② 凯文·莱恩·凯勒.战略品牌管理[M].3版.卢泰宏,吴水龙,译.北京:中国人民大学出版社,2009:35.

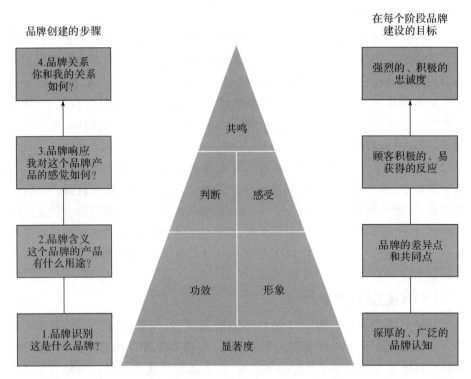

图 7-1-2　基于顾客的品牌资产金字塔[①]

　　凯勒提出,一个品牌的强势程度取决于顾客在长期经历中对品牌的所知、所感、所见和所闻。品牌存在于顾客的心智之中,这是 CBBE 品牌理论的基本前提。建立强势品牌面临的挑战是他们必须保证提供的产品和服务能针对顾客的需求,同时能配合市场营销方案,从而把顾客的思想、感情、形象、信念、感知和意见等与品牌关联起来。[②]

　　品牌创建阶段的次级维度如图 7-1-3 所示,品牌显著度可以测量品牌的认知程度。品牌绩效包括主要成分及次要特色,产品的可靠性、耐用性及服务便利性,服务的效果、效率及情感,风格与设计,价格。品牌形象包括用户形象、购买及使用情境、个性与价值、历史传统及体验。品牌评价包括品牌质量、品牌信誉、品牌考虑和品牌优势。品牌感觉是消费者在感情上对品牌的反应。品牌共鸣包括行为忠诚度、态度依附、社区归属感和主动介入。

---

　　① 凯文・莱恩・凯勒.战略品牌管理[M].3 版.卢泰宏,吴水龙,译.北京:中国人民大学出版社,2009:59.

　　② 凯文・莱恩・凯勒.战略品牌管理[M].3 版.卢泰宏,吴水龙,译.北京:中国人民大学出版社,2009:48.

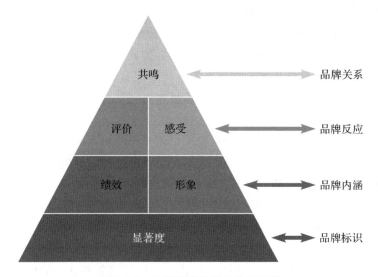

图 7-1-3　品牌创建阶段的次级维度

二、品牌资产的特点及价值

品牌资产是无形的,因为知识是储存在人脑之中,看不见摸不着。其次,品牌资产是以品牌名字为核心,也就是说,提到品牌资产,一定涉及具体的品牌名字。再次,品牌资产会影响消费者的行为,包括购买行为以及对营销活动的反映。品牌资产依附于消费者,而非依附于产品。"品牌知识自然是存在消费者的记忆之中,不可能依附在没有生命的产品上。"[①]对于这个定义,可口可乐公司的一位管理人员作了非常恰当的诠释:"如果公司在天灾中损失了所有产品和有关资产,公司将毫不费力地筹集到足够的资金来建工厂。相反,如果所有消费者突然丧失记忆,忘记与可口可乐有关的一切,那么公司就要停业。"[②]

品牌资产有以下四个特点。

第一,品牌资产因市场而变化。不同国家或地区,营销宣传或营销活动的投入不同,消费者对品牌的了解也不同。

第二,品牌有正资产,也有负资产。如果消费者记忆中关于品牌的知识是对品牌不利的描述,那么这种品牌资产就是负资产。反之,有利的描述就是正

---

① 黄合水.广告心理学[M].北京:高等教育出版社,2012:76.

② RANGAWAMY A,BURKE R R,OLIVA T A. Brand equity and the extendibility of brand names[J]. International Journal of Research in Marketing,1993,10(1):61-75.

资产。例如,一个品牌给消费者留下的记忆是性价比低,那么这种知识就会阻止消费者购买使用该品牌。

第三,品牌资产的维持或提升需要营销宣传或营销活动的支持。通过持续的营销活动可以潜移默化地改变消费者心目中的品牌形象,尤其是当出现对品牌不利的舆情时,危机公关就显得尤为重要。

第四,品牌资产会因消费者的品牌经验而变化。因为消费者对品牌的购买、使用体验会更新消费者头脑中从他人口中获得的对品牌的既有印象。

品牌资产在顾客方创造的价值贯穿整个消费过程。首先,在决策阶段,互联网时代消费者被大量的产品信息和品牌信息包围,消费者不可能是每个领域的专家,此时品牌资产可以帮助消费者理解、处理、存储这些信息。在选购相机时,佳能(Canon)和尼康(Nikon)凭借其积累的品牌资产,就可以帮助消费者树立选购相机的一个信息库。其次,在购买阶段,品牌资产可以影响消费者的购买信心和行为。同样是墙面涂料,同知名度较低的品牌相比,消费者在购买立邦(Nippon Pairot)、多乐士(Dulux)等知名度较高的产品时,对产品的环保性、品质和售后服务会抱有更高的信任感。再次,使用阶段,品牌资产中的感知质量和品牌联想可以增加顾客对产品使用的满意度。外形差异不大的一款包袋,如果消费者知道一个是香奈儿的,一个是蔻驰(Coach)的,就一定会产生不一样的体验感。

阿克认为,品牌资产可以为企业创造价值,至少可以通过五六种方法创造边际现金流。

第一,品牌资产可以提高营销计划的效果,从而吸引新顾客,夺回老顾客。

第二,知名度、感知质量、品牌联想、其他品牌专属资产这四类品牌资产均可以提高品牌忠诚度。

第三,品牌资产通常具有较高的边际收益:一方面,品牌具有高价优势;另一方面,品牌对降价促销的依赖程度低。

第四,有了品牌资产,企业便可通过品牌扩展实现自身的发展。

第五,品牌资产可以对分销渠道产生影响。

第六,品牌资产是企业的竞争优势,是遏制竞争对手的真正壁垒。①

---

① 戴维·阿克.管理品牌资产[M].吴进操,常小虹,译.北京:机械工业出版社,2012:15-16.

三、品牌资产的管理

品牌资产的建立并非一劳永逸,而是需要持之以恒长期投入,且不同阶段管理的手段方法亦有差异。探寻品牌资产的管理方法,可以从阿克的品牌资产五要素模型进行分析和管理。

(一)品牌忠诚度

品牌忠诚度是品牌资产的核心要素,品牌忠诚度反映了顾客可能转向其他品牌的可能性。较高的品牌忠诚度,能直接减少品牌的营销和公关成本,更容易吸引到新顾客,可以为企业构筑较高的竞争壁垒。因此,有效的品牌资产管理是从管理品牌忠诚度开始的。

品牌忠诚度可以分为五个等级,品牌忠诚度越高,顾客流失率越低,品牌的资产价值就越高(图 7-1-4)。而不同级别的品牌忠诚度阶段意味着不同的品牌资产管理方式和开发方式。企业在进行品牌忠诚度的管理时,需要问自己:"顾客对我的品牌满意吗?顾客为什么会留下来(离开)?不同忠诚度的消费者在目前品牌的用户群中占比如何……"

图 7-1-4　品牌忠诚度金字塔[①]

衡量品牌忠诚度有多种维度,可以通过分析顾客的复购率、购买比例、购买数量、产品购买类型进行消费者行为方面的研究;可以通过衡量顾客的满意度来推测其品牌忠诚度;可以通过顾客对品牌的感性认识,如喜欢、信任、尊敬、蔑

---

① 戴维·阿克.管理品牌资产[M].吴进操,常小虹,译.北京:机械工业出版社,2012:35.

视、讨厌等情感进行品牌忠诚度的衡量。

在互联网爆炸式信息的环境中,管理品牌忠诚度最关键的一步是建立品牌黏度。人们每天能接触到的品牌信息非常多,微信中的企业公众号,在完成扫码关注之后,要持续推送有趣有价值的信息吸引用户的注意力。线上营销活动更具互动性,拥有实时高效的客户体验以及基于大数据运算的精准营销。只有在确保品牌黏度的基础上,才有可能获得消费者的信任和忠诚。

(二)品牌知名度

品牌知名度是指"潜在顾客认出或想起某类产品中某一品牌的能力"[①]。有了品牌知名度,品牌联想才能产生。品牌知名度是让消费者熟悉品牌、爱上品牌的基础。人们在选购纸巾、牙膏等日用品时,不会深入分析产品的信息数据,而是会购买自己熟悉的产品,此时就体现了品牌知名度的重要性。

"美名胜过财富",品牌知名度是专业、实力、信任的象征,当消费者面对一个知名品牌时,他们自然会推测企业实力雄厚能支撑起自己的品牌;消费者选择一个知名品牌时,他们对产品的信心和信任感也会油然而生。品牌知名度是品牌进入顾客考虑清单的重要指标,顾客在进行大件商品或贵重商品的购买决策时,往往会有三四个备选品牌,此时能让他们回想起来的品牌才具有竞争优势。买手机我们首先会想到苹果、三星、华为;买运动装的时候我们会想到耐克、阿迪达斯、安德玛;买油烟机的时候我们首先会想到方太、老板。

从消费者视角看,品牌知名度的等级可以分为消费者不知道的品牌、消费者认得出的品牌、消费者回想得起来的品牌和消费者首先想到的品牌(图7-1-5)。

品牌知名度可以为企业创造价值,主要体现在:(1)树立品牌知名度是品牌联想赖以存在的基础;(2)品牌知名与否是消费者熟悉和喜欢该品牌的前提;(3)品牌知名度是企业实力和专注的象征;(4)品牌知名度的高低影响消费者的回想、考虑购买并做出最后决定。企业在进行品牌知名度管理时,需要思考:在所处的品类中,品牌知名度是否重要?品牌知名度在品牌资产中有多少价值?与竞争对手相比,自己的品牌知名度有多高?通过什么方式可以提高品牌知名度?

---

① 戴维·阿克.管理品牌资产[M].吴进操,常小虹,译.北京:机械工业出版社,2012:56.

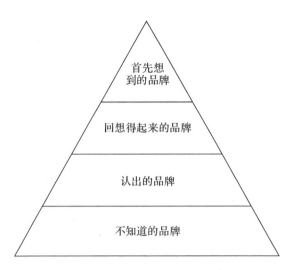

图 7-1-5　品牌知名度金字塔①

（三）品牌感知质量

奥格威曾言，优质形象好比头等车票，可为大多数产品增加价值。消费者对品牌的感知可以直接转换成购买理由和行为；消费者对感知质量可以形成对品牌的差异化认知和定位；消费者对品牌的感知质量可以直接转化为品牌的高价优势，高价优势可以增加利润，进而提高渠道成员利益；感知质量优势有助于品牌进行新品类的延伸。

品牌的感知质量是一种感性认识。由于消费者的知识结构、个性、喜好和需求都不一样，品牌感知质量自然千差万别。但感知质量的评估也不是无迹可寻，可以通过对感知质量的基本要素，即产品和服务质量的衡量进行推理。产品方面，哈佛大学戴维·加文（David A. Garvin）教授提出了七大基本要素，包括性能、功能、符合标准性（无缺陷）、可靠性（性能的连贯性）、耐久性（经济寿命）、服务能力（企业为产品提供服务的能力）、质感和外观。② 在服务方面，帕拉休拉曼（Parasuraman）等 1985 年发表在《市场营销杂志》（*Journal of Marketing*）的文章指出感知服务质量的十个要素，分别是：方便联系、礼仪、能力、沟通、安全、服务设备、响应能力、可靠性、信誉、理解。③

---

① 戴维·阿克.管理品牌资产[M].吴进操,常小虹,译.北京:机械工业出版社,2012:56.

② 戴维·阿克.管理品牌资产[M].吴进操,常小虹,译.北京:机械工业出版社,2012:83-85.

③ PARASURAMAN A,ZEITHAML V A,BERRY L L. A conceptual model of service quality and its implications for future research[J]. Journal of Marketing,1985,49 (Fall):41-50.

(四)品牌联想

品牌联想是指"记忆中与品牌相联系的一切事物"[①],其价值在于可以帮助消费者处理和检索信息,促使顾客建立积极正面的态度或情绪,也可以直接转换成顾客的购买理由,实现企业的差异化定位,并依据品牌联想进行相关的品类扩展。凯勒根据心理学发展而来的联想网络模型,将品牌类型分为属性联想、利益联想和态度联想三种类型,凯勒认为品牌联想是对品牌形象的一个塑造过程。[②]

阿克在《管理品牌资产》中提出了品牌联想的11种类型[③],分别是:(1)产品特征;(2)无形特征;(3)顾客利益;(4)相对价格;(5)用途;(6)用户顾客;(7)名人/人;(8)生活方式/个性;(9)产品门类;(10)竞争对手;(11)国家/地域。

企业在构建品牌联想时不妨自问:"我希望我的品牌在消费者头脑中留下的是什么样的形象? 竞争对手的品牌联想是什么? 最不受竞争对手攻击的品牌联想是什么? 什么样的品牌联想有竞争力?"

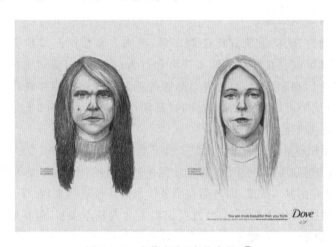

图 7-1-6　多芬广告《真美素描》[④]

品牌营销活动中,将品牌和产品顾客联系起来,能精准击中顾客的痛点,产生共鸣。2004年,多芬在全球开启"真美全球运动"(Dove Campaign for Real Beauty),选用一组素人作为广告的模特,她们都是面容身材普通的女性,

---

① 戴维·阿克.管理品牌资产[M].吴进操,常小虹,译.北京:机械工业出版社,2012:100.

② KELLER K L. Conceptualizing, measuring customer-based brand equity [J]. Journal of Marketing,1993,57(1):1.

③ 戴维·阿克.管理品牌资产[M].吴进操,常小虹,译.北京:机械工业出版社,2012:105.

④ 图片来源:http://www.sohu.com/a/166965134_199560.

但多芬用简单真实才是最美的理念开启了"真美运动"。2013 年多芬推出广告片《真美素描》(*Real Beauty Sketches*),通过对比美国联邦调查局(Federal Bureau of Investigation,简称 FBI)素描肖像家画出的女性模样、被测女性自己描述的模样、别人描述被测女性的模样,传达"你比想象中的自己更美"的品牌理念。2016 年,多芬推出《我的美我说了算!》(*My Beauty My Say*)广告片,通过呈现九个经历迥异的女性的真实故事,讲述在形形色色的偏见面前,女性如何重拾自信、定义自己的故事。多芬强调,我们相信美丽应该是自信的源泉,而不是焦虑的源泉。在过去的 17 年中,该项目的足迹遍布全球 150 个国家,帮助超过 6900 万女性进行女性自信、美丽和自尊的教育,激励女性想要成为最好的自己,打破人们对"美丽"的偏见,将美丽的话语权掌握在自己手里。

在互联网环境下,信息的及时性和集中性加速了品牌联想的动态变化,企业要及时洞察并进行有效管理。行业品类间的跨界营销,餐饮与动漫、国风文创的流行也会给品牌带来新的体验和变化。互联网环境下,用品牌意义可能更能反映品牌在市场上的真实资产价值。这里的品牌意义,是指消费者对品牌认知的产业范围。研究品牌意义在移动互联网、线上线下交互情境下的作用更加容易锁定品牌认知。

(五)其他品牌专属资产

名称、商标、专利、渠道关系等都属于其他品牌专属资产。在进行其他品牌专属资产管理时,可从以下维度进行思考:"品牌名称是否具有其他方面的连续性竞争优势? 是否具有重要的专利或商标? 是否具有遏制竞争对手的渠道关系?"[1]

越来越多的电商平台启用动物形象作为自己的 Logo,天猫的猫、京东的狗、苏宁易购的狮子等生动形象,消费者容易记忆。李维斯的品牌 Logo 也经历了从烦琐到简洁的演变过程(图 7-1-7),其目的是适应年轻人的审美变化。品牌名称是品牌的核心指标,也是建立品牌知名度和传播品牌的基础。名称比专利更有价值,因为专利的保护成本高,更有难度。品牌名称的考量标准是:是否易记、是否体现了产品类别、是否与 Logo 有关、是否暗含了品牌所需的联想、是否有不好的谐音或联想、是否独特、是否合法等。

---

① 戴维·阿克.管理品牌资产[M].吴进操,常小虹,译.北京:机械工业出版社,2012:27.

图 7-1-7　李维斯(Levi's)Logo 演变图①

在信息技术时代,认知是最重要的。但是对于不同的产业,品牌在其价格中所占的比例是不一样的。某一品牌其品牌附加价值越高,竞争的稳定性也越好。相反其品牌的附加值越低,其品牌的可转换性就越大,消费者很容易转向其他品牌。

品牌资产的管理是一个系统工程。首先,需要用书面的形式描绘出公司对品牌资产的理解,凯勒称其为"品牌资产宪章",主要包含以下内容。

- 从公司的角度对品牌资产及性能进行定义并解释它的重要性。
- 描述相关产品主要品牌的范围,以及公司打造品牌和营销的方式。
- 在品牌框架所有相关层面,定义出实际的、理想的品牌资产是什么。品牌宪章应该对相关联想进行定义,包括共同点和差异点、核心品牌联想及品牌精粹。

---

① 图片来源:https://www.digitaling.com/articles/46951.html? 8563029.

- 根据追踪研究和之后的品牌资产报告解释品牌资产是如何评估的。
- 根据总体战略指导（例如明确性、相关性、独特性、创新性和一致性）说明品牌资产是如何管理的。
- 根据一些具体的、特定的战略原则（例如广告评价标准、品牌名称选择标准）说明营销项目是如何设计的。
- 从商标使用、包装、传播的角度确定处理品牌的正确方法。[①]

其次，定期生成品牌资产报告（如季度、半年等），汇报给管理层。追踪品牌在渠道、品类、价格等方面的变化及相关品牌业绩评估。然后，还需要开发出一个品牌资产最大化的长期品牌资产管理系统，明确界定品牌的组织责任和分工。

品牌资产管理是一个日积月累的过程，在长期的管理和强化过程中，需要维护品牌的一致性，保护品牌资产的来源，拥有防御与杠杆经营的头脑，及时调整品牌架构和营销支持计划，拓展品牌认知，改善品牌形象。[②] 这是考验品牌耐心、资金、产品的一大挑战，更是品牌想要长青必须面临的课题。

第二节　奢侈品品牌资产管理案例——Louis Vuitton

> Louis Vuitton(LV)本身就是一种奢华，LV 的所有设计，不仅只是一件商品，更是对于当代生活文化的具体呈现。
>
> ——马克·雅可布(Marc Jacobs)

奢侈品行业壁垒较高，行业集中度逐渐提升。酩悦·轩尼诗-路易·威登集团(Louis Vuitton Moët Hennessy，简称 LVMH)集团、历峰集团(Richemont)和开云集团(Kering)作为全球最大的奢侈品集团，通过数十年不断并购扩张，集聚了众多头部奢侈品品牌，形成三大集团鼎立的格局。其中，LVMH 无论在营收规模还是市值等方面，都是当之无愧的龙头。

全球著名审计和企业咨询公司德勤(Deloitte)每年都会发布《全球奢侈品力量排行榜》。2014 年至今，拥有路易·威登(LV)、迪奥(Dior)、芬迪(Fendi)、

---

① 凯文·莱恩·凯勒.战略品牌管理[M].3 版.卢泰宏，吴水龙，译.北京：中国人民大学出版社，2009：301-302.

② 凯文·莱恩·凯勒.战略品牌管理[M].3 版.卢泰宏，吴水龙，译.北京：中国人民大学出版社，2009：487-517.

罗意威(Loewe)和思琳(Celine)等众多品牌的 LVMH 集团,以 374.68 亿美金高居榜首多年,其中 LV 的品牌资产更是不容小觑。

一、LV 品牌概况

LV 创立于 1854 年,现隶属于法国专产高级奢华用品的酩悦·轩尼诗-路易·威登集团。代代相传的 LV,以卓越的品质、杰出的创意和精湛的工艺成为奢侈时尚旅行艺术的象征。LV 以旅行专用包袋起家,发展至今已经不仅局限于设计和出售高档皮具和箱包,而是广泛涉足时装、饰物、皮鞋、箱包、传媒、名酒等领域,提供的产品包括手提包、旅行用品、小型皮具、配饰、鞋履、成衣、腕表、高级珠宝及个性化订制服务等。

回顾 LV 的发展史可以发现,它的产品创新从未止步,而且发展脉络一直没有离开旅行哲学的品牌主张。1854 年,路易·威登夫妇在尊贵地段卡普西尼街四号(即今天的 Rue des Capucines)开设店铺。路易·威登成立公司以后,创新推出了众多具有革命意义的包袋。1858 年,LV 推出一款方便运输的平盖白杨木行李箱,旅行箱内部设计巧妙,一列隔底匣及间隔方便摆放各式衣物及优雅衬饰。这款设计不但能保护衣物及易于携带,更标志着 LV 的景点行李箱及"现代旅行品牌哲学"的正式诞生。1888 年,LV 推出威登皮箱的新设计,箱子的表面被设计成西洋跳棋棋盘风格,颜色是棕色和栗色相间,在皮箱上还印有"LV 品牌验证"的标示。1889 年,LV 的经典产品坚硬旅行箱诞生,它适应长途旅行的颠簸,带给旅行者最需要的安心与舒适——迄今为止,它都是路易·威登的骄傲。1890 年,乔治·威登(George Vuitton)发明了特殊的锁扣"5-tumbler"——只要用一把钥匙,就可以打开客户本人所有的 LV 皮箱,避免了旅行者在裤子上拴一大堆钥匙的麻烦,这个系统一直沿用至今。1894 年,乔治·威登出版新书《旅程》(Journey),LV 的旅行哲学品牌理念成文传播。1896 年,为了避免被抄袭,乔治·威登在 Monogram 帆布上用父亲姓名中的简写 L 及 V 配合花朵图案,设计出到 21 世纪仍蜚声国际的交织字母印上粗帆布(monogram canvas)的样式,即著名的"LV"商标。1901 年,轻巧柔韧的轮船(Steamer)旅行袋问世,成为后世手袋的先驱。1906 年,LV 推出车用皮箱。1909 年,LV 用丝绸和羊毛制成克什米尔旅行毛毯,又成为后世围巾和被罩的先驱。1929 年,LV 推出一款化妆包,以"献给歌剧演员玛瑟·舍纳尔(For opera singer Martha Scherner)"为名面世。1932 年,LV 推出"香槟包(Noe bag)",面向香槟酒的酿造者,用于装载和保存香槟酒。

1987 年,LV 四代传人亨利·雷卡米尔(Henry Racomier)和奥迪尔·威登

(Odile Vuitton)夫妇和酒商轩尼诗(Hennessy)合并,组成 LVMH 集团,自此创立百年的(LV)正式从家族的个人公司蜕变为跨国性的奢侈品集团。成为跨国集团后,LV 更是加快了品牌创新的步伐。1998 年,LV 邀请设计师马克·雅可布(Marc Jacobs)担任创意总监,拓展出男女装、鞋包配件、珠宝以及手表、太阳眼镜等全系列商品,构建出完整的品牌风格和识别形象。LV 也从当年的私人行李箱制造商,一跃成为全球知名的超级品牌。秉承"旅行哲学"的品牌理念,1998 年 2 月 LV 全球首家旗舰店在巴黎开业,此后第二家也在伦敦邦德街(Bond Street)开业。同年 8 月,第三家旗舰店在日本大阪开业,9 月美国纽约店开业。1999 年,LV 中国香港店开业。

　　LV 和其他奢侈品品牌相比最大的特点就是,150 年来它一直把精致、品质、舒适的"旅行哲学"作为设计的基础和核心。LV 这个名字已经成为旅行用品最精致的象征。

　　LV 用旅行主题的经典书籍积累品牌资产。LV 有三类系列书籍,分别是《城市指南》(City Guide)系列、《旅行游记》(Travel Books)系列、《时尚之眼》(Fashion Eye)系列。

　　LV《城市指南》有 30 个城市主题,探索了近 20 年世界知名的全球都市,如阿姆斯特丹、曼谷、柏林、伦敦、米兰、布拉格、首尔、上海、台北、东京等地,通过独特的时尚、设计、生活、当代艺术、美食和文化视角,展现了它们的个性风貌。每个城市的城市指南还有匹配更详细的书籍内容和产品。城市指南《东京》(Tokyo)配套的是《东京游记》(Eboy Tokyo)、盒装酒店主题明信片;城市指南《越南》(Vietnam)配套的是《越南旅行书》、《越南游记·艺术家版》(Lorenzv mattotti Vietnam)、JUIES 迷你记事本。

　　《旅行游记》(Travel Books)是"一纸开启真实与虚幻之旅、让头脑思考、令心灵悸动的邀约。来自知名艺术家与青年才俊的画作穿插于书页间,讲述着他们在各个城市与国家的经历见闻,描绘出各地纷繁多样的建筑风格与独特的魅力光彩,记录下昼夜不息的岁月流转与当地居民的日常生活。该系列带给读者的远不止引人入胜的图文,更是丰富的艺术美学享受"①。《旅行游记》现有 14 册,越南、威尼斯、东京、北极、南非、巴黎、墨西哥、夏威夷、洛杉矶等地都被用画作的形式生动地记录了下来(图 7-2-1)。

---

　　①　Louis Vuitton 官网,https://www.louisvuitton.cn/zhs-cn/stories/travel-books♯the-books/los-angeles

图 7-2-1　LV《洛杉矶游记》(*Javier Mariscal Los Angeles*)①

《时尚之眼》(*Fashion Eye*)系列,"灵感来自品牌的旅行传统,透过新锐和传奇时尚摄影师的视角展现各个城市、地区或国家的独特魅力。每一款《时尚之眼》分册均收录丰富的精选大尺寸摄影图片,配以摄影师小传、访谈或评论文章。《时尚之眼》借助专业达人的才华,巧妙地在旅行摄影中表达时尚态度。每一位摄影师均带来极具个人特色的都市、边陲或梦境影像"②。目前,已出版巴厘岛、日内瓦、伊朗、丝绸之路、蒙特卡洛、纽约、柏林、不列颠哥伦比亚、摩洛哥、巴黎、加利福尼亚、印度、迈阿密、上海等主题内容(图 7-2-2)。借助《时尚之眼》系列摄影书,LV 透过时尚摄影师的眼睛唤起了人们对一座座城市及地区或国家的想象。

LV 的营销活动也围绕"旅行哲学"展开。2008 年,LV 在中国投放了第一支电视广告。在广告中,LV 说:"为什么去旅行,旅行不是一次出行,也不是一个假期,旅行是一个过程,一次发现,是一个自我发现的过程。真正的旅行让我们直面自我,旅行不仅让我们看到世界,更让我们看到自己在其中的位置。究竟是我们创造了旅行还是旅行造就了我们,生命本身就是一场旅行,生命将引你去向何方?"旅程被视为生命的过程,在旅行中找到自己,实现生命的价值,而伴随生命一起行走的则是有着卓越品质的 LV 旅行箱包。

2008 年 6 月,LV 推出一款名叫"Soundwalk"的产品。这是一段独特的语音导游,跟着声音去旅行,当然它带你去的地方不是标志性的建筑,而是积淀了城市文化精髓的小巷、弄堂,是城市的生命(图 7-2-3)。

---

① 图片来源:https://www.louisvuitton.cn/zhs-cn/stories/travel-books#the-books/los-angeles.

② Louis Vuitton 官网,https://www.louisvuitton.cn/zhs-cn/products/fashion-eye-geneva-nvprod 1270427v.

图 7-2-2　LV《时尚之眼·上海》（*Shanghai Wing Shya*）①

图 7-2-3　LV 中国之旅：Soundwalk 慢听城市 声响慢行②

　　2011 年，LV 推出线上线下结合的手机 APP。当时，LV 的市场推广概念是 Circus，用户在 LV 官网会发现一个神秘的剪影图案，然后网站会指引用户访问 LV 店面去找寻了解这个神秘剪影的图案，要找到图案背后的答案，需要下载 LV Circus AR APP。带着这个 APP 到达 LV 日本各地的店面，用户可以在橱窗外发现跟网站上相似的神秘图案，这时会有一只马戏团经常出现的大象在手

① 图片来源：https://www.louisvuitton.cn/zhs-cn/products/fashion-eye-shanghai-015604.

② 图片来源：https://www.digitaling.com/projects/12225.html? plat＝ios.

机上出现,转过身后它开始慢慢步入 LV 店内,然后消失。最后,用户会在店铺内发现另一张神秘的图片卡,解码后就会得到答案(图 7-2-4)。

图 7-2-4　LV 店铺内:神秘的图片卡①

2017 年,LV 推出智能腕表 Tambour Horizon(见图 7-2-5),探索时间的旅程。

别带走时间/让时间带你走……/划过天空/落入地平线/有人踏上坦途/有人以身赴险/有人镌刻你的模样/有人肖似我的身影/就让它继续转动吧/一段由你开启的旅程/一次永不落幕的探险。

图 7-2-5　LV 智能腕表

2017 年的"设计上海"中,LV 推出了一款旅行皮凳(图 7-2-6)。这款 Stool 折叠凳将日本折纸艺术与 LV 传统的旅行箱制作工艺结合在一起:柔软的 Nomade 皮革将铝结构刚硬的外膜包裹在其中。折叠起来时像一张简单的皮

---

① 图片来源:https://www.digitaling.com/projects/22346.html.

革,展开又变成一张设计新颖华丽的旅行皮凳。无论消费者旅行到何处,它都能创造一个休憩的空间。

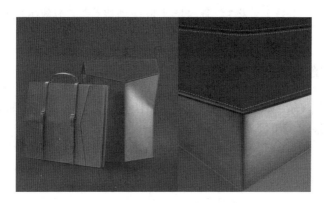

图 7-2-6　LV Stool 折叠凳①

2018 年 11 月—2019 年 2 月,LV 在上海举办"飞行、航行、旅行"展览,讲述 LV 硬箱的漫长故事。展览中展示了 1860 年代 LV 设计出可以装下一张折叠床的床箱,Gaston——LV 设计的藏书箱,艺术家徐冰设计的英文方块字书法的旅行箱,与王德传茶庄合作设计之茶人旅行硬箱,与 Surpreme 合作的硬箱,为克里斯汀·迪奥(Christian Dior)先生定制的手提箱(图 7-2-7),展示了 LV 在不同年代和不同主人公碰撞出的旅行人生故事。

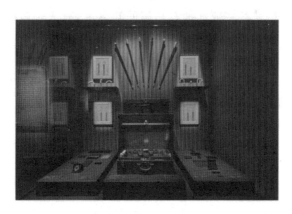

图 7-2-7　LV 为克里斯汀·迪奥先生定制的手提箱②

①　图片来源:http://www.sohu.com/a/130342586_556756.

②　图片来源:https://www.digitaling.com/projects/47046.html.

日新月异的社会,以及快节奏的生活,让应接不暇的人们成为奢华物质生活中的精神贫民。如何提高精神生活质量,实现生命的意义,是人们的需要,也是 LV 的思考。于是 LV 将"生命本身就是一场旅行"定为故事的母题,开始了它新时代的新故事。

二、LV 的品牌资产概况

全球最大的品牌资产数据采集机构 BRANDZ™ 每年都会公布最具价值奢侈品牌,LV 连续多年排名第一(表 7-2-1)。

表 7-2-1　LV 近 5 年品牌资产价值表 ①

年份	LV 品牌总价值
2021 年	757 亿美元
2020 年	517.77 亿美元
2019 年	472 亿美元
2018 年	411.38 亿美元
2017 年	229.19 亿美元

LV 享誉全球,尤其在亚洲拥有超高的知名度,有人曾幽默地说:"在东京或香港任何一个角落站上两分钟,一定会发现不止一个 LV 包包从你眼前经过。"

出色的客户关系管理构建和维系品牌忠诚度。LV 为客户提供永久的保养服务,从而使消费者感受到一种"家庭的""家族传承"的感觉。一家三代、代代相传的 LV 产品,是亲情的延续,自然使人们形成品牌忠诚。

高价策略是 LV 维护品牌高端形象的方式之一。每到一个季度结束,没有卖完的剩余产品会被送到 LV 法国本土的工厂进行销毁,其目的是保证每一款产品的价值以及品牌的质感。高价的策略使消费者炫耀、保值、有地位的消费心理得以满足,通过价格巧妙地塑造了 LV 品质感的品牌感知。

坚守"旅行哲学"的品牌联想。从产品上看,LV 是奢侈品中为数不多的非皮具制品比皮具制品更知名的品牌。它的各种款式的旅行袋、提包、后背包,可以放各种证件的皮夹、护照夹等,约一个月就会推出新品、新款式,还会推出旅

---

① 数据来源:历年 Brand™ 榜单.

行中的一些非包袋用具,如可放两瓶佳酿的酒袋、可折叠的桌椅等。LV 最引以为傲的产品莫过于 1889 年诞生的经典产品坚硬旅行箱,其至今仍是品牌的招牌产品。LV 的产品设计也是从旅行的角度为顾客考虑的。1890 年,LV 发明了一种特殊的锁扣"5-tumbler"——只要用一把钥匙,就可以打开顾客本人所有的 LV 皮箱,这个传统一直沿用至今。轻巧柔韧的轮船旅行袋是后世手袋的先驱;用丝绸和羊毛制成克什米尔(Kashmir)旅行毛毯,成为后世围巾和被罩的先驱,所有的经典都源于对顾客的洞察。

　　LV 带给人们的品牌联想,正如 2008 年在中国投放的第一支电视广告所言:"为什么去旅行？ 旅行不是一次出行,也不是一个假期,旅行是一个过程,一次发现,是一个自我发现的过程。真正的旅行让我们直面自我,旅行不仅让我们看到世界,更让我们看到自己在其中的位置。究竟是我们创造了旅行还是旅行造就了我们？ 生命本身就是一场旅行,生命将引你去向何方？"这就是 LV 带给所有人的品牌联想(图 7-2-8)。

图 7-2-8　LV"旅行哲学"[1]

三、LV 系统创新建设品牌资产

　　创新对于发展强势品牌至关重要,LV 不断探索扩展现有产品、服务和分销渠道,满足新兴消费者及新兴市场需求。互联网、移动智能和数字化,改变了奢侈品行业的边界,LV 通过商业模式的创新创造客户价值,与消费者建立新的联系,实现品牌增长。

――――――――――

　　[1]　图片来源:http://zuese.com/h-nd-243.html.

(一)数字触达,沉淀数字化品牌资产

过去,奢侈品靠售卖"神秘感"塑造品牌价值。但是,随着互联网的发展,奢侈品不得不走下神坛,将产品营销连接到数字化变革中。2011年微信公众号掀起新媒体浪潮,LV于2012年11月开通微信公众号(图7-2-9),成为首个开通微信公众号的奢侈品品牌,在奢侈品微信顾客关系管理方面扮演了开拓者的角色。当其他品牌的微信公众号还只是提供机械式的自动回复时,LV就已经开始提供一对一的专属客服服务了,对微信的服务功能进行了人性化的提升,每一位客服人员都礼貌谦逊,并且解答详尽,顾客仿佛跟身处LV实体店。

图7-2-9　LV微信公众号

当网购成为人们的生活习惯时,LV也快速融入了新的消费潮流中。2018年7月17日,LV中国官网商城上市一周年,正式面向全国主要城市推出送货服务,全国的消费者都能够享受免费送货、7天退货等和实体店一样的品牌服务。同时,LV的官网增加了微信支付功能,更进一步融入数字支付升级的浪潮中。

当"抖音"势不可挡地"入侵"人们的生活时,LV也参与其中。2018年12月18日和19日两天,LV在抖音分别投放了静态、视频开屏页以及信息流广告,以轻松、活泼、趣味的方式进入人们视野中(图7-2-10)。

图 7-2-10　LV 抖音开屏页静态广告

当小程序成为我们日常生活习惯的一部分时,LV 在上海举办"飞行、航行、旅行——路易威登"展览,也推出了同款小程序主题贴纸,消费者在小程序中就能开启 LV 的游览之旅(图 7-2-11)。

图 7-2-11　LV"飞行、航行、旅行——路易威登"微信小程序贴纸

当小红书创始人说中国正在经历从"生活"到"生活方式"的升级时,LV 已加入生活方式分享及社交型电商平台小红书,成为进驻该平台的首个奢侈品牌(图 7-2-12)。起初,LV 发布了 1 条视频和 6 张图片,获得了超过 1 万个小红书用户关注以及 1.9 万个点赞。

图 7-2-12　LV 小红书账号

当 AI 成为服务创新的一种方式,以虚拟导购、虚拟造型师、虚拟购物顾问的身份服务用户,让每个人都成为 VIP 时,LV 加入其中。LV 为顾客提供虚拟导购,为每一位品牌消费者提供私人虚拟顾问,并且随时随地在线。LV 的聊天

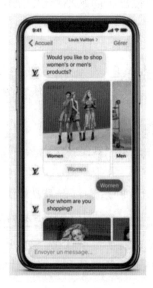

图 7-2-13　LV 虚拟导购

机器人可以作为私人虚拟聊天顾问,回答消费者对 LV 的各种问题。例如,它可以根据消费者的喜好从海量商品中进行筛选,展示 LV 的时装大秀和品牌历史,增进消费者对品牌文化和设计理念的了解。此外,它还可以提供售后服务,为消费者提出售后产品维护的建议,提供个性化的系列服务。LV 的虚拟导购还有"朋友投票"功能,在用户选择困难时,可以将挑选出的商品通过 Facebook Messenger 分享给朋友,让朋友们投票选择买哪件。

(二)坚守品牌基因"旅行的哲学",以不变应万变

品牌资产管理好比一场马拉松,偏离了跑道,再努力都是白费,而 LV 的品牌资产管理一直坚持着"旅行哲学"的品牌理念。

LV 每年都会在全球举办品牌展览,拍摄品牌纪录片,出版品牌书籍。

2018 年,LV 在上海展览中心举办"飞行、航行、旅行——路易威登"展览(图 7-2-14)。2020 年 LV 春季展,将纽约肯尼迪国际机场(JFK)的地标性建筑——环球航空公司飞行中心(TWA Flight Center)打造成一片热带绿洲,既创新了走秀主题,也呼应了品牌的"旅行哲学"。

图 7-2-14　LV"飞行、航行、旅行"展览局部图①

2016 年,LV 推出《缪斯之旅》纪录片,分别以独立的冒险者、不渝的执着者、时尚造梦人、中国灰姑娘以及心灵行者为题,呈现了作家卡琳·布里克森(Karen Blixen)、波点女王草间弥生(Yayoi Kusama)、中国早年时尚先锋宋怀

---

① 图片来源:http://m.sohu.com/a/275960061_552335.

桂、超模刘雯与音乐人朱哲琴五位"真·女神"的故事(图 7-2-15)。

图 7-2-15　LV《繆斯之旅》纪录片①

LV 是唯一拥有自己出版社的奢侈品集团,出版各类与旅行相关的品牌书籍,如城市导览、速写册、摄影集和文学故事等。这些作品讲述艺术家在各个城市与国家的所见所闻,记录昼夜不息的岁月流转,勾勒出千姿百态的建筑与当地独特的人文风情。

(三)大胆跨界,创新营销玩法

品牌跨界合作是营销创新的一种方式,所谓跨界,强调合作品牌各自所处的品类、行业或跨度较大,相似性小,甚至看起来毫不相干,但"运用创新性的水平思维,找到了联结点"。② LV 在跨界方面,紧跟千禧一代、Z 世代的消费时尚,将跨界玩到极致,引领和推动奢侈品行业的营销创新。

2017 年 LV 与潮牌 Supreme 的联名可谓轰动了整个时尚圈(图 7-2-16)。联名的初衷是希望吸引年轻群体,迎合潮流的趋势,所以整体的风格能看到 LV 的奢华与经典,也能看出 Supreme 的街头嘻哈风格,强强联合自然是吸引了众多年轻人,据称刚推出就吸引了 7000＋人连夜排队,全球明星疯狂追捧。《纽约时报》评论说,这是 2017 年最受瞩目的时尚跨界,具有划时代的意义。

① 图片来源:http://m.chinagrazia.com/article/141108.html.
② 何佳讯.战略品牌管理——企业与顾客协同战略[M].北京:中国人民大学出版社,2021:421.

图 7-2-16　LV 与 Supreme 的跨界①

(四)傍上电竞,引领游戏营销新风尚

2019 年 LV 又与电竞游戏《英雄联盟》玩起了跨界合作,不仅定制了 2019 年总冠军奖杯专属旅行箱,为英雄角色奇亚娜设计全新专属皮肤,还推出联名合作产品,抢占未来消费市场。不少年轻玩家直呼:"没想到我拥有的第一件 LV 竟然是游戏里获得的。"不仅如此,LV 还携手《英雄联盟》主题滤镜上线 Instagram,携手中国年轻一代高度聚集的文化社区和视频平台哔哩哔哩(B 站),推出 B 站 & LVLOL AR Filter,邀请 Z 世代用户变身奇亚娜,并点击投稿,选择 LV 特效拍摄视频并发布该跨界作品,为备受喜爱的英雄奇亚娜应援,可谓将英雄联盟的热度物尽其用。

四、小结

奢侈品凭借强品牌价值带来强定价权及高利润,具备极强且稳固的竞争壁垒,享有较高的品牌溢价。随着中国中产阶级比例的提升和消费升级,作为寄托情感、消费需求极佳的物质载体——奢侈品,蕴含着巨大的品牌价值提升空间。

法国《世界报》(Le Monde)发表文章,欧洲的奢侈品行业越来越依赖于走在网络购物前沿的中国客户。② 中国是新冠疫情下全球奢侈品市场唯一的正增长市场,中国人正在引领潮流。贝恩公司(Bain & Company)预测,到 2025 年,电子商务将成为全球奢侈品的主要销售渠道。数字化转型不再是大型品牌集团的保留特权,日益增多的公司正使用先进技术来增强与消费者之间的联系,探索品牌创新的新形式,丰富品牌资产。

---

① 图片来源:http://21gmag.com/louis-vuitton-x-supreme/.
② 艾娃.中国正在成为奢侈品的世界第一大市场[N].世界报,2021-5-20.

第八章　品牌延伸

若是撰述美国过去十年的营销史，最具有意义的趋势就是延伸品牌线。

——艾·里斯

第一节　品牌延伸的正确之道与误区

一、什么是品牌延伸

品牌延伸（brand extension）是指以现有品牌名称推出新产品或服务，即利用已建立的品牌进入新的产品类别。关于品牌延伸的含义，凯勒在《战略品牌管理》一书中作了较为详细的解释。[①] 当公司推出一种新产品的时候，其品牌战略有三种方式可供选择：一是单独为新产品开发一个新品牌（如宝洁公司为旗下产品开发实施的"一个产品一个品牌"策略，新品牌与已有品牌有所区分）；二是使用现有的某个品牌（如将现有品牌名应用于新增的不同口味、成分等新产品上，也称为产品线延伸）；三是将新品牌与一个现有品牌结合使用（如雀巢的 Nescafe 就是通过与现有的 Nestle 品牌进行结合产生的）。

如果一个公司利用一个已建立的品牌推出新产品（即方式二或方式三），这种方法就叫做品牌延伸；如果新品牌与现有品牌结合使用（方式三），这一品牌延伸也叫做子品牌（sub-brand），实施品牌延伸的现有品牌称为母品牌（parent brand）；如果母品牌通过品牌延伸已经与多个产品联系，它还可以被称为家族品牌（family brand）。例如，像雀巢这样通过品牌延伸与 Nespresso、Nescafe、Nestea 等多个子品牌建立了联系，雀巢就可以被称为家族品牌。

---

① 凯文·莱恩·凯勒.战略品牌管理[M].3 版.卢泰宏,吴水龙,译.北京:中国人民大学出版社,2009:440.

市场上大多数的品牌延伸都属于产品线延伸，即针对现有品牌所在的品类增加新的细分产品，如增加不同口味、不同成分、不同功能等。还有一部分品牌延伸是指品类延伸，即利用现有品牌进入一个新的品类。品类延伸比产品线延伸更为复杂，二者在延伸领域上存在空间差异，为了更好地理解品牌延伸的含义，我们需要对品牌延伸进行更细致的分类。

二、品牌延伸的类型

产品线延伸是在现有品牌的同一品类中进行的市场细分，现有品牌作为该品类中的旗舰品牌，无法轻易改变产品定位，为满足不断变化的消费者需求，旗舰品牌需要以产品线延伸的方式提供更多选择，以新口味或新版本应对市场的竞争，因此，产品线延伸也可以被称为品牌的线性（或纵向）延伸。相对地，当延伸的新产品与现有品牌处于不同品类中时，则称之为品牌的品类（或横向）延伸。

（一）产品线延伸

产品线延伸是最常见的品牌延伸方式，即将现有品牌应用于新产品，在现有品牌所在市场领域中开发产品细分市场。通常是在新产品中增加品牌的独特口味、成分、用途或其他形式。例如，娃哈哈为了在八宝粥竞争市场中占有更大的市场份额，继经典的桂圆莲子口味之后，还相继推出了木糖醇八宝粥和杏仁紫八宝粥。增加不同口味的产品线延伸往往是食品类品牌惯用的延伸策略，非食品类品牌则主要通过增加新用途或新成分来进行品牌延伸。例如，舒肤佳香皂就以此策略推出了纯白清香、薰衣草香、焕肤红石榴、柠檬清新、芦荟花香等系列（图 8-1-1）。还有一些品牌会通过开发不同版本的新产品进行延伸，万宝路香烟有万宝路（俗称"红万"）、中醇万宝路、特醇万宝路（俗称"白万"）、薄荷万宝路、超醇万宝路（俗称"超醇灰万"）、超醇薄荷万宝路、黑薄荷万宝路（俗称"黑万"）、万宝路黑冰爆珠（俗称"黑冰"）、黑绿万宝路等多个版本，延伸产品的成分和口感各有不同，这为不同偏好甚至不同性别的消费者提供了更多的选择。

从常规角度来说，产品线延伸的风险比品类延伸的风险低，但产品线延伸还存在一种特殊情况，比一般的产品线延伸复杂。这种特殊情况可分为产品线的向下延伸和向上延伸[①]，是一种价格策略上的延伸方式。

---

① JOHN D R, TORELLI C J. Strategic brand management[M]. New York：Oxford University Press,2018：105-107.

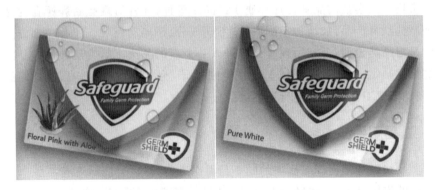

图 8-1-1　舒肤佳(Safeguard)香皂——芦荟花香、纯白清香①

　　向下延伸是指现有品牌的产品或服务向价格更低点的延伸。在这种情况下,新产品可以帮助现有品牌扩大消费市场,满足无法承受现有品牌价格的消费者的需求。向下延伸在降低价格的同时也伴随着质量下降的问题,并有可能损害现有品牌的优质声誉。对此,向下延伸可以通过广告宣传或品牌背书的方式使新产品与现有品牌保持距离,一方面利用广告强调现有品牌的高端品质以保护现有品牌的形象,另一方面通过创建由现有品牌背书的子品牌以表明子品牌与母品牌的不同。这些策略在实际应用中还可能涉及品牌联合,即在新产品中加入其他品牌的元素,以联合品牌的声誉带动延伸品牌的发展。

　　与此相反,向上延伸是指现有品牌的产品或服务向价格更高点的延伸。从市场执行的效果来看,向上延伸比向下延伸更难获得成功,因为在消费者心中处于中低端价位的品牌向高端市场进军缺乏可信度。当然,如果现有品牌能够成功向上延伸,对其品牌形象将产生一系列积极影响。对此,现有品牌可以通过在延伸产品中增加高档成分、联合高端品牌等策略增加向上延伸的可信度,这些策略同样会涉及品牌联合、品牌背书等方式。

(二)品类延伸

　　品类延伸是现有品牌向其他品类进军的延伸方式,由于品类延伸的风险更高,公司往往会考虑创建一个与现有品牌相关的新品牌进行延伸。这样做的好处是:一方面能够借助母品牌的声誉帮助新品牌进军新市场,另一方面新品牌名称又可以与母品牌保持一定距离,使母品牌减少受到品类延伸失败的风险。

---

　　①　图片来源:https://www.safeguard.ph/en-ph/products/floral-pink-with-aloe-bar-soap.

常见的品类延伸有以下几种形式。[①]

1.利用现有品牌的特有属性或关联来推出新产品,这种策略对于大多数类型的品牌延伸都适用。例如,滴露(Dettol)利用品牌的独特卖点"除菌",从滴露消毒水延伸至洗手液、沐浴露、口罩等多个品类。再如,小米利用其与智能、科技的属性关联将产品延伸至手机以外的领域,目前较为成功的延伸产品有小米空气净化器、小米智能扫地机器人、小米手环等。小米的品类延伸也反映了技术专长可以作为品牌延伸的有效途径,高科技品牌通常会采用这种策略进行品类延伸。

2.将新产品或服务与现有品牌的产品或服务相结合。这种延伸形式相对来说较为开放,主要方式是利用现有品牌的相关产品或服务开发配套产品。例如,故宫淘宝凭借故宫现有的文化遗产延伸出一系列周边,包括印有故宫藏画图案的扇子、本子、帆布包、杯垫等产品,还推出了延伸故宫建筑元素的钥匙扣等挂饰,这些配套产品将故宫品牌的文化遗产转化为新产品,并延伸至收藏品以外的不同领域。例如,百度网盘是百度公司推出的一项延伸服务,百度用户可以凭借百度账号登录并使用百度网盘,这项配套服务与百度品牌紧密相关,并成功地打开了百度搜索之外的"云储存"服务市场。

图 8-1-2 故宫文创产品[②]

---

① JOHN D R, TORELLI C J. Strategic brand management[M]. New York: Oxford University Press, 2018: 92-93.

② 图片来源: https://www.dpm.org.cn/Creative.html.

3.利用高端奢华的品牌地位和形象进行品类延伸。这是奢侈品惯用的延伸手法,"由高级时装建立起来的奢侈品品牌已经延伸到附属物,如高档皮具、珠宝、钟表,甚至餐具和化妆品"①。著名奢侈品香奈儿从时装领域踏入其他奢侈品类,现已成功地将产品延伸至香水、彩妆、皮包等品类。由于奢侈品品牌在消费者心目中与地位相关,其品牌延伸所推出的系列新产品很容易被视为维护其威望形象的支撑,因此更容易被消费者所接受。这种延伸策略不仅在时尚奢侈品牌中被普遍应用,在汽车奢侈品牌中也有所应用。越来越多的高级汽车品牌开始探索汽车之外的领域,尤其是家居领域,兰博基尼(Lamborghini)、宾利(Bentley)、法拉利(Ferrari)都进军了家具市场,其中梅赛德斯-奔驰品牌打造的迈巴赫(Maybach)精选系列(图8-1-3),可以说是奔驰汽车的设计哲学在家具中的体现。

图 8-1-3　梅赛德斯-奔驰的"迈巴赫精选"家具系列②

值得注意的是,在新产品中添加现有品牌的独特口味或成分,并非产品线延伸的标志,有时品类延伸也会采用同样的策略。例如,大白兔奶糖是大白兔品牌的旗舰产品,其独特的口味已经成为大白兔与众不同的卖点,大白兔除了延伸出红豆味、玉米味、巧克力味等多种口味的奶糖,还与美加净进行品牌联

---

① 让-诺埃尔·卡普费雷尔.战略品牌管理[M].5 版.何佳讯,等译.北京:中国人民大学出版社,2020:272.

② 图片来源:http://www.sohu.com/a/236541901_657916.

合,推出了"大白兔奶糖味"的润唇膏、香水(图 8-1-4)。

图 8-1-4　大白兔奶糖味润唇膏、香水①

三、品牌延伸有哪些好处

无论是产品线延伸还是品类延伸,都在满足消费者不断变化的偏好的同时,保障了母品牌与消费者的联系。利用现有的品牌开发新产品,往往比创建一个新的品牌更加容易,可以节省大量的营销推广费用,同时品牌延伸也为品牌后续的产品线延伸、消费者增加、资金回馈等创造了更多的可能性。

从整体而言,品牌延伸的好处大致有两个:一是从消费者角度考虑,品牌延伸能够提供更多的选择,加强消费者与母品牌的相关性,使新产品更容易被消费者所接受;二是从品牌视角分析,品牌延伸能够降低新产品推出的风险程度,减少新产品创建和营销的成本,为品牌注入活力。

(一)加强消费者与品牌的联系

1.满足消费者的多样化需求。随着现有品牌的不断成熟,消费者的需求和偏好也会随着时间发生改变,已有的品牌选择可能无法满足消费者不断变化的需求,品牌延伸的一个好处是能够推陈出新,为消费者提供更多的选择。当消费者在现有的品牌选择中感到索然无味时,如果该品牌能适时推出更多新产品,就有可能使消费者继续选择该品牌,保持与现有品牌的联系和品牌忠诚度。举例来说,当消费者热衷于低热量饮食的生活方式时,可口可乐适时推出了低卡路里的"健怡可口可乐",既满足了消费者的新需求,又避免了品牌与消费者

---

① 图片来源:冠生园微信公众号.

的联系淡化。

2.降低消费者对新产品的风险感知。生活经验告诉我们,消费者在选择一个新产品时,更倾向于选择他曾经使用过或有好感的品牌。如果品牌已经被消费者认可,品牌延伸将促使消费者对新产品与品牌形象进行关联,他们在潜意识中可能会认为新产品延续了品牌的声誉和可信度,相比其他产品,品牌延伸传递的信息更为真实,购买的风险也会小很多。

现有品牌传递给消费者的品牌形象是品牌延伸最具价值的联想,雅马哈(Yamaha)是一家生产乐器起家的公司,却传递给消费者一种能够推出高品质产品的联想,成功地将产品延伸至摩托车、厨房卫浴用品等领域。虽然雅马哈在品类延伸的过程中可能会降低消费者对具体品牌含义的感知,但也正是在这一过程中,延伸产品与雅马哈品牌形象的联系不断加强,雅马哈在进行品牌延伸的同时传递了新产品"高质"的信息,降低了消费者对新产品的风险感知,从而使品牌延伸更容易被消费者所接受。

(二)为母品牌提供利益回馈

1.减少开发新产品的成本和风险。以新的品牌名称推出新产品面临着巨大的风险,包括前期的市场调研、打造新品牌、广告营销、知识产权等成本投入风险,也包括创建新品牌花费的时间风险,最大的风险是无时无刻不承担着新品牌打造失败的压力。相比开发一个新品牌来推出新产品,通过成熟的现有品牌进入市场是更为明智的选择。现有品牌经过长时期的发展,已经拥有一批忠实的消费者,在知名度与美誉度上更能吸引潜在消费者的目光。更重要的是,以现有品牌进行延伸能够节约新产品进入市场的时间和资金,在管理和广告营销方面还可以与现有品牌进行协同,以一倍的投入换取两倍的宣传效果。

2.为母品牌注入活力,主要表现在以下几个方面。

(1)为品牌赢得更大的分销空间。新产品的推出需要零售商的支持,但货架之间的竞争往往是激烈且残酷的,受到消费者青睐的产品才能获得更大的展示空间。品牌延伸可能会增加消费者的需求,且凭借现有品牌的声誉进行销售更能吸引消费者,这增加了说服零售商为新产品开辟更大的分销空间的可能性。品牌延伸的这项好处在食品类品牌中尤为突出,例如乐事(Lay's,百事公司旗下)薯片推出经典原味后,陆续推出翡翠黄瓜、鲜浓番茄、嗞嗞烤肉、吮指红烧肉、黑椒牛排、海盐芝士、海盐巧克力、田园番茄、清新绿茶、青柠等30多种口味(图8-1-5),既满足了现有消费者的多样化需求,又吸引了潜在消费者的目光,凭借乐事薯片本身具有的品牌吸引力,消费者对新产品大为关注,而零售商为了满足消费者的需求,就会为乐事薯片提供更大的货架空间。

图 8-1-5 乐事薯片①

(2)明确和扩展品牌含义。品牌在创立之初拥有独特的含义,这是品牌创建和发展的基础,为了在某一品类打开市场,品牌的原始含义往往具有单一性,但随着品牌的发展,通常会延伸出更宽泛的品牌含义。品牌延伸能够帮助明确和扩展品牌含义,在原有的品牌定位上加入更多的标识元素,以便与消费者建立更多的联系。例如,麦当劳(McDonald's)品牌的最初含义是提供汉堡包等快餐食品,随着人们对高热量食物的抨击,麦当劳又推出了沙拉、水果等新产品,为麦当劳品牌增加了"健康"的品牌标识元素。这项延伸策略不仅扩展了麦当劳的品牌含义,还与拥有新需求的消费者重新建立了联系。

(3)提升母品牌的形象。根据凯文·凯勒基于顾客的品牌资产模型,品牌延伸的理想成果之一就是,"加强现有品牌联想,改善现有品牌联想的偏好性,增加新的品牌联想,从而提升母品牌的形象"②。仍旧以麦当劳的品牌延伸为例,麦当劳在推出健康产品的同时,也在改善消费者对原有品牌形象的联想,沙拉、水果等新产品的延伸增加了消费者对麦当劳品牌"健康"元素的新联想,从而使麦当劳在消费者抵制高热量食品的重重压力下,为品牌重新赢得了吸引力,品牌形象由此得到升华。

(4)为母品牌提供利益回报。成功的品牌延伸有助于扩大品牌的市场覆盖率,为品牌赢得更多的市场份额,从而为母品牌提供源源不断的利益回馈。六神以旗舰产品"六神花露水"占领一方市场,但王牌产品同样需要面对与时俱进的难题,单一的产品在同类市场中存在竞争局限性。为了打破这一困境,六神开始建立与"清凉"相关的品牌联想,不仅进军了沐浴露、香皂、爽身粉等新品类,还以此为契机打造了夏日随身系列,成功地为六神品牌创造了关注点

---

① 图片来源:https://www.lays.com.cn/enjoy_classic.php.

② 凯文·莱恩·凯勒.战略品牌管理 [M].3 版.卢泰宏,吴水龙,译.北京:中国人民大学出版社,2009:446.

（图 8-1-6）。凭借与母品牌形象契合的延伸策略,六神的新产品为母品牌占据了可观的市场份额,使六神品牌从延伸中不断焕发新的生命力,不仅为六神后续的品牌延伸奠定了基础,还产生了资产溢价,使母品牌从品牌延伸中不断获得收益。

图 8-1-6　六神夏日随身系列——走珠清凉露①

四、品牌延伸的风险

品牌延伸能带来诸多好处,但同时也暗藏风险。成本和资源的投入并不是最大的风险,有许多品牌延伸的失败案例提醒我们即使投入巨额资金,也不能保证品牌延伸取得成功,因为我们还需要考虑其他隐藏的风险因素。

(一)可能不被消费者认可

在某些情况下,消费者对品牌延伸的反应并不积极,这也是为什么有些新产品在推出一段时间后就销声匿迹,很大一部分原因在于消费者认为该品牌的延伸不恰当或缺乏可信度。品牌延伸可能导致产品线扩展过多,消费者面对众多延伸产品可能会感到无所适从,难以选择适合自身的版本,在这种情况下,消费者转身选择其他品牌的可能性就会增加。当品牌进入一个新品类时,消费者会评价品牌延伸是否恰当,并可能对品牌在不同领域提供优质产品的能力产生怀疑,因为消费者通常是根据品牌推出的产品或服务来认识品牌,如果品牌延

---

① 图片来源:六神官方微博.

伸距离原有的经营领域太远,消费者就会对新产品缺乏信心。例如,香港品牌金利来(Goldlion)以广告语"男人的世界",打造了经久不衰的品牌影响力,推出的男士系列服装无不成功。但是金利来随后却将产品延伸至女士用品系列,与最初男装的品牌定位相去甚远。虽然同是经营服饰类,但一向经营男士服饰的品牌能否打造出符合女性审美的女性服饰是消费者最大的质疑。正如我们能够预料到的,金利来的这项品牌延伸策略并没有获得太大的成功,反而因为难以被消费者所接受,逐渐淡化了品牌原有的个性。

(二)可能错过开发新品牌的机会

前面我们提到,品牌延伸能够节约开发新品牌的成本,并且更有可能使新产品获得成功,因此很多公司在推出新产品时通常会优先考虑品牌延伸。然而,并非所有的新品都适合借助成熟品牌来进行延伸,在有些情境下,开发一个新品牌才是正确的选择。当一个品牌想要推出的新产品与现有品牌的定位和形象差异很大时,建立新品牌比品牌延伸更具优势。2001年,吉利集团开始自主研发、生产国产汽车,最初以低价取胜,2009年全年销售量33万台。2010年,吉利汽车从福特集团收购沃尔沃汽车,一改此前自主品牌的低质低价形象,突破了中高级车的天花板(图8-1-7)。2012年,吉利第一次成功跻身财富世界500强。吉利也成功凭借沃尔沃的技术实力发展了自己的品牌实力,提升了吉利的品牌形象。2016年吉利联合沃尔沃推出全新高端品牌"领克"(LYNK&CO,图8-1-8),截至2018年,领克销量全面领跑中国品牌高端市场。

图8-1-7　2010年"吉利收购沃尔沃"实现品牌技术赋能①

---

①　图片来源:http://zgh.com/geely-history/.

图 8-1-8 2016 年吉利推出高端车品牌——领克①

(三)可能遭受品牌延伸库存危机

在产品线延伸中,要使延伸产品达到可观的销售业绩并不简单,因为大多数延伸产品只是对现有品牌的简单扩展,或是对同一品类中其他品牌的简单复制,而消费者青睐的只有其中几种。产品线延伸加剧了销售渠道的货架空间竞争,零售商无法为同一品牌的所有延伸产品提供展示空间,这使品牌延伸的库存量管理变得更加复杂。一方面,如果新产品无法受到消费者的欢迎,零售商就会将它们从货架上撤下,进而为其他品牌的产品留出销售空间。另一方面,同一品类的竞争对手也可能推出不同品牌的相同产品,使该品牌的延伸产品库存遭遇风险。例如,康师傅推出的"藤椒牛肉面"为现有产品线增添了闪光点,独特的口味一经推出就受到消费者的欢迎。面对如此商机,统一也不甘示弱,很快推出了以新品牌"藤娇"命名的藤椒牛肉面(图 8-1-9),与康师傅藤椒牛肉面展开了一场激烈的货架争夺战。而零售商通常根据消费者偏好来为销量高的产品提供更大的销售空间,这对另一款产品的销量将会造成严重的冲击,也会使其品牌库存管理变得更加复杂和艰难。

---

① 图片来源:http://zgh.com/geely-history/.

图 8-1-9　康师傅、统一推出——藤椒牛肉面①

(四)可能导致品牌稀释

品牌延伸是一项非常有吸引力的品牌策略,然而在品牌延伸尤其是品类扩展方面,常常会因为在新的领域缺乏与母品牌相当的管理专家而产生不尽如人意的结果。在大多数情况下,公司为了在市场竞争中占据更大的份额,而尝试不同的品牌延伸方式,后果就是在不知不觉中发展出庞大的产品线,并有可能将品牌延伸扩展到与母品牌完全不相关的领域。对于原本具有高品质或权威性的品牌而言,如果品牌延伸的领域与母品牌的产品领域关联过低,就有可能削弱新产品与母品牌的联系,从而稀释母品牌的含义。

哈雷·戴维森(Harley Davidson)以生产摩托车闻名,在后续的品牌发展过程中还延伸出重型街车、旅行车、警用车等多种车型,并逐渐进入摩托车服饰及其他多样化产品领域中,这些延伸产品之所以获得成功,是因为消费者可以轻易地将它们与哈雷的品牌形象联系在一起。但如果哈雷将品牌延伸至葡萄酒领域,消费者可能会认为这项新产品与哈雷的品牌含义毫不相关,并拒绝购买这种“可能带有汽油味”的新产品,这样的延伸对于哈雷品牌而言无疑是场灾难。不过,目前已经有品牌使用子品牌策略和独家授权等方式降低由于品类延伸过远而产生的品牌稀释影响,这对于保护母品牌形象具有重要意义。

(五)可能影响母品牌的地位和形象

当品牌以子品牌策略推出新产品时,会产生两种不同的结果。如果品牌延伸十分成功,子品牌可能会夺取母品牌的销售份额,对母品牌的地位造成威胁。例如,1916 年创立的美国运动品牌科迪斯(Keds)曾经针对女性消费者推出经典款白色平底鞋。凭借亲民的价格和简约的风格,科迪斯经典款帆布鞋一度风

---

① 图片来源:康师傅、统一企业官方网站.

靡美国。但随着斯凯奇(Skechers)、匡威(Converse)等品牌在年轻人中逐渐流行,科迪斯的市场份额受到严重的挑战。1990年代后期科迪斯开始在经典黑、白款平底鞋的基础上引入更多的配色,并计划在男性市场中推出新产品,但最终这些延伸计划都失败了。直到2012年科迪斯签约美国歌手泰勒·斯威夫特(Taylor Swift),并推出合作款Taylor Swift ×科迪斯(图8-1-10):灼热的大红色平底鞋上用深色标注了"RED"(斯威夫特2012年专辑的名称),黄色的鸣鸟印花图案布满鞋面,还有白色的斑点图案、露出半只头的猫咪图案……①与科迪斯传统的简朴设计相比,这款延伸产品无疑是种突破,也因此带动了科迪斯其他系列的产品销量。

图8-1-10　科迪斯与泰勒·斯威夫特的合作款之一②

当然,品牌延伸也可能导致失败的结果。不仅延伸产品遭受到沉重打击,母品牌的形象也可能同样受到损害,这种情况在向下延伸中尤为常见。例如,自2017年三星的延伸产品Samsung Galaxy Note 7发生电池爆炸事件以来,消费者迅速对三星品牌的其他延伸产品产生信任质疑,加之三星在处理品牌危机时的不当做法,更使消费者对三星品牌的信任度直线下降,三星的品牌形象也因此遭受到了前所未有的损害。

---

① 好奇心研究所.小布鞋Keds在100年里起起落落,它的故事告诉你,生意的本质就是抓住人群[DB/CD]. (2016-08-10)[2019-09-20]. http://www.qdaily.com/articles/30806.html.

② 图片来源:http://www.haibao.com/article/1511359_3.htm.

五、品牌延伸的原则

成功的品牌延伸需要考虑诸多方面,包括消费者对品牌定位的感知,如何建立品牌延伸与母品牌的契合联想,以及品牌延伸失败的补救措施等。品牌定位能够帮助我们判断品牌延伸是否合适。一般来说,与消费者相关、与母品牌领域相关、具有独特的品牌定位,更可能影响消费者对品牌延伸的评价。引导消费者建立延伸产品与母品牌的契合联想是品牌延伸成功的关键,消费者不仅可以用延伸产品与母品牌的具体属性来判断品牌延伸是否合适,还可以建立抽象的联想(如情感)评价延伸产品与母品牌的匹配性。品牌延伸并非易事,需要建立在庞大的资金和时间管理基础上,一旦出现延伸障碍,就有可能连累母品牌形象受损,因此了解品牌延伸失败的补救措施同样重要。我们可以从以下几个方面分析品牌延伸的原则。

(一)了解品牌定位,提高品牌认知度

消费者对品牌的认知会影响消费者对品牌延伸的评价,虽然与品牌相关的任何联想都有可能引起消费者对品牌延伸的评价,但消费者对品牌定位的认知更能反映消费者对品牌延伸的接受程度。一个完整的品牌定位详细说明了品牌的目标顾客、参照系(frame of reference,简称 FOR)、差异化(point of difference,简称 POD)以及相信的理由(reasons to believe,简称 RTB)。[1]

品牌可以基于目标消费者的基本需要进行品牌延伸,但有时品牌与目标消费者的关联也会限制品牌延伸,因此,对于涉及与母品牌目标消费者不同的消费群体的品牌延伸,需要采用子品牌或其他延伸策略。

参照系可以是一个具体的品类,也可以是一个抽象的发展目标,建设品牌实际上也是建立一个品牌与某个参照系之间的关联。当品牌已经成长到能够与某个品类建立强大的联系时,在该品类进行的品牌延伸较容易获得成功,因为消费者能够天然地将延伸产品与母品牌的定位联系起来。但是当品牌延伸进入一个与品牌定位没有任何交集的领域,母品牌与参照系之间的关联反而会成为品牌延伸的阻碍,消费者会认为品牌延伸超出了母品牌与品牌定位的关联领域。不过,如果品牌的属性联想比较抽象,可延伸的领域就会相对宽阔。英国"维珍"(Virgin)就是一个独一无二的品牌延伸的案例,其品牌延伸的是其抽象的价值"反传统、创新、幽默、趣味、物超所值"。1970 年创立至今,将维珍品牌

---

① 艾丽丝·M.泰伯特,蒂姆·卡尔金斯.凯洛格品牌论[M].刘凤瑜,译.北京:人民邮电出版社,2006:105-107.

扩展到航空、唱片、餐厅、可乐、避孕套、手机和信用卡等领域。2021 年 7 月,维珍银河(Virgin Galactic)"团结"号(VSS Unity)太空船首次满员太空试飞成功,维珍正式开启太空旅游服务。

差异化即品牌不同于其他竞争对手的特点,或者说是独特的卖点,这是影响消费者对品牌认知的最大因素。消费者通常会根据延伸产品与母品牌特性的关联程度来判断品牌延伸是否合适,品牌的不同点因此可以用来作为品牌延伸至其他与其特点相关的品类的契机。例如,威猛先生(Mr. Muscle)的"强劲清洁力"作为品牌的独特卖点,可以用来进入与该特点相关的产品领域,无论是洁厕剂、洗洁精,还是神奇清洁抹布,消费者都可以将这些延伸产品与品牌特性进行联系,但如果要将产品延伸至清洁品类以外的领域,就会显得困难重重。

抽象的差异往往更容易使消费者产生信任,这些抽象的元素会使消费者对品牌定位的认知更为宽阔,从而影响消费者对品牌延伸契合度的判断。某些矿泉水品牌会以"大自然的味道"作为品牌的不同点,而支持这些特点的理由是"来自优质天然水源",由于其特点较为抽象,人们对该品牌定位的认知也停留在宽泛而抽象的基础上,消费者就更有可能在品牌特点与支持理由之间建立联想。当品牌借助于消费者的这一联想推出"来自优质天然水源"的其他产品(如矿泉水补水喷雾)时,消费者更容易接受。

(二)开拓品牌边界,提升品牌延伸契合度

品牌定位是实施品牌延伸的关键指导要素,每种品牌都有基于品牌定位的延伸边界。一般而言,抽象联想比具象联想可延伸的领域更广,消费者更容易在抽象的品牌属性上建立起延伸产品与母品牌之间的联想。另外,建立强势品牌有助于开拓品牌边界,使品牌更容易向多个品类进行延伸。消费者对品牌的认知,通常是基于品牌的特有属性(如技术、原料等)形成对延伸产品与母品牌之间契合度的认知,如果在品牌的具体属性上增加一些抽象的情境(如专业、时尚等),消费者对品牌延伸契合度的评价会更宽松,更丰富。

事实上,具有抽象联想的品牌属性并不意味着品牌可以无节制地进行延伸,成功的品牌延伸总是与品牌定位息息相关。海尔品牌的核心属性是"真诚到永远",这种抽象的属性联想拥有强大的包容力,可以帮助海尔从冰箱延伸到空调、热水器等其他品类,但海尔的这些延伸产品并没有远离品牌定位的参照领域,所有的延伸产品都属于家电产品,与海尔的原始产品所属品类相同。因此,我们所说的开拓品牌边界,只是在品牌定位的基础上,为具体的品牌属性增加一些情感方面的抽象联想,以便于消费者可以从具体、抽象两个层面延伸产品与母品牌之间的联想。

（三）管理品牌延伸，建立应对机制

品牌延伸非常复杂，需要对市场进行时刻监控，且并非所有的品牌延伸都能获得成功。管理品牌延伸不仅意味着合理规划以推动品牌延伸成功发展，还要求建立品牌延伸失败的应对机制。品牌延伸失败包括几种情况：无法建立延伸产品与母品牌的契合联想而失败；母品牌过于成功而失败；延伸产品的性质普通而失败；母品牌形象危机导致延伸失败；延伸策略不当而失败。

建立延伸产品与母品牌的契合联想是消费者接受品牌延伸的关键，消费者首先根据自身对母品牌的认知进行判断，分析母品牌的形象与定位是否与延伸产品相契合，如果两者契合，消费者就会将对母品牌的好感度转移到延伸产品上，从而形成积极的品牌延伸评价。但以下几种情况可能导致消费者无法建立契合联想。

第一，消费者可能对母品牌的认知不深，难以判断延伸产品与母品牌是否匹配，这种情况的应对机制是通过广告策略加强消费者对母品牌的认知。

第二，可能存在延伸产品与母品牌所属领域不相似的情况，在这种情况下，可以通过建构抽象的品牌属性，塑造延伸产品与母品牌之间的抽象联想，使消费者认同品牌延伸。

第三，消费者可能认为母品牌足以成为某一品类的典型，此种情况下品牌延伸就很难向该品类以外的领域进行延伸。对此，先对品牌进行简单的产品线扩展能够改变消费者对品牌延伸的态度，为后续的品牌延伸作铺垫。

母品牌过于成功可能导致消费者无法对延伸产品产生如原始产品一样高的评价，由于品牌的原始产品已经取得相当大的成功，消费者可能会认为品牌延伸难以实现品质上的超越，从而对延伸产品缺乏信心。在这种情况下，改用子品牌策略进行延伸可能会产生更好的效果，以子品牌进行延伸可以淡化消费者对延伸产品与母品牌的联想，为品牌延伸赢得成功发展的机会。

延伸产品的性质普通也可能造成品牌延伸失败，成功的品牌延伸需要创造延伸产品与母品牌的差异点，也就是说延伸产品需要有独特价值。如果消费者认为延伸产品与其他同类产品相比毫无优势，是可以被取代的，那么品牌延伸就难以得到消费者的认可。针对这种情况，就需要想办法为延伸产品创造一些闪光点，比如强调延伸产品继承了母品牌的独特之处，同时又在此相同点的基础上增加了与母品牌不同的特性，在品质上、用途上更加符合消费者的需求，这不仅在告诉消费者延伸产品秉承了母品牌的质量，同时还拥有母品牌及其他同类产品无法替代的优势。

如果延伸产品与母品牌之间具有较强的契合度，当母品牌出现形象危机

时,延伸产品也会因此遭受巨大的创伤。一般来说,与母品牌差别较大的品类延伸,即使延伸失败,也不会对母品牌的形象造成太大的伤害,因为消费者会认为延伸产品与母品牌之间匹配性不强,不足以伤害到母品牌过往塑造的形象。而对于产品线延伸而言,由于与母品牌联系紧密,一旦延伸失败,就有可能对母品牌形象造成伤害。反过来亦是如此。对此应及时应对,最大可能地挽回母品牌在消费者心目中的形象。

此外,品牌延伸的辅助策略——广告策略也是影响品牌延伸能否成功的要点。消费者对母品牌的认知存在一定限制,有时品牌延伸不能立刻唤起消费者对母品牌的联想,对于那些消费者不能确定或者关心的具体延伸属性,广告应着重强调,帮助人们回忆母品牌,帮助建立与母品牌的联想。

六、品牌延伸的误区

许多大公司都在试图创建强势品牌,从而涉足不同的细分市场,扩大品牌延伸的边界。但品牌延伸是一把"双刃剑",用得不好就有可能走向灭亡。品牌延伸大致有以下四个误区。

(一)产品延伸过度

产品线延伸能够帮助品牌进入细分更加精确的市场,满足消费者多样化的个性需求和偏好,也能够在竞争中收揽更多的消费者。然而,物极必反,当产品扩展数量达到一定程度时,消费者就有可能对此感到疲倦,从而拒绝购买不断推出的新产品。

对零售商来说,延伸产品过多将会给货架空间带来压力。尽管零售商也希望能够引入更多的品牌,但货架空间是有限的,零售商会更倾向于为那些受顾客欢迎的品牌保留更多的陈列空间。因此,当产品延伸泛滥,使消费者感到无所适从时,零售商就有可能减少该品牌的陈列空间,此时品牌将面临一个进退两难的境地。

过度的产品线延伸也会带来一定的库存风险。企业应从消费者的角度出发,有时提供 7 种样式的品牌可能比提供 20 种样式的品牌更能吸引消费者的目光。

(二)品类延伸过远

与母品牌差异巨大的品类延伸,可能会淡化与母品牌的联想契合度,但纵观市场,很多品牌都在不遗余力地进军新的品类,即使进入的领域与品牌的原始领域毫无关联。当品牌意识到产品线延伸已经多到引起消费者产生负面情绪时,品牌会试图进入新的领域。但公司对此总会抱有期望,认为消费者会慢慢接受这项与母品牌完全不同的延伸产品,毕竟也曾有过成功个案。然而,公司很容易忽略一个关键问题,那就是这些看似与母品牌毫无关联的延伸,实际上仍然与母品牌息息相关,而且在消费者心目中是与母品牌形象相匹配的。

以吉普(Jeep)为例,吉普是一个生产汽车的品牌,以"安全、可靠"著称,当吉普继越野车之后推出婴儿车时,有些消费者可能会认为这与吉普一贯的品牌形象不符,认为婴儿车与越野车不属于同一品类,加上市场上其他婴儿用品的品牌早已推出各式各样的婴儿车,吉普婴儿车似乎难以成为其中的佼佼者。但是,这项看似与吉普原有品类差异极大的延伸却获得了成功,因为消费者能够将婴儿车与吉普"安全、可靠"的品牌形象联系起来,认为吉普婴儿车会同样具备吉普越野车的安全性能,这条隐藏在品类延伸以外的抽象联想成为吉普品牌延伸成功的关键。

(三)销售渠道单一

将品牌所有产品置于同一销售渠道,有可能使消费者认为该品牌的所有产品都拥有同样的价值,无法分辨出哪些延伸产品属于高端型,哪些延伸产品属于大众型。为了更好地在品牌旗下各产品之间建立不同点,公司有必要对品牌的销售渠道进行管理,这不仅能够更好地针对消费者拓展市场,还能为品牌后续开展延伸作铺垫。

巴黎欧莱雅(L'Oreal Paris)可以为我们提供一些品牌延伸的成功借鉴。欧莱雅是一个专注于美容和个人护理的品牌,通过在同一品类中开发多个新品牌,形成了一条完整的产品线,并且在营销渠道上几乎覆盖了所有渠道、价格点及市场。欧莱雅严格遵循了渠道排他性原则,将不同的产品放在不同的渠道进行销售。例如,将奢侈品品牌兰蔻、碧欧泉(Biotherm)放在专卖店或百货公司进行销售;将活性化妆品品牌理肤泉(La Roche-Posay)置于药店销售;将大众消费品品牌美宝莲(Maybelline)、卡尼尔(Garnier)放在零售店进行销售。由于销售渠道分工明确,欧莱雅做到了将品牌以不同用途、不同价位进行延伸,尽管在延伸的过程中使用了创立新品牌的策略,但不可否认的是,欧莱雅的这一销售渠道规划几乎满足了每种类型消费者的需求,同时也使得欧莱雅成长为延伸范围宽广的一个品牌。

(四)广告偏离重点

消费者能否接受品牌延伸在很大程度上受延伸产品与母品牌联想契合度的影响,有效的广告策略应着重强调有关延伸的信息,尤其应当抓住那些消费者瞬间就能联想到的母品牌信息,帮助消费者形成对母品牌的回忆,从而使消费者主动建立起延伸产品与母品牌的关联和情感联想。

需要注意的是,有时即使广告对品牌延伸的相关信息作了重点说明,消费者仍有可能对此毫无反应,在这种情况下,广告应当对那些能够引发消费者建立与母品牌联想的延伸信息进行重复强调,以帮助消费者强化对品牌延伸联想的感知。

七、成功推出品牌延伸的步骤

根据上述品牌延伸的相关内容,我们可以对成功推出品牌延伸的步骤作一个简单的概括。品牌延伸能否成功受品牌边界、品牌延伸契合度、消费者对品牌延伸的实际接受程度等因素的影响,为了获得良好的品牌延伸评价,在制定品牌延伸策略之前,公司需要确定消费者对母品牌的认知、消费者对母品牌展开的联想指向,以及对竞争对手的相关情况进行调查。品牌延伸战略的制定复杂而多变,必须根据现实情况及时调整。

(一)确定消费者对母品牌的认知

通过问卷调查等形式,了解消费者对母品牌的认知以及可能的品牌延伸的描述,这一策略能够帮助公司有效地找出相契合的品牌延伸方向。消费者对品牌的认知关系到其对品牌延伸契合度的评价。如果消费者对品牌的认知不清晰,公司在对品牌进行广告宣传时就可以强调品牌信息以帮助消费者更好地认识品牌;如果消费者对母品牌有一定了解,并且能够从现有的品牌定位出发联想到一些延伸属性,公司就可以考虑采纳消费者对品牌延伸的建议。不过,在制定品牌延伸策略时,也要把握好品牌的长期发展战略,尽量使品牌延伸朝着契合母品牌发展目标的方向前进,避免因暂时应对消费者需求而实施偏离品牌发展目标的延伸,因为品牌延伸实施后有可能会改变母品牌的形象,导致消费者对品牌延伸持消极态度。

(二)提出可行的延伸策略

根据消费者对母品牌的认知及联想,列举与品牌核心定位契合的延伸策略。品牌可行的延伸策略不局限于产品线延伸,有时品类延伸也能取得成功。但无论采取何种延伸策略,都离不开消费者对品牌的一个或多个联想,公司需要从消费者对品牌的联想出发,提出可行的品牌延伸方案。在这一步中,最重要的是尽可能多地提出延伸方案,这些方案可能会成为建立延伸产品与母品牌契合联想的基础,为后期制定合适的延伸策略打下基础。

(三)评估延伸策略的可行性

评估品牌延伸是否可行,有必要对品牌延伸的潜力进行分析。对于新产品而言,分析 3C(customer,company,competition)——"消费者、公司和竞争因素非常有用"。① 首先,我们需要结合第一步中消费者对品牌延伸的联想来判断延伸产品与母品牌的联想契合度,评估消费者对品牌延伸的评价;其次,了解公司目前的经营状况,分析可供品牌延伸的资源有哪些;再次,预估竞争对手对品牌延伸的反应,列出竞争对手反击式品牌延伸(即竞争对手推出一个与延伸产品相似的新产品)的可能性;最后,评估品牌目前的发展前景,分析是以产品线延伸填补类目空缺,还是以品类延伸开拓品牌的市场领域更为合适,主要的考虑因素是产品线延伸是否达到饱和状态。

(四)制定合适的延伸计划

品牌延伸保留了母品牌的一些核心属性,对于新产品而言,品牌名称需要与母品牌相同或有所关联,但在特性方面需要开发与母品牌有所区别的独特点。延伸产品可以在包装、功能、口味等方面与母品牌进行区分,建立自己的独特点,但也要注意反映与母品牌的关联,也就是我们在前文所说的,要建立延伸产品与母品牌之间的相同点与差异点。制定延伸计划是一项复杂的工作,需要处理好新产品与消费者、延伸产品与母品牌、新产品与零售商之间的关系,同时还要考虑市场竞争的风险,制定合适的价格策略、销售渠道,必要时还需要以整合营销传播促进消费者对品牌延伸的感知。

(五)预测品牌延伸结果

制定品牌延伸计划后,有必要对品牌延伸的结果进行预测,需要考虑以下两个问题。品牌延伸是否有助于回馈母品牌资产? 品牌延伸是否存在以及可能存在哪些风险? 品牌延伸的最终结果一是取得成功,在实现延伸产品自身发展的同时为母品牌提供利益回馈,创建双赢局面;二是遭受失败,可能由于竞争风险受到打击,可能出于延伸策略不当遭受挫折,相对乐观的失败后果是延伸产品从市场撤下,更严重的后果是连累母品牌一同受挫。因此,为了更好地应对品牌延伸可能产生的风险,公司需要对市场动态实时监测,并针对品牌延伸预测情况设置相应的反应机制,以减少品牌延伸带来的消极影响。

成功的品牌延伸离不开合理的延伸计划,公司在按照上述品牌延伸步骤制定延伸策略时,要重点把握循序渐进的延伸原则。即从品牌的核心定位出发,在核心产品领域中尝试延伸,若消费者对此持认可态度,再考虑下一步跨度稍远的延伸,循序渐进,一步一步引导品牌从核心品类延伸至其他品类。品牌延

---

① 凯文·莱恩·凯勒.战略品牌管理[M].3版.卢泰宏,吴水龙,译.北京:中国人民大学出版社,2009:462.

伸不是一蹴而就的,根据消费者对品牌延伸的接受程度逐步走的延伸策略有助于提高成功推出品牌延伸的可能性。

品牌延伸是在一个全新的市场或一个全新的品类推出一种产品的策略,延伸的产品有时与核心产品密切相关,有时则不然。

一些独具价值的品牌延伸扩展了消费者接触品牌的渠道,改变了人们对该品牌的既有看法。纽约品牌咨询公司 Monaco Lange 的合伙人格雷格·摩纳哥(Greg Monaco)认为:"任何形式的品牌体验延伸都会增加消费者的期望。"[①]不管是释放善意、趣味性、加强参与,还是观点的共振或是价值观的提升,都需要与消费者的期望相关联,否则将会导致品牌关系不和谐。

第二节　品牌延伸案例——云南白药"新白药、大健康"

云南白药(百宝丹)于 1902 年由云南民间名医曲焕章创制。1955 年,曲家人将"曲焕章万应百宝丹"处方和技术全部贡献给国家,从而更名为"云南白药"。1971 年,云南白药厂正式成立,开始进行白药专业化生产。1993 年,云南白药集团在深圳证券交易所挂牌上市,成为云南省第一家 A 股上市公司。2010 年,云南白药全面实施"新白药、大健康"产业战略,牙膏业务取得重大突破,从中成药企业逐步发展成为我国大健康产业领军企业之一。2016年,云南白药在控股层面以增资扩股的方式实施混合所有制改革,吸收了新华都和江苏鱼跃 200 多亿元民营资本。2020 年公司总收入为 327 亿元,同比增长 10.6%。

历经几十年的发展,云南白药已发展成为中华老字号百年品牌,公司产品已经从 1 瓶百宝丹发展到 650 余个品种产品,产品覆盖药品、大健康日化、医药商业、器械等领域,畅销国内及东南亚市场,并逐渐进入欧美等发达国家市场。云南白药可以说将品牌延伸策略发挥到了极致,完成了从"传统中药"向"白药健康"的蜕变。

一、云南白药的品牌定位

作为一种以化瘀止血、活血止痛、解毒消肿的药物,云南白药因其独特的功效赢得了广大消费者的认可,并被誉为"中华瑰宝、伤科圣药"。云南白药并非

---

① HOVEN M V. 5 digital brand extensions that work[EB/OL]. (2014-07-09)[2019-05-10]. https://digiday.com/marketing/clever-digital-product-extensions-dont-suck/.

唯一以中药疗效为独特卖点的品牌,但其"止血、止痛"的品牌定位能很好地与其他中草药品牌区分开来,云南白药的经典广告语"如果伤痛在所难免,云南白药在你身边"更是凸显了其"止痛"功效和"关怀"的情感理念,拉近了品牌与消费者的距离。云南白药较为出众的延伸产品有云南白药牙膏、云南白药气雾剂等,这些延伸产品的卖点同样围绕云南白药的品牌定位进行发展,其中云南白药牙膏以"止血"为产品定位,在牙膏市场中以"防治牙龈出血"的功效迅速占领一席之地,而云南白药气雾剂则以"止痛、止血、消肿"作为产品卖点并成为外用药剂领域的佼佼者。

纵观云南白药的发展历程,从单一的粉剂产品,到如今诸多创新延伸产品,云南白药的核心发展力在于其品牌的传承与产品的特效,其品牌定位也在逐渐扩展,从最初的"产品特效"发展到如今为消费者"提供健康保障"。云南白药品牌定位的变迁是与时俱进的结果。云南白药借助更具包容性的品牌定位"提供健康保障",将产品延伸至医疗器械、健康保健、养生日化等多个领域(图 8-2-1)。

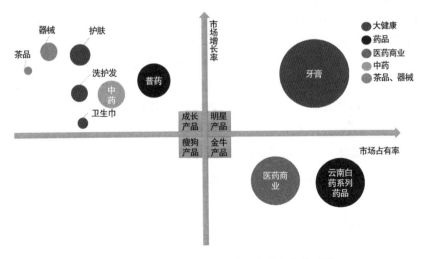

图 8-2-1　云南白药四大主营业务的定位情况①

二、品牌延伸与消费者评价

云南白药的品牌延伸始终把握消费者需求及品牌契合度。一般来说,消费者对品牌延伸的反应,取决于他们所感知到的母品牌与延伸品牌之间的适合性

① 图片来源:西南证券. 云南白药国企混改落地,新白药快速启航[EB/OL]. (2021-04-13)[2021-03-15]. https://pdf. dfcfw. com/pdf/H3_AP202104151485172009_1. pdf? 1618492381000. pdf.

水平。^① 通常情况下,消费者会根据以下几个方面进行评价。

(一)根据对母品牌的形象认知进行评价

品牌在推出延伸产品之前,首先要考虑的是消费者对品牌形象的认知,是正面评价多一些?还是负面评价多一些?如果消费者对品牌保有良好的印象,消费者就容易将对品牌的好感度迁移到延伸产品上,反之亦然。云南白药以良好的功效赢得消费者的信赖,当云南白药以功效为价值点推出新产品时,消费者就容易对延伸产品产生正面评价。

(二)根据延伸产品与母品牌的契合度进行评价

通常情况下,消费者更容易接受与母品牌相契合的延伸产品,消费者会将他们对母品牌的积极评价和情感转移到品牌延伸中,而对与母品牌契合度低的延伸产品则容易持消极态度。消费者评价延伸产品与母品牌契合度的方式有三种:一是品牌延伸的类别是否与母品牌的竞争领域相近?二是延伸产品是否与母品牌的某一特性相关?三是品牌延伸是否延续和体现了母品牌的形象?

从整体上看,云南白药的延伸一直围绕着"中药"的相关特性在扩展,从传统的中药产品逐渐延伸至现代药品、医疗器械、养生产品、茶品等多个品类。并且,为了更好地体现延伸产品与云南白药品牌的契合度,与原始产品契合度高的新产品采用的是现有的品牌名称(如云南白药、白药养生),而与云南白药原有品类相对较远的延伸产品则开发了新的品牌名称(如茶品系列的"醉春秋""金酒保";养生系列的"千草堂""养之素"等)。

(三)根据延伸产品与母品牌的差异点进行评价

品牌延伸能否被消费者认可,关键的一点是消费者能否感知到延伸产品与母品牌之间的差异点。延伸产品与母品牌之间的契合度固然重要,但延伸产品与母品牌的联想差异性同样重要。云南白药最初仅仅是传统的中药产品,但品牌能够与时俱进,在知识创新与技术变革中推出与原始产品不同的新品。

以牙膏为例,云南白药牙膏以"改善国人口腔健康"为定位,在当时被高露洁、佳洁士包围的"预防蛀牙、美白"为卖点的牙膏市场杀出重围,占领一方市场后,云南白药又将目光从成人转向儿童,推出了以"平衡儿童口腔菌群"为定位的儿童牙膏,这是市场上首支富含益生菌的儿童牙膏,且根据不同年龄阶段儿童需求细分市场。同时针对孕产妇女研发专属牙膏,在口味上开创奶茶系列迎合年轻消费群体(图8-2-2)。

① 艾丽丝·M.泰伯特,蒂姆·卡尔金斯.凯洛格品牌论[M].刘凤瑜,译.北京:人民邮电出版社,2006:104.

2005	2007	2010	2011	2013	2014	2016	2017	2018	2020
云南白药牙膏减轻牙龈受损	云南白药金口健减轻牙齿菌斑	云南白药益齿白清洁护理口腔	云南白药郎健减少烟渍菌斑	云南白药益生菌平衡口腔菌群	云南白药双效抗敏帮助强化牙质	云南白药溃洁牙膏修复黏膜损伤	云南白药蕴康牙膏孕产妈妈专属	云南白药电动牙刷强效清洁	云南白药儿童牙膏天然安全配方	云南白药奶茶牙膏治愈之茶呵护口腔

图 8-2-2　云南白药牙膏矩阵[①]

三、云南白药的品牌延伸策略

云南白药的一系列延伸行动并非一时兴起,而是经过深思熟虑,通过市场调研评估,最终确定的品牌年轻化延伸策略。早在 2011 年之前,云南白药就推出了"传统中药现代化"的战略,并成功延伸出创可贴、牙膏等新产品,丰富了品牌的产品线,在细分市场上满足消费者的需求。2013 年,云南白药明确了品牌延伸的具体发展战略,从四大板块进行多品牌延伸,分别涉及药品及医疗器械系列板块、茶品系列板块、原生药材及养生系列板块和大健康产品系列板块。云南白药目前的品牌延伸情况如图 8-2-3 所示。

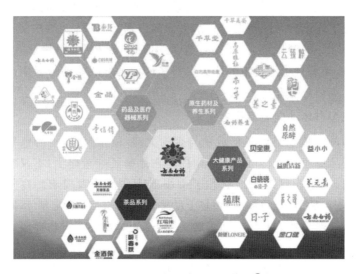

图 8-2-3　云南白药品牌延伸图[②]

---

① 图片来源:西南证券.云南白药国企混改落地,新白药快速启航[EB/OL].(2021-04-13)[2021-03-15].https://pdf.dfcfw.com/pdf/H3_AP202104151485172009_1.pdf? 1618492381000.pdf.

② 图片来源:http://www.yunnanbaiyao.com.cn/list/ynbyPc/1/4/auto/12/0.html.

（一）品牌延伸与创建新品牌并存

云南白药推出新产品主要依靠品牌延伸和创建新品牌两种方式，其中四个延伸板块均有品牌延伸策略。在药品及医疗器械系列板块中，除了云南白药的原始产品"云南白药散剂"外，云南白药还延伸出"云南白药胶囊""云南白药酊""云南白药气雾剂""云南白药膏""云南白药创可贴"等新药物产品，对云南白药的原始产品进行了产品线扩展。大健康产品系列板块中的"云南白药牙膏"则属于云南白药品牌的品类延伸，而不同规格、不同香型的云南白药牙膏又完成了品类延伸中的产品线延伸。原生药材及养生系列板块中的"白药养生"则是通过将新品牌与现有的"云南白药"品牌结合进行延伸。茶品系列板块中"天颐茶品"是"云南白药"的子品牌，将二者结合使用能够让消费者更容易建立起茶品与云南白药的品牌联想。

（二）遵循"循序渐进"的延伸原则

云南白药首先进行的是与母品牌联想度高的品牌延伸（即在药品类进行延伸），再逐步扩展到不同的品类（如牙膏、养生保健品等）。同时，出于对品类延伸的谨慎，在茶品类延伸中并未直接沿用云南白药品牌，而是创建了新品牌"天颐茶品"，与云南白药品牌结合使用，这种命名策略既为新产品创建了独立的品牌资产，又加强了新产品与母品牌的联系。此外，在经销渠道的规划上，云南白药同样保持了谨慎睿智的态度。在推出云南白药牙膏时，公司并没有选择以固定药店作为唯一的销售渠道，而是打造了"药店＋商超"的销售形式，既扩大了市场销售额，又契合了消费者的购买习惯。这种延伸战略使得云南白药在品牌延伸道路上走得更为顺畅。

（三）把握市场动向与消费者需求

消费者的态度是品牌延伸成功与否的关键，通常来说，符合消费者认知和需求的新产品更容易赢得市场。云南白药在品牌延伸策略上，不仅实现了机制创新和产品创新，而且敏锐地洞悉了市场形势和消费者需求。在邦迪（Band-Aid）引发"创可贴"黄金热潮后，市场上陆续出现防水型、美观型（不同图案和形状）的创可贴，但是功能和用途却千篇一律，仅能对伤口进行物理隔离而无止血愈合之功效。云南白药敏锐察觉到了这一点，将云南白药与透皮技术融合，以实现生产新功能创可贴的可能。在技术研发方面，整合全球最优资源以强制强，先后与美国 3M 材料科学、德国拜尔斯道夫（Beiersdorf）强强联合，最终成功将"有效止血、镇痛、消炎"的云南白药创可贴推入市场。2001 年在北京试销，实现当年营收 1272 万元。2007 年起，彻底颠覆邦迪创可贴的竞争模式，一举拿下国内创可贴 40％以上的市场份额。

四、云南白药如何说服消费者

云南白药通过市场调研,确定了目标消费群体,并根据目标消费者对产品的需求打造了区别于竞争对手的独特卖点。基于消费者对云南白药品牌的信赖与好感,云南白药在品牌延伸策略上十分注重延伸产品与品牌契合度的联系,并在广告宣传策略上有所侧重。

(一)携手央视,抢占传播制高点

云南白药在品牌推广方面的一个重要举措就是把全部媒体预算投放在央视总台。2000年起,由刘璇、李小鹏代言的云南白药气雾剂广告出现在央视屏幕,迅速占领医药市场的份额。2005年,云南白药从摸索投放转为精准投放,专注央视黄金时段,推动云南白药牙膏在全国范围内树立品牌形象,提升品牌地位,市场占有率位列全国第一。2014至2021年,云南白药持续冠名《星光大道》《中华医药》《国家宝藏》《朗读者》《典籍里的中国》等综艺文化节目,选择与自身品牌调性、品牌文化相契合的节目进行冠名合作。战略层面,2017年入选"央视国家品牌计划",2020年加入"品牌强国工程",持续强化与央视的合作。云南白药借力央视等主流媒体塑造消费者对品牌的认知,结合报纸、广播等商业和公益活动传播品牌内涵,为品牌延伸开辟道路。

(二)渠道变革,O2O模式提升品牌影响力

云南白药牙膏不仅在央视、浙江卫视等强势媒体投放广告,还在优酷、搜狐、腾讯、爱奇艺、抖音等平台打造O2O全渠道推广(图8-2-4),360度强势吸睛,重磅提升云南白药牙膏的品牌影响力。

2018年云南白药气雾剂"爱玩538"项目(图8-2-5),以高关注度、大声量、大流量事件"斗鱼嘉年华"强势引爆,从线上全覆盖到线下全覆盖,真正实现全域整合,帮助云南白药品牌声量、气雾剂产品声量、爱玩538 IP声量最大化释放,让品牌向年轻化又近了一步。

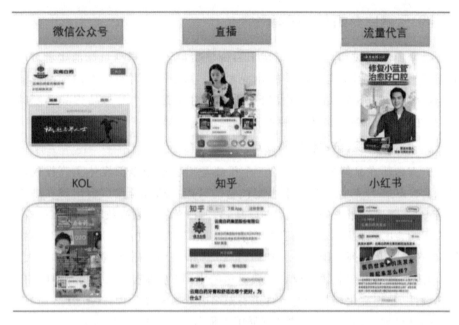

图 8-2-4　云南白药线上主要营销渠道①

图 8-2-5　云南白药"爱玩 538 项目"视频截图②

①　图片来源：西南证券.云南白药国企混改落地，新白药快速启航［EB/OL］.（2021-04-13）［2021-03-15］. https://pdf. dfcfw. com/pdf/H3_AP202104151485172009_1. pdf？1618492381000. pdf.

②　图片来源：https://weibo. com/3917848462/Gw0u7rUrE.

2020年,云南白药发布抗"疫"公益作品——"云南白药与您共克时艰"。在抗击疫情刻不容缓的情况下,云南白药第一时间以口罩、防护服、护目镜为载体,将"产品"及白药人"守护中国大健康"的决心带到了抗击疫情的第一线,让云南白药品牌与精神在最契合的刚需场景中,与前线医护人员的需求痛点产生最紧密的连接。

在铺货渠道方面,除了线下商超外,针对不同系列产品开拓线下渠道,与消费者建立亲密的品牌接触。例如,养元青系列产品,铺货渠道涵盖线下商超,采之汲护肤类产品主要包括"白药生活＋""云南白药精准定制肌肤管理中心""采之汲 AI 私定肌肤管理中心"(图 8-2-6)等自营门店。

图 8-2-6　云南白药采之汲 AI 私定肌肤管理[①]

(三)传播从功效到情感,加大广告投入

广告策略是一种有效的传播手段,能够帮助消费者认识延伸产品与母品牌之间存在何种关联,从而提高消费者对延伸产品与母品牌契合度的认知。云南白药的广告策略在宣传上侧重于产品宣传,力求凸显延伸产品与品牌的联系,而非着力进行品牌宣传:首先,以产品为侧重点,云南白药的广告重点宣传延伸产品的实际功效,以产品针对性疗效作为延伸产品与消费者的沟通话题,使消费者主动建立起延伸产品与品牌定位点的契合联想;其次,突出消费者的需求特性,云南白药在延伸产品的宣传方面着重突出新产品满足消费者具体的

---

① 图片来源:http://www.yunnanbaiyao.com.cn/view/ynbyPc/1/92/view/5522.html.

需求特性,并采用感性、温情的沟通方式拉近与消费者的心理距离,促使消费者在实际需求和感性心理的驱动下接受品牌延伸;第三,广告宣传的大量投入,从 A 股医药上市公司历年年报来看,云南白药在广告营销推广方面的投入(体现在销售费用上)多年来位居行业前列。2018 年广告宣传费为 13.73 亿元,2019 年广告宣传费为 11.42 亿元,2020 年受疫情影响广告宣传费基本持平,为 11.05 亿元。[①]

五、小结

云南白药的品牌延伸之路虽然也有坎坷,但总体上是成功的,从单一的中成药立足"大健康"领域。从单一的药品延伸到立体的健康产品,从传统的白药散剂延伸到以药妆为导向的日化产品,云南白药已成为难以撼动的文化品牌。在延伸产品宣传方面,云南白药实施的是"轻品牌,重产品"的广告策略,由于云南白药品牌本身具有较高的知名度与美誉度,相较品牌,消费者更注重延伸产品的价值及其与云南白药品牌的契合度。对此,云南白药的品牌延伸在秉承品牌核心定位的同时,能够与时俱进,推出满足消费者需求的新产品,并适时追随和引领品牌营销趋势,从"央视招标"到"IP 热""电竞""国潮"等加强与年轻消费者交流,这不仅是云南白药品牌延伸得以顺利的关键,也是老字号品牌年轻化发展的成功借鉴。

---

① 数据来源:云南白药. 云南白药集团年度报告(2018—2020)[EB/OL]. (2021-03-25)[2021-04-15]. http://www.yunnanbaiyao.com.cn/list/ynbyPc/1/95/auto/12/0. html.

第九章　整合营销传播

随着数字技术的进步,有效的整合营销传播需求进一步凸显。

——戴维·阿克

第一节　整合营销传播

20 世纪 90 年代,整合营销传播成为营销界和广告界使用频率最高的概念,引发了市场营销观念的深刻变革。品牌传播理论在营销与广告的关照下,从单一走向系统整合,被誉为"世纪性的总结与化生"①。

一、整合营销传播的缘起

"整合营销传播之父"美国西北大学(Northwestern University)唐·舒尔茨 1992 年在《整合营销传播》(*Integrated Marketing Communication*)一书中描绘了整合营销传播产生的背景,他认为整合营销传播与其说是一种创新,不如说是对旧规则不再适用于现实状况的反应。大众营销和大众传播媒体不再适用于 20 世纪 90 年代的生产和市场,4P 营销理论不再适用于规模经济,而代之以 4C 营销理论和整合营销的到来。②

书中提到了以下四个对整合营销传播重要的影响因素。

一是第二次世界大战造就大量生产,改变生产线以实现大量生产。

二是生产导向和大众营销的时代来临。大众营销的发明,是为了向同质性高、无显著差异的消费大众销售大批量生产的规格化产品。1960 年,密歇根州立大学(Michigan State University)麦肯锡教授提出的 4P 营销理论,契合当时

---

① 张金海.20 世纪广告传播理论研究[M].武汉:武汉大学出版社,2002:140.

② 唐·E.舒尔茨,史丹立·田纳本,罗伯特·劳特朋.整合行销传播[M].吴怡国,钱大慧,林建宏,译.北京:中国物价出版社,2002:3.

的文化及潮流,也就是由上层主导,重视产品导向而非消费者导向。大众营销的运作哲学是"产品出门概不退换,买主自行留意"。传播媒体也是大众取向,并且由广告费用控制。

三是分众解构的事实与论证。1970 年,阿尔文·托夫勒(Alvin Toffler)在他出版的《未来的冲击》(Future Shock)一书中,创造了"分众"这个新词,并且预测美国社会在未来 10 年之内,将面临社会结构解体的问题。授权自主,意味着人们不仅会选择他们所希望听取的信息,而且会对该项信息加以回应,并让对方得悉。1972 年,杰克·特劳特和艾·里斯的"定位理论"抨击行销中各自独立、彼此无关的现象,强调是消费者定位产品,行销的战争在消费者心中。

四是权力下移与大分裂的社会。20 世纪 90 年代初,一些新事物使得世界局势整体改观,也改变了企业经营获利的方式。权力下移,妇女工作机遇增多,银发族财富增多,愿意尝试新鲜事物,他们的消费意见受到行销市场的重视,可供选择的媒体遽增。[①]

舒尔茨从历史阶段中抽取了几个重要的时间节点,描绘了整合行销传播的缘起,确认了"整个行销世界已经转向劳特伯恩所宣称的 4C(消费者的欲求和需要、消费者获取满足的成本、购买的方便性、沟通)"[②]。过去大众营销的观念"消费者请注意",已经被"请注意消费者"所取代。

二、整合营销传播的定义

整合营销传播(Integrated Marketing Communication),起源于 20 世纪 80 年代的美国。有关整合营销传播的定义学术界一直没有形成定论,中外学者和业界专家展开了激烈的争论,对于 IMC 的定义、特征、价值等理论实践与范式研究各有侧重。

(一)1989 年美国 4A 协会的定义

追溯历史,业界"整合传播"的实践在 20 世纪 80 年代中期就已初见端倪。1972 年美国广告界扬·罗必凯公司(Y&R)提出"全蛋"方案,奥美公司提出"交响乐"计划,都是将广告、公关、促销、宣传等"打包"运作,为"整合营销传播"概

---

① 唐·舒尔茨,史丹立·田纳本,罗伯特·劳特朋.整合行销传播[M].吴怡国,钱大慧,林建宏,译.北京:中国物价出版社,2002:3-21.

② 唐·舒尔茨,史丹立·田纳本,罗伯特·劳特朋.整合行销传播[M].吴怡国,钱大慧,林建宏,译.北京:中国物价出版社,2002:20.

念的提出奠定了基础。① 1989 年,美国 4A 协会对其定义为:

> 一种作为行销传播计划的概念,确认一份完整透彻的传播计划有其附加价值存在,这份计划应评估各种不同的传播技能在策略思考所扮演的角色——例如一般广告、直效回应、销售促进以及公共关系——并且将之整合,透过天衣无缝的整合以提供清晰、一致的讯息,并发挥最大的传播效果。②

该定义强调了各种工具的综合运用并使传播效果最大化。但西北大学舒尔茨教授和肯奇(Kichen)教授认为,这个定义有一些不足,缺乏一些重要元素,例如测量方案、量化分析、顾客导向和成本效率等。这个定义忽视了传播者的作用,仅强调工具的整合。

(二)1991 年舒尔茨的定义

1991 年美国西北大学唐·舒尔茨教授在《促销管理杂志》(*Journal of Promotion Mangement*)发表首篇"整合营销传播"的论文。舒尔茨教授提出,整合营销传播不是外在机构的整合,而是由内部营销组织发起并驱动完成的。③整合营销传播应遵循以下基本方向。

1. 整合营销必须是由上到下,由高层管理者拥护并推动。
2. 重构组织机构。整合营销传播需要一个可以组织内外的"独裁者"。
3. 重新考虑新的激励系统,让所有整合营销传播计划的人从中受益。
4. 要重视消费者而不是营销计划。
5. 要对现有的营销人员进行培训和再培训。

---

① 黄迎新.理论建构与理论批评的互动——美国整合营销传播理论研究二十年综述[J].中国地质大学学报(社会科学版),2010(2):76-81.

② DUNCAN T, KAYWOOD C. The concept, process, and evolution of integrated marketing communication[J]. Journal of Advertising Research,1993,33(3):30-39.原文如下:Integrated Marketing Communications is a concept of marketing communications planning that recognizes the added value of a comprehensive plan that evaluates the strategic roles of a variety of communications disciplines, e. g., general advertising,direct response,sales promotion and public relations-and combines these disciplines to provide clarity,consistent and maximum communications impact.文中翻译援引了宋秩铭,庄淑芬,等.奥美的观点[M].北京:中国经济出版社,1997:469.

③ SCHULTZ D E. Integrated marketing communications[J]. Journal of Promotion Management,1991,1(1):99-104.原文如下:In my opinion,integration cannot be accomplished by outside agencies. It must originate and be driven from within the marketing organization.

6.整合营销传播的成功取决于营销人员的普遍认知。

1993 年,舒尔茨教授与其合作者出版了第一本著作《整合营销传播》①(图 9-1-1),这是整合营销传播的奠基之作。该书合作者之一就是后来提出著名的 4C 营销理论的学者劳特朋教授。1994 年,舒尔茨的这本著作被翻译成繁体中文由中国台湾滚石文化股份有限公司出版,副标题为"21 世纪企业决胜关键"。1998 年中文简体版经由内蒙古人民出版社出版,成为"整合营销传播"观念在中国广泛传播的开始。

图 9-1-1　1993 年英文版《整合营销传播》封皮②

整合营销传播不仅仅是"加起来形成一个声音",甚至不只是奥美所言,仅是"不同的乐器,必要时能够一起合奏,并且演奏出悦耳的和谐之音"。其创新在于"更彻底转向消费者导向"。③ "消费导向"揭示了整合营销传播主题的核

---

① SCHULTZ D E, TANNENBAUM S I, LAUTERBORN R F. Integrated marketing communications [M]. Lincolnwood, Ill. ; NTC Business Books, 1993.

② 图片来源:美国西北大学图书馆.

③ 唐·舒尔茨,史丹立·田纳本,罗伯特·劳特朋.整合行销传播[M].吴怡国,钱大慧,林建宏,译.北京:中国物价出版社.2002:3,推荐序.

心，暗示了品牌与消费之间的关系。另外也关注了"品牌的各种信息来源"，"认为品牌与消费者的关系不再仅仅局限于使用广告和公关等手段来维护，而是存在着各种各样的接触点"。① 基于此，"关系营销"和"触点营销"受到营销业界和学界的广泛关注。其不足之处在于，忽视了整合营销传播不仅是一个过程，也是一种观念的事实，同时也缺乏一些可供测量的指标。

(三)1993 年汤姆·邓肯和凯伍德的定义

1993 年汤姆·邓肯(Tom Duncan)与凯伍德(Clarke Kaywood)在《广告研究杂志》(*Journal of Advertising Research*)发表文章，指出整合营销传播至少包括七个阶段的整合，每一阶段的整合都包含了广告、促销、直销、公共关系和协同公关等工具的协同与最优化。

1. 知觉
2. 形象整合
3. 功能整合
4. 协同整合
5. 消费者为基础的整合
6. 股东为基础的整合
7. 关系管理的整合②

这一定义，更加强调企业要将雇员、股东等利益相关者考虑进来，而不仅仅是消费者。企业要根据自身所在市场的位置及外部竞争环境来制定整合营销的战略战术和目标。邓肯的这一研究提升了整合营销传播的理论层次，将获得、保持或者提升顾客与公司或品牌的关系视作整合营销传播实施的目标。

以汤姆·邓肯为代表的美国科罗拉多大学整合传播研究所随后提出整合营销传播的概念可由窄而宽分为四个层次：(1)形象的整合；(2)持续一致的声音；(3)良好的倾听者；(4)世界级的公民。③

(四)1994 年诺瓦克和菲尔普斯的定义

1994 年，诺瓦克(Glen J. Nowak)和菲尔普斯(Joseph Phelps)在《广告前沿问题研究》(*Journal of Current Issues and Research in Advertising*)发表文章，

---

① 黄鹂，何西军. 整合营销传播：原理与实务[M]. 上海：复旦大学出版社，2012：6.

② DUNCAN T, KAYWOOD C. The concept, process, and evolution of integrated marketing communications[J]. Journal of Advertising Research, 1993, 33 (3)：30-39.

③ 转引自宋秩铭，庄淑芬，等. 奥美的观点[M]. 北京：中国经济出版社，1997：515-517.

将整合营销传播在广告业界的实践总结为三个要点:"一种声音""整合传播"和"协同作战"的营销传播。①

"一种声音"指的是整合所有营销传播学科的工具,保持清晰一致的形象、立场、信息和主题。通常情况下,营销人员有责任确保传达"一种声音"。

"整合传播"是微观层面,综合运用广告、公关、促销和创意执行等营销手段,建立或发展品牌形象并直接影响消费者的行为反应。

"协同作战"将"整合"和"协调"结合起来,指的是对各种营销传播工具,如广告、公关、直销等的"协同使用",以达到共同创造品牌形象并激起目标受众行为反应的全盘活动。这一全盘反应既包括意识、形象与信念的改变,又包括行为的反应,超越传统形式所能达到的反应。

作者认为,整合营销传播已从根本上重构了营销与广告传播的规范,在多个层面影响了广告界,反映了营销在瞄准、接触、说服和培养消费者方面的扩展能力。但是,整合传播效果尚不得知,但整合传播至少为学者提供了弥合广告与其最终传播和行为影响之间差距的新机会。②

(五)2003 年舒尔茨夫妇的定义

2003 年唐·舒尔茨与妻子海蒂·舒尔茨(Heidi Schultz)出版专著《整合营销传播:创造企业价值的五大关键步骤》,对整合营销传播进行了再定义。整合营销传播是一个品牌与消费者、客户、潜在客户、其他目标客户以及相关的外部和内部受众来共同完成的一个过程,这个过程可用来计划、发展、执行和评估那些可协调的、可测量的、可劝服的品牌传播。③ 目前学术界普遍比较认可这一定义,认为它相对比较客观全面、与时俱进。

(六)国内学者的定义

整合营销理论自 20 世纪 90 年代被介绍到中国后,国内营销管理学、新闻传播学等学科的学者分别给予理论层面的关照、实践解读和再定义。

1. 管理学科的认知

1995 年,中山大学管理学教授卢泰宏从台湾把该书的繁体中文翻译版本

---

① NOWAK G,PHELPS J. Conceptualizing the integrated marketing communication's phenomenon:An examination of its impact on advertising practices and its implication for advertising research[J]. Journal of Current Issues and Research in Advertising,1994,16(1):49-60.

② NOWAK G,PHELPS J. Conceptualizing the integrated marketing communication's phenomenon:an examination of its impact on advertising practices and its implication for advertising research[J]. Journal of Current Issues and Research in Advertising,1994,16(1):49-60.

③ 黄鹂,何西军.整合营销传播:原理与实务[M].上海:复旦大学出版社,2012:7.

《整合行销传播》带到大陆。卢泰宏与朱翎敏、李世丁、何佳讯等人先后在《国际广告》发表七篇整合营销传播的文章,从"什么是IMC"到"IMC案例分析",这是大陆最早介绍整合营销传播的系统性文章。

卢泰宏教授认为,IMC提出的新思想在于"整合",主张将各种分散的传播工具和途径协调整合成"一种声音",从而实现明显提高品牌传播效果的目标。这种整合,不仅是横向[各种工具,如商标广告、公关、直销推广、CI(corporate identity,企业形象规范体系)等]空间要素的整合,也是纵向(演变)时间的整合。

2. 广告学科的研究

从1999年起,杨同庆、林升栋、陈欢、舒咏平、卫军英、杜国清等广告学者对此展开了理论梳理和实践解读,从广告业实践、公关、营销角度阐释IMC的特性、原则和方法,使IMC回归到传播学、广告学研究范畴。

其中,2005年卫军英教授的博士论文[①]对整合营销传播理论进行了系统化整理和逻辑架构的完善。提出"整合营销传播首先是一种观念",并借以建立"开放包容的整合营销传播体系"。由于"关系""接触"等一系列全新概念的引入,在整合营销传播过程中,观察视角和交流方式的变化所带来的观念转变,在某些情况下几乎颠覆了传统营销传播观念。[②]

黄鹂、何西军在回顾和研判IMC历史定义后,给出了一个综合定义,即"以受众为导向、战略性地整合各种营销渠道、注重对绩效的测量以达到与顾客建立长期品牌联系的观念和管理过程"[③]。这个定义包括五个要素:第一,整合营销传播既是一种观念又是一个活动过程;第二,整合营销传播是以受众(顾客)为导向;第三,整合营销传播是对多种营销渠道的综合运用;第四,整合营销传播注重与顾客建立长期的、互动的品牌关系;第五,整合营销传播注重对于传播效果的测量。

随着整合营销传播的不断发展,整合营销传播的定义也将不断被更新。但整合营销传播的内涵和重点却不会改变,即聚焦"消费者导向",注重多种工具和渠道的协同运用,注重长期的品牌利益相关者关系的构建,其目的是达成更清晰、一致的品牌传播效果和营销反应。

---

① 卫军英.整合营销传播观念及其理论构架[D].杭州:浙江大学,2005.

② 卫军英.整合营销传播中的观念变革[J].浙江大学学报(人文社会科学版),2006(1):150-157;卫军英.整合营销传播的历史反思与发展趋向[J].中国传媒发展报告,2015(3).

③ 黄鹂,何西军."整合营销传播"IMC的定义探析[J].广告大观(理论版),2008(6):45-49;黄鹂,何西军.整合营销传播:原理与实务[M].上海:复旦大学出版社,2012:9.

三、整合营销传播的特点

自 20 世纪 80 年代提出整合营销传播至今,中外学者都从不同的定位和学科属性,对 IMC 的概念内涵等展开了讨论。业界如奥美、电通、平成等广告公司也将 IMC 进行了市场运用与实践总结。互联网技术的出现,极大改变了信息传播和获取的方式,整合营销传播的作用在移动互联时代得以再次凸显,其特点如下所述。

(一)以受众为导向,强调消费者的参与(consumer participation)

整合营销传播与传统大众营销的一个重要区别就是对于消费者态度的差异,传统营销忽视消费者的作用,只是单纯地将产品信息灌输给消费者,其传播方式是直线沟通、行为第一、信息单纯。[①] 这一时期最著名的理论是 4P 营销理论,即产品、分销、价格和渠道。其中并不强调消费者的重要性。但在整合营销传播时期,消费者是整个传播活动的导向,其包括的用户范围也更加广泛。整合营销传播的受众包括消费者、潜在消费者、各利益关系群体、内部员工等,这些受众对于整合营销传播来说,都应得到同等程度的重视。[②] 同时,有效的顾客参与可以形成双向沟通渠道。双向的沟通不仅让用户能够清楚表达诉求,也能让品牌更好地满足用户需求。这可以通过提供奖励等让顾客和企业加强交流。那些能有所行动的顾客,一定与品牌建立了情感认同,对品牌具有信心、信任、自豪和激情的情感。[③]

(二)多种渠道,一个声音(speak with one voice)

一个面孔、一种声音、注重强烈整齐划一的品牌形象。“一种形象,一个声音”是整合营销传播基于现代竞争提出的战略对策。21 世纪市场经济的重要特征就是竞争加剧,分工与协作向纵深发展导致产品之间的差距缩小,产品更新换代加快,媒介对信息不断解构等,上述因素促使市场竞争由传统的产品竞争、销售竞争向综合的品牌形象竞争过渡。在信息过度的情况下,由于媒介对信息传播的解结,使厂商过去依赖的“零散的”“一招鲜吃遍天”的营销模式失灵,而屡创新高的营销成本又进一步加重了厂家的负担。在此情况下,厂家必须对自身各种各样的信息资源进行有机的梳理和整合,形成一个合理有

---

① 卫军英.整合营销传播:理论与实务[M].北京:首都经济贸易大学出版社,2009:11-12.

② 黄鹂,何西军.整合营销传播:原理与实务[M].上海:复旦大学出版社,2012:9.

③ 参阅肯尼斯·E.克洛,唐纳德·巴克.整合营销传播:广告、媒介与促销[M].谭咏风,胡静,译,上海:格致出版社,2015:12.

序、健康向上的品牌形象,并通过对各种传播媒介工具和传播活动的整合向目标受众传递一个声音,有效地占领消费者的心智,最终形成消费者的品牌偏好和品牌忠诚。

"一种形象,一个声音"并不是线性的、一次性的活动过程,而是通过整合,从一个形象主题的不同角度和侧面与目标顾客之间的有机复合式沟通,这样不仅有效降低了传播沟通的成本,而且将维系品牌与顾客之间的长期关系,快速提升品牌形象。

(三)不同对象的接触点管理(touch points management)

在网络新媒体环境下,随着大量社交媒体和自媒体的涌入,任何试图全面整合各种传播接触点的努力,都很容易陷入一种无所适从的整合困境。所有这些都说明,那种把整合营销传播的内涵简单界定在媒介和传播手段层面上的观点,充其量只是对传统广告及促销手段的战术性操作整合,还谈不上是一种革命性的理论突破。

在竞争激烈、环境瞬息万变的21世纪,企业可能会遇到前所未有的问题,同时也可能获得千载难逢的机会。随着社会经济的发展和全球信息的迅速传递,传统的营销组合和传播方式已经不能满足现代市场竞争的需要。因此,整合营销传播作为一种新的营销理论和方法为企业带来了营销方式的变革,为其未来发展提供了一个强有力的推动。

随着市场和技术的飞速发展,一方面媒体特别是传统广告对消费者感知的影响力正在变弱,另一方面人际传播、产品包装、产品的设计造型、公司环境、商场促销、货架陈列、电商直播等,对消费者的接触影响正以其持续性、实用性与真实性得到消费者的认同,因此整合营销传播的传播手段包含了一切接触方式。同时,整合营销传播从心理学角度出发,强调目的、过程、行动的统一性和一致性。实现与现有及潜在顾客进行多方面的接触,并通过接触点向消费者传递清晰一致的企业形象。

(四)整合营销传播是一种战略观念(strategic concept)

整合营销传播本质上是一种战略,需要企业从战略角度进行长期的规划、资源的配置和传播管理的系统建设。整合营销传播是一种管理思维,是一种实践策略,更是一套复杂的运作体系。从实践层面来讲,消费者是营销开展的起点,洞察消费者则是整合营销传播发展的不竭动力,以消费者为导向,必将成为未来整合营销传播发展的核心趋势;品牌与消费者关系的建立,需要的是持久关系的建立和情感连接力的维护。

从消费者角度研究传播,分析公司形成认知和决策过程中可能影响消费者的每一个接触点,如员工、渠道商、产品包装等所有可能影响公司及其产品感知的内外部群体,确保公司对内对外传播的一致性。用消费者数据信息的预测来驱动公司战略规划。把信息技术应用于 IMC 计划,邀请消费者参与识别和评估传播计划对关键消费者的影响。识别、协调和管理所有的营销传播活动,包括广告、促销、直接营销、网络和电子商务、公共关系、赞助及其他营销活动,把它们统一起来。

四、整合营销传播的流程

整合营销传播的流程最早来自唐·舒尔茨夫妇的《整合营销传播:创造企业价值的五大关键步骤》(图 9-1-2)。这五大关键步骤形成一个闭环,每一步都包含信息与反馈,是开展整合营销传播的关键,并且体现了客户中心的思想。

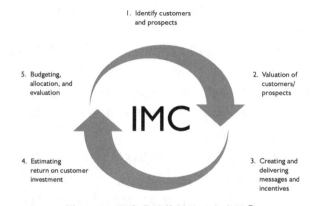

图 9-1-2　整合营销传播的五大步骤[1]

(一)识别客户与潜在客户

整合营销传播五大步骤的第一步就是运用行为数据库识别并界定客户与潜在客户。这是营销传播的起点,也是其他步骤的基础,采用的是由外而内的做法。[2]

1. 整合营销传播"集中法"

传统营销采取的是"市场细分"的方法,市场细分是一组具有明显特征的企

---

①　SCHULTZ D E,SCHULTZ H F. IMC,the Next Generation:Five steps for delivering value and measuring returns using marketing communication[M]. Blacklick:McGraw-Hill Professional,2003:69.
②　黄鹂,何西军.整合营销传播:原理与实务[M].上海:复旦大学出版社,2012:66.

业客户或个人消费者。① 市场细分存在于两个领域:消费者市场和 B2B 市场。消费者细分可以从社会学角度,从人口统计、心理、世代、区域、利益和使用等方面进行市场细分。B2B 市场细分分为行业细分法、规模细分法、地理位置细分法、产品使用细分法及顾客价值细分法。② 整合营销传播认为市场细分法有很大的缺陷,"市场细分"是基于群体的划分,而不是个体的划分,没有对客户或潜在客户进行具体分析和个性化讨论;没有真正对客户的特征进行深入分析。③ 整合营销传播认为,对于客户的划分应从客户的行为入手,更赞成使用"集中法"。顾客本身的分类是以他们所做的事情为基础,而不是以市场形成的人作为分类架构。企业可以将客户群体按照客户与品牌的关系分为三个类型:现有客户、竞争客户和新兴客户。④

2.建立数据库

数据库营销是指以巩固客户联系和客户忠诚度为目的,收集和利用客户数据的行为。成功的数据库营销有两个要点:(1)鉴别客户;(2)和客户建立联系。这意味着要了解不同客户的终身价值和客户维系的工作力度,尤其是那些最有价值的顾客。数据库营销最重要的作用是管理客户关系,使客户不再转向其竞争者,同时能根据客户需求,"发现新的市场机会和提供新产品、新服务"。⑤

在整合营销传播中,数据库是企业有关消费者的,包括订单、查询、消费服务接触、研究问卷调查表以及外部清单的信息库。企业通过利用这些信息来分析消费者的购买和查询模式,分析由数据库提供的研究机会,通过不同的媒介来联系、接触个人消费者,使企业可以达到许多不同的研究和营销目的。⑥ 需要注意的是,企业在建立数据库时,要注意定期搜索更新,从而获取巨大的市场竞争优势。

———————————

① 肯尼斯・E.克洛,唐纳德・巴克.整合营销传播:广告、媒介与促销[M].谭咏风,胡静,译.上海:格致出版社,2015:82.

② 肯尼斯・E.克洛,唐纳德・巴克.整合营销传播:广告、媒介与促销[M].谭咏风,胡静,译.上海:格致出版社,2015:80-90.

③ 黄鹂,何西军.整合营销传播:原理与实务[M].上海:复旦大学出版社,2012:67.

④ 黄鹂,何西军.整合营销传播:原理与实务[M].上海:复旦大学出版社,2012:67-69.

⑤ 谢贵荣,王晖.浅论数据库营销[J].科学学与科学技术管理,2003(12):38-40.

⑥ 卫军英.整合营销传播:理论与实务[M].北京:首都经济贸易大学出版社,2009:158.

(二)评估客户与潜在客户的价值

1. 客户品牌价值

进行整合营销传播活动之前需要对不同的客户进行估值。采用美国 Targetbase 公司的创新估价法计算客户品牌价值(customer brand value,简称 CBV)是目前比较具有实践意义的方法。

(1)渗透率(penetration,简称 P)。公司在某一类别客户总数的比例中所拥有的客户人数。

(2)类别购买率(category buying rate,简称 BR)。每位客户对于产品、服务或品牌的平均年度(或其他时间段)需求。

(3)购买占有率(share of purchase,简称 SOP)。营销组织所拥有的整体客户购买比率。

(4)边际贡献率(contribution to margin,简称 CM)。客户的购买总额中有多少成了公司边际贡献栏上的收入流。

客户品牌价值:CBV＝P×BR×SOP×CM。[①]

2.5R 营销理论

唐·舒尔茨夫妇在《整合营销传播:创造企业价值的五大关键步骤》一书中,以消费者为角度提出了 5R 营销理论,作为整合营销传播的理论基础,具体如下。[②]

(1)相关性(relevance)

相关性是指在 IMC 规划与执行过程中,对客户和潜在客户来说,产品、服务或信息体现出它的重要性、价值、用途或者令人感兴趣的程度。

(2)接受度(receptivity)

营销传播人员要选择客户与潜在客户接受产品信息最好的时机,正所谓"天时地利人和"。在一个特定的时间点,品牌信息对特定的目标市场是否有价值、有帮助或者令人感兴趣？在信息爆炸的社会,消费者每天接触到的信息数以万计,但对消费者而言,真正有价值的、能产生购买欲望的信息并不多。

---

① 黄鹂,何西军.整合营销传播:原理与实务[M].上海:复旦大学出版社,2012:83.

② 唐·舒尔茨,海蒂·舒尔茨.整合营销传播:创造企业价值的五大关键步骤[M].何西军,等译. 北京:中国财政经济出版社,2005:93-96;沈渊.整合营销传播 5Rs 及其现实意义[J].商业研究,2003 (17):97-98.

（3）响应力（responsive）

在今天互动的市场中，对经营者而言，最现实的问题不在于如何控制、制定和实施计划，而在于如何站在顾客的角度及时地倾听顾客的希望、渴望和需求，并及时答复和迅速作出反应，满足顾客的需求。目前多数公司倾向于说给顾客听，而不是听顾客说，反应迟钝，这是不利于市场发展的。

（4）识别度（recognition）

识别度是衡量营销传播目标是否实现的标准之一。它既指企业在重要接触点发现客户并获得该客户资料的能力，也指客户在市场上对该组织品牌美誉度和知名度的辨别能力。

（5）关系（relationship）

在整个营销传播中，"关系"的管理内容最丰富。舒尔茨教授 2015 年的《重塑消费者—品牌关系》即是对品牌关系的重塑与拓展。在企业与客户的关系发生本质性变化的市场环境中，抢占市场的关键已转变为与顾客建立长期稳固的关系，从交易变成责任，从管理营销组合变成管理和顾客的互动关系。

（三）创建并传递信息与激励

整合营销传播中重要的一点是顾客与品牌的一切接触点都在传达信息。[①]整合营销传播不仅要设计传播的渠道还要设计好传播内容。传统广告的一个最大共性就在于它们基本上都采用一种单向的广告信息传输，受众的接收成为一种被动式的强迫，这大大降低了广告的效果。新的广告媒体正在改变这种现实，把与受众的互动交流引入广告信息传播之中。[②]

1. 了解品牌接触点

品牌接触点是消费者可以接触到企业产品和品牌信息的任何时空点，包括陈列、促销、广告、企业或产品的新闻、生活圈的口碑相传、企业员工等。[③] 例如，著名品牌"惠而浦"（Whirpool）在其品牌传播中展示了 33 个品牌接触点。[④]

（1）售前体验接触点：包括各种媒体广告、优惠券或特别折扣、网站、无病毒营销、直投、新品发布、公共关系、顾客采访、行销演说、赞助、建筑商和设计师、合作伙伴、顾客。

---

① 黄鹂,何西军.整合营销传播:原理与实务[M].上海:复旦大学出版社,2012:92.

② 卫军英.整合营销传播:理论与实务[M].北京:首都经济贸易大学出版社,2009:135.

③ 喻国明,张佰明,胥琳佳,吴文汐.试论品牌形象管理"点—线—面"传播模式[J].国际新闻界,2010(3):31.

④ 斯科特·戴维斯,等.品牌驱动力[M].北京:中国财政经济出版社,2007:50;舒咏平.品牌聚合传播[M].武汉:武汉大学出版社,2007:120.

（2）售中体验接触点：零售商、店内商品陈列、销售能力、理财计划。

（3）售后体验接触点：机械技师、客服人员、服务技师、烹饪课程、顾客满意度调查、促销、社团参与。

（4）有影响力的品牌接触点：年度报告、年度股东会议、分析师、内部咨询、雇员、MBA 毕业生招聘、企业培训、销售商、供应商。

2.管理接触点

在了解品牌接触点后，就需要确定品牌接触渠道以及构建品牌网络。对接触点的管理也分为计划内的信息与计划外的信息。

计划内的信息是指企业及其品牌与顾客及相关利益者接触过程中，为了准确表达自己的产品、品牌和服务价值以及相应的理念和观点，会有意识地设计和采用一些经过精心选择的信息，并通过特定媒介向顾客和关系利益者发出这些信息。[①] 计划内的信息往往被消费者认为是自说自话、自我宣传，所以消费者往往对计划内的信息不大感兴趣。

计划外信息往往来自企业及其管理部门无法控制的各种传播途径，诸如闲话留言、小道消息、商界评论、特殊利益群体的活动、对手的评论，以及重大灾害引起的各种难以预料的信息等，有时候计划内信息可能成为计划外信息的来源。[②] 要尤其注意对员工信息、人际传播、新闻媒体、突发事件等计划外信息的管理，提高企业公关能力。

管理品牌接触点的方法是：

（1）确认品牌接触点；

（2）根据各品牌接触点的潜在影响力决定其优先顺序；

（3）判断哪些品牌接触点最能得到顾客的反馈；

（4）计算信息控制的成本，以及每一个品牌接触点收集顾客资料的成本；

（5）决定哪些接触点可以传达额外的品牌信息，或加强有意义的对话。

（四）评估客户投资回报率

这是五大步骤中非常关键的一步，审核营销传播的投资回报率（表 9-1-1）是评价营销传播成功与否的关键，也是判断下一步该采取何种营销措施的基础。[③] 舒尔茨教授也给出了一套判断方法。

---

① 卫军英.整合营销传播：理论与实务[M].北京：首都经济贸易大学出版社,2009:143.
② 卫军英.整合营销传播：理论与实务[M].北京：首都经济贸易大学出版社,2009:144.
③ 黄鹂,何西军.整合营销传播：原理与实务[M].上海：复旦大学出版社,2012:110.

1.计算对短期顾客投资的回报

表 9-1-1　投资回报率(ROI)的基本过程①

	现有顾客	竞争性顾客	新兴顾客
1.整个产品类别中的现有收入流	$	$	$
2.需求份额	%	%	%
3.品牌的顾客收入流	$	$	$
4.毛利润(%)	%	%	%
5.毛利润($)	$	$	$
6.没有品牌传播项目时的收入流	$	$	$
7.没有品牌传播项目时的毛利润	$	$	$
8.有品牌传播项目时的收入流	$	$	$
9.有品牌传播项目时的毛利润总额	$	$	$
10.品牌传播投资	$	$	$
11.净利润	$	$	$
有和没有品牌传播时的毛利润差额	$	$	$
新增收益或损失	$	$	$
投资回报率	%	%	%

2.长期客户投资回报率

计算长期客户投资是一个比较复杂的过程,有两种方法可供参考。一是终身客户价值法。这种方式采用概率预测模型,以过去和现在的经验为依据。只要把维系、折损、预期的支出形态以及估计成本加起来,就可以算出每位客户的终身客户价值。

二是3C分析。舒尔茨在《整合营销传播:创造企业价值的五大关键步骤》中推荐的方法,包括:客户贡献(customer contribution)指客户带来的长期收入流,它的评估结果显示在边际贡献中;客户承诺(customer commitment)是客户需求占有率的观念经过简化后的版本,不同的客户群体对于不同品牌的承诺程度都不一样;客户拥护(customer champions)指客户投入与支持品牌的程度。

---

① 唐·舒尔茨,菲利普·凯奇.全球整合营销传播[M].黄鹂,何西军,等译.北京:中国财政经济出版社,2004:187.

客户会花多少力气去把品牌推荐给别人。①

(五)预算、分配与评估

到这步为止,整合营销传播的流程基本结束,只剩下效果评估和反思。整合营销传播活动的效果可能受到来自内部和外部各种环境的影响。既然是一个传播活动,自然会受到"噪音"的影响。信息论的创始人香农(Claude Elwood Shannon)提出了信息传播中"噪音"的概念,指由于技术故障或技术不完善造成的干扰,使得发出信号与接收信号之间出现信息失真。② 在整合营销传播活动结束后,一定要对工作进行复盘,分析这次活动的效果,为下次整合营销传播活动做好准备。

五、整合营销传播的新趋势

整合营销传播是一个不断发展的概念,伴之而生的 4C、5R、关系营销、数据库管理、触点营销等概念框架的运用与延展,影响了全球营销学界和世界市场。从过去的功用导向转向价值导向,从工具思维转向关系思维,从个体走向整合,从物质走向情感。它是一个概念,也是一个繁复的过程。在整合营销传播理论不断被丰富深化的过程中,我们始终坚持舒尔茨教授提倡的"营销即传播,传播即营销,二者共为一体,缺一不可"。随着网络的出现和发展,"营销空间"(marketing space)替代了"营销地点"(marketing place),"整合"也被拓展到了网络空间。随着电子商务的出现,"线上和线下的整合也成为整合营销传播研究的热点"③。

(一)互联网成为主要投放平台

诚如舒尔茨教授所言,传统的大众营销时代已经成为明日黄花,互联网成为整合营销传播的主要阵地。线上互动媒体如微信、微博、抖音、淘宝直播等为整合营销传播计划提供了更加个性化、可测量、即时响应的平台,互联网为企业提供了更广泛、更具体和个性化的消费者信息,反馈也更加快速有效。

---

① 黄鹂,何西军.整合营销传播:原理与实务[M].上海:复旦大学出版社,2012:132-133.
② 郭庆光.传播学教程[M].北京:中国人民大学出版社,1999:60-61.
③ 薛敏芝.大数据时代的整合营销传播——对唐·舒尔茨教授最新研究的评述[J].中国广告,2014(1):92-94.

图 9-1-3　莱绅通灵广告①

2018 年唐嫣与罗晋官宣新婚之际,通灵珠宝"莱绅通灵"成功借助明星事件无缝传播,面向用户传播高端大气的品牌理念(图 9-1-3)。巧妙伴随事件节奏投放硬广,充分发挥了微博基于兴趣强关注、热点聚合强传播的媒体特点。背靠明星的巨大影响力,通灵的硬广投放借助唐嫣婚礼登上热搜,微博浏览量达 1 亿,这样的数据是传统媒体很难做到的。

(二)广告计划参与者的任务和职责发生变化

不同的空间环境也让广告参与传播的任务和职责发生了变化。客户主管负责客户公司广告计划的销售、指导和监督。客户经理既要为客户制订整体的战略传播计划,又要监察每一项促销活动。② 同时,创意人员和策划人员的职责范围也发生变化。他们不仅要为客户公司的战略营销方向出谋策划,还要帮助客户找到最有效地接触目标受众的营销传播计划。

(三)重新分配预算

数字化时代,企业要求广告公司拿出有形的结果来争取预算,公司营销费用的分配也将更加谨慎和分散。优惠券、竞赛、折扣或者是广告活动,必须在销

---

① 图片来源:莱绅通灵官方微博.

② 肯尼斯·E.克洛,唐纳德·巴克.整合营销传播:广告、媒介与促销[M].谭咏风,胡静,译.上海:格致出版社.2015:8.

售额、市场份额、品牌知晓度、消费者忠诚度或者其他指标上得到可观测的结果，才会被认为是成功的。[①] 广告在传统媒体上的投放越来越少，在互联网可量化平台的投放越来越多。

2018 年 6 月宝马 X3 上市，抖音提供了开屏广告＋信息流广告的强势广告组合（图 9-1-4），同时还伴有高流量价值明星赵又廷、宋佳加持，为产品创造强大的市场声量，为宝马新车上市带来了"强曝光、高互动、粉丝沉淀"的营销价值。此次为宝马投放带来的总播放量高达 1.02 亿，带动主页访问量超过 44.9 万，成功增加粉丝 26.8 万，带动主页视频观看量增长 108.5 万，创造了行业标杆案例。[②]

图 9-1-4　"宝马 X3"抖音开屏广告[③]

未来，品牌的营销创新始终离不开"消费者为中心"，对消费者行为和情感的深刻洞察是制定有效的整合营销传播战略的基础。除此之外，我们还必须要理解传播工具要素的整合协同，要确保连贯的图像和文字传达一致的品牌形

① 肯尼斯·E.克洛，唐纳德·巴克.整合营销传播：广告、媒介与促销[M].谭咏风，胡静，译.上海：格致出版社.2015：8.

② 数据来源：https://www.autohome.com.cn/news/201806/100177723.html.

③ 图片来源：https://www.autohome.com.cn/news/201806/100177723.html.

象。一旦设定了清晰、具体、可衡量、可实现的营销目标,就可以根据我们对目标消费者的知识理解进行价值评判,评估营销信息的输出和投资回报率,制定预算和组织架构。同时,企业 IMC 战略的制定将取决于组织本身、规模、多样性、财务和使命,以及营销组合的其他要素、产品及其相对价格和质量、供需因素、预算因素和消费者。另外,要谨记的是,IMC 是一项长期的企业战略,离不开短期运营计划的协调配合,要根据时间和市场的变化做出调整,还要考虑产品生命周期和 BCG(BCG matrix)矩阵的影响。

第二节　整合营销传播案例——汉莎航空

提到法航(Air France)联想到的是浪漫,提到阿联酋航空(Emirates Airlines)想到的是豪华。2013 年以前,大家对汉莎航空(Deutsche Lufthansa AG)根深蒂固的观念是冰冷和机械。加上德国整体形象不苟言笑,让汉莎航空在国际市场上形象不佳。2012 年起汉莎航空在全球开展了一系列以"Nonstop You 一路为你"为主题的全新品牌传播活动,旨在加强汉莎航空在商务旅行领域的领先地位,特别是以新的方式改进和展示汉莎航空在休闲旅游方面的产品创新和报价,提升汉莎航空品牌的全球影响力。

一、汉莎航空品牌介绍

(一)品牌发展

汉莎航空股份公司,简称汉莎航空,亦简称为德航,是德国的国家航空公司。汉莎集团是一家全球性的航空集团,旗下共有 530 多家子公司和股权投资。汉莎航空集团由网络航空公司、欧洲之翼和航空服务部门组成。

汉莎航空其德文"Lufthansa"原意是"空中的汉莎","汉莎"源自 13 至 15 世纪北德地区强大的商业联盟汉莎同盟。德国汉莎航空的客运和货运服务的经营中心位于法兰克福。汉莎航空的核心业务是经营定期的国内及国际客运和货运航班。飞行网络遍布全球 450 多个航空目的港,除航空运输外,汉莎航空还向客户提供一系列的整体服务方案。

2020 年 12 月,世界品牌实验室编制的《2020 世界品牌 500 强》揭晓,德国汉莎航空公司排名第 112,位居航空领域的第一(表 9-2-1)。

表 9-2-1 《2020 世界品牌 500 强》榜单中的航空企业*排名①

序号	榜单排名	公司名称	品牌年龄	所属国家
1	112	汉莎航空	94	德国
2	169	阿联酋航空	35	阿联酋
3	219	法国航空	87	法国
4	222	维珍航空	36	英国
5	234	达美航空	96	美国
6	282	国航	32	中国
7	327	西南航空	49	美国
8	342	美国航空	90	美国
9	346	美国联合航空	94	美国
10	363	新加坡航空	73	新加坡
11	418	卡塔尔航空	27	卡塔尔
12	451	澳洲航空	100	澳大利亚

*榜单中未包含"防务与飞机制造",如波音(Boeing)、洛克希德·马丁(Lockheed Martin Space Systems Company,简称 LMT)、雷神技术(Raytheon Company)、庞巴迪(Bombardier)、泰雷兹(Thales)、空中客车(Airbus)、达索公司(Dassault Aviation)、BAE 系统公司(BAE Systems)。

(二)标志介绍

汉莎航空的 Logo 是德国国鸟白鹳(Ciconia ciconia)。欧洲尤其德国人十分喜爱这种鸟,它寓意吉祥顺利,有一个美好的昵称叫"送子鸟"。1918 年平面设计师和建筑师奥托·菲尔(Otto Firle)为现今汉莎的前身 Deutsche Lufthansa AG 设计了这个"白鹳"图案,从此它与汉莎在蓝天上结下了不解之缘。

---

① 数据来源:https://www.worldbrandlab.com/world/2020/brand/brand.html.

1918年（第一代）

1955年（第二代）

1963年（第三代）

2018年（第四代）

图 9-2-1　汉莎航空百年 Logo 演变①

1963 年，汉莎标志由德国最有影响力的平面设计师奥托·艾舍（Otl Aicher）修改成更系统化的视觉形象体系。2018 年，汉莎更换 Logo，原来 Logo 中圆环内黄色取消，与深蓝色尾翼融为一体，标志性的汉莎仙鹤也改为银色，经典的"汉莎橙"被"汉莎蓝"取而代之。一个更纤细的外圈使仙鹤看起来更优雅、轻盈，突出了仙鹤的图形，更容易识别，适应了数字营销时代的特点。

二、"Nonstop You 一路为你"整合营销传播活动

21 世纪初，航空业竞争加剧，全球开始了行业整合。2001 年美国航空公司（American Airlines）接管了破产的环球航空公司（Trans World Airlines），随后又进行了进一步的合并，包括 2008 年的西北航空公司（Northwest Airlines Lines Inc.）和达美航空公司（Delta Air），以及 2010 年的美国联合航空公司（United Airlines）和大陆航空公司（Continental Airlines Inc.）。此外，航空公司的低价竞争也对航空业市场带来了巨大挑战。

汉莎航空自 2012 年开始，在全球开展了"Nonstop You 一路为你"的整合营销传播。德国汉莎航空公司产品和营销高级副总裁雷诺德·胡贝尔（Reinhold Huber）博士说："新活动旨在为我们所有的目标群体带来汉莎航空的品牌理念和'一路为你'的承诺。"②他进一步解释："这次我们不再过多谈论汉莎为顾客提供什么服务或者做什么，而是做出改变，这次活动的重

---

① 图片来源：https://weibo.com/ttarticle/p/show? id=2310474204220709473303&infeed=1.

② "Nonstop You"-Lufthansa launches new ad campaignhttps://www.traveldailynews.com/post/%E2%80%9Cnonstop-you%E2%80%9D—lufthansa-launches-new-ad-campaign-48206.

点是'you'顾客。"通过"Nonstop You 一路为你"整合营销传播活动,将汉莎广泛的航线、舒适的休息室、人性化的服务带给旅客,巩固了其在商务旅行市场的领军地位。

(一)顾客参与和体验——一路为你

针对此前的调研"与消费者心理距离较远"的缺点,汉莎在新一轮整合营销传播中强调顾客的参与和体验。三年战役,始终围绕"you"顾客展开(图 9-2-2)。从顾客角度看到的个人愿望、故事和事件,让汉莎航空成为他们的梦想之旅。

广告以"Nonstop You 一路为你"为创意核心,彰显汉莎为顾客着想的品牌态度,关注的是人的感受,而不是机械和枯燥的逻辑;讲述的是人的故事,不是产品故事。无论如何,"顾客"始终是汉莎的起点,将每一个广告都变成顾客的故事(图 9-2-3)。广告反映在视觉语言和图像上,场景取自日常生活,图案看起来更加真实自然,标题采用有节奏的短音,朗朗上口,与顾客的汉莎旅行体验直接相关。

图 9-2-2 三年整合营销传播计划及主题[1]

---

[1] 图片来源:https://v.qq.com/x/page/g01811jmkc1.html.

图 9-2-3　以顾客为主题的广告片在社交网络和视频网站投放①

1.2012 年：消费者的一路故事

将每个广告都变成消费者的故事。无论是品牌形象稿还是促销稿，所有付费媒体上的画面和文案都以"人"为核心，讲述消费者的故事，消费者在旅途中的发现与感受，同时带出汉莎的优势，比如覆盖 170 多个国家和目的地的大型航空网络等。无论是商务还是休闲出行，每次都是一个故事；同样的故事应用在平面、数字、户外等各个媒体，吸引消费者的注意力。同时，汉莎在Facebook、Instagram、Twitter、XING、LinkedIn、新浪微博、人人、豆瓣等开通社交媒体账号，邀请消费者将自拍照添加到可共享的品牌明信片的移动广告中，为消费者提供免费的 Wi-Fi 移动广告，在德国、美国、中国等人流量大的场所投放户外广告，线上与线下相结合。

2.2013 年：汉莎 A380 与消费者一路互动

汉莎航空是中国市场首家启用 A380 客机的欧洲航空公司。2013 年，汉莎航空以 O2O 的方式把"A380 上海首航"打造成一个和消费者线上线下互动的活动，从而进一步深化"一路为你"的主题理念。在线上，汉莎航空通过微博邀请粉丝转发扩散 A380 线下体验活动，并邀请粉丝和 KOL 到线下参与快闪活动（图 9-2-4）。活动后将视频在网络上进行二次传播。在线下，汉莎航空以史无前例的快闪形式把"一路为你"活灵活现地带到消费者

---

① 图片来源：https://workingnotworking.com/projects/52777-lufthansa-nonstop-you-ad-campaign.

身边,将"一路为你"的品牌主张以歌曲的形式融合到快闪活动中,歌词对"一路为你"进行了很好的诠释,中西融合的快闪不仅有小提琴演奏和饶舌歌手,更有中式乐器和 hip-pop 舞蹈。从线上发起活动到引流线下快闪活动,再到线上二次传播,形成 O2O 闭环(图 9-2-5)。汉莎航空与消费者贴身互动,成为中国首家做快闪的航空公司。

图 9-2-4　互动战役——A380 快闪①

图 9-2-5　汉莎航空 Nonstop You A380 媒体投放②

3.2014 年:消费者一路体验新科技

2014 年,汉莎航空推出了第一款增强现实应用,旨在让感兴趣的顾客通过屏幕体验新的高端经济舱座位(图 9-2-6)。它提供了一个 360 度的新内部视图,并解释了新的功能和特点。用户可以为不同的对象创建计算机生成的动画,这些动画专为高端经济目的地提供。③ 为了增强顾客的乘机体验,2014 年汉莎航空将上海徐家汇地铁换乘通道变身机舱,屏幕呈现乘客从上飞机到下飞机一路

---

①　图片来源:https://v.qq.com/x/page/g01811jmkc1.html.

②　图片来源:https://v.qq.com/x/page/g01811jmkc1.html.

③　SCHRAUB I. A comparison analysis of the marketing strategy of Lufthansa and Emirates in Germany[D]. NSBE:Nova SBE-MA Dissertations,2016:15-16.

上可能会需要的服务，影像中的空乘以中英文向乘客亲切问好并询问和建议相关服务，让消费者在地面也能体验到汉莎对乘客的全程关怀。消费者通过感受地铁、户外广告的创意表现，领略汉莎以客户为中心的服务精神。

图 9-2-6　汉莎经济舱座椅虚拟体验①

(二)传播策略——connection architecture

通过"connection architecture"模型，精准围绕消费者的生活路径，整合付费媒体、自有媒体和赢得媒体等平台设计消费者的媒介接触旅程，不断将"Nonstop You"渗透到消费者身边，制造声浪引发多屏广泛关注，让消费者切身感受到德国汉莎航空的优质服务（图 9-2-7）。

图 9-2-7　"一路为你"跨屏整合传播计划②

---

① 图片来源：https://www.sohu.com/a/224370468_732818.

② 图片来源：https://www.kolle-rebbe.de/en/work/nonstop-you.

以中国为例,汉莎的微博官方账户有 30 多万粉丝,汉莎配合传统媒体,与消费者进行互动和沟通,用不同的标签和帖子深入阐释"一路为你"的精神,赢得了媒体,获得了大范围传播。在 PC 端,以 mini-site 的形式推广汉莎的历史和 88 周年活动。在手机端,开通微信官方服务号,以 H5 广告的形式进行推广。

(三)媒体策略——"The Net Work One"

"Nonstop You"整合传播活动自 2012 年 3 月在欧洲市场率先被推出,由德国知名广告公司 Kolle Rebbe 负责,通过其全球广告代理网络在 35 个国家/地区启动全球"Nonstop You"活动(图 9-2-8),媒体创意从酷炫的产品展示转向以乘客为焦点的情感旅行体验,在具体执行中根据各个国家地区的需求和结构调整其广告活动。

3 月 5 日在德国主要日报如《法兰克福汇报》(*FAZ*)、《南德意志报》(*Süddeutsche Zeitung*)和《世界报》(*DIE WELT*)等推出,电视广告 3 月中旬开始跟进,几周后,新的广告互动在欧洲市场被推出,并在 2012 年下半年全面铺开以突出汉莎航空在全球的影响力。①

图 9-2-8　汉莎"Nonstop You 一路为你"在全球 35 个国家/地区全面展开②

(四)传播效果

在传播效果方面,由全球市场机构 GFK 结合线上数据实时给出评价,包括品牌印象、品牌知名度、消费者首选等指标。

1.品牌印象:对消费者个人有亲和力的品牌印象提升超额 85％,达到 55％(调研指数 56 到 87)。

2.品牌首选度:消费者首选提升 100％(调研指数 17 到 34),在所有航空公司中排名第一。

3.品牌知名度:无提及品牌知名度提升 123％(调研指数 22 到 49),超出目

①　资料来源:https://travelbiznews.com/lufthansa-launches-nonstop-you/.

②　图片来源:https://www.kolle-rebbe.de/en/work/nonstop-you.

标,在所有航空公司中排名第三,在国际航空公司中排名首位,销售涨幅比预计多 1 倍多,达到 200％＋。[①]

三、汉莎在中国的其他营销活动

1926 年 7 月 26 日,在公司仅成立 6 个月后,汉莎航空就来到中国。汉莎航空一直致力于为中国出境游乘客提供高品质的服务。优选经济舱就是汉莎航空主推的一个产品,优选经济舱是一个全新的舱位概念,为乘客带来更多舒适并以较为实惠价格创造完全不同的旅行体验。它登陆中国市场后,为乘客提供包括头等舱、商务舱、经济舱等在内的四舱产品,可满足所有类型乘客的不同需求。

"Nonstop You 一路为你"在中国取得了良好的市场效果,树立了贴心温暖的品牌形象,从知名度到首选和销售方面都取得了超出预期的效果。三年整合营销传播战役结束后,汉莎航空在中国 88 周年暨成立 100 周年进行了事件营销、庆典营销以及自媒体的自发推广,成功保障了品牌曝光度。

(一)汉莎 100 周年全新形象

2018 年是德国汉莎航空成立 100 周年,他们决定用一种特殊的方式来纪念这一历史时刻,那就是全新的标志和飞机涂装。此前就有航空媒体提前发布了汉莎航空将要采用的新标志和涂装。从图 9-2-9 可以看出,新标志从过去的圆环内黄色变成了和尾翼融为一体的蓝色,标志性的蓝色仙鹤也变成了银白色,汉莎飞机涂装则变成了深蓝色,尾部涂装的区域也有所扩大。

图 9-2-9　2018 年汉莎航空新涂装[②]

---

① 数据参阅:https://v.qq.com/x/page/g01811jmkc1.html.

② 图片来源:http://inews.ifeng.com/55704724/news.shtml?&back.

(二)升级产品,提升品牌体验

自 2018 年 12 月起,北京、香港航线上的波音 747-800 配备 32 个优选经济舱座位,并作为第一批安装优选经济舱的航班,飞往法兰克福。在推出配备全新平躺式座椅的商务舱后,汉莎航空经济舱和商务舱拉开了较大差距,因此为新推优选经济舱开辟了市场空间。至 2019 年夏天,中国航线上的航班全面配备优选经济舱。优选经济舱不仅座椅空间和舒适度大幅提升,还添加了许多特色产品,但平均价格更趋近经济舱而非商务舱。这一举动也意味着 35 年来汉莎航空第一次推出全新舱位。

(三)共享代码,加强本地化合作

自国航加入星空联盟(Star Alliance)后,汉莎与其合作更加紧密,共享代码。比如在法兰克福航线上,乘客买一张票,可以飞汉莎,也可以飞国航,彼此之间可以互换航班,但促销票一般不共享。汉莎的欧洲网络是全球最强的,通过四个枢纽法兰克福、慕尼黑、苏黎世、维也纳,可以转机到欧洲的任何地方。国航的乘客如需转机,可使用双方内部的资源飞往其他城市。在中国,同样可以共享国航网络。同时,星空联盟内旅客的积分都是互通的。到目前为止,国航与汉莎航空在中德航线双方运营的所有航班上实施代码共享,同时,双方还通过德国和中国境内代号共享以及第三国代号共享,将网络在中国和德国境内扩大延伸。两公司新建立的联营合作也将为旅客提供更多产品选择和自由组合,联营将带来更多出行选择和航班衔接。

(四)自媒体传播,增加品牌信任度

汉莎航空以邀请自媒体博主测评的方式,一方面提升在乘客群体中的知名度,另一方面也是品牌实力的呈现(图 9-2-10、图 9-2-11)。通过自媒体博主的"切身体验"拉近了与其他受众的距离,增加了汉莎航空优质服务的可信度。自媒体的传播给汉莎航空品牌知名度的提升建立了良好基础,品牌通过自媒体的传播提高了曝光度,自媒体通过汉莎品牌也得到了足够的关注度。

图 9-2-10　B 站博主 MAX 汉莎航空测评(2020.04.05)①

图 9-2-11　汉莎航空餐食测评②

---

① 图片来源:https://mp. weixin. qq. com/s/SBzLNyeaViVm4X12zzKbAg.
② 图片来源:https://mp. weixin. qq. com/s/SBzLNyeaViVm4X12zzKbAg.

四、小结

汉莎航空能够位居航空领域的第一,除了其自身优质的旅飞服务外,我们还要看到其在品牌力打造方面所付出的努力。通过主题营销、事件营销、借势营销、KOL 传播等多种方式整合媒体资源,以整齐划一的声势传递一致的品牌信息,质量、创新、安全与可靠。汉莎航空公司通过在中西各国的传播,塑造了强大的国际影响力,这也成为汉莎航空能够在时局的诡谲中保持长青的奥秘所在。

第十章　互联网品牌生存法则

渐进思想是创新的最大敌人。

——尼古拉斯·尼葛洛庞帝(Nicholas Negroponte)

第一节　互联网品牌生存法则

据最新全球数字报告显示,截至 2021 年 1 月,全球互联网用户总数已经超过 46.6 亿,比去年同期增加了近 3.16 亿用户,全球网络渗透率达到 59.5%。同时,数据表明全球范围内拥有手持移动终端的用户总数约为 52.2 亿,相比去年增加了近 1 亿用户。[①]

互联网发展势不可挡,它正在席卷世界的每一个角落。从原始森林的土著居民到现代社会的"数字游民",持续革新的技术,作为一种强势猛进的生产要素盘踞在人类的生存体系之中。依托互联网技术和互联网空间得以生存和发展的互联网品牌,随着时代的浪潮晃荡摇摆,不断探寻未来的航向。

如何在互联网的技术风暴中得以幸存,是互联网品牌亟须应对的问题。这不仅要求所有的互联网品牌牢牢把握这场"技术风暴"的来路、走向和规律,更需要他们为自身打造坚固的根基与完善的"抗风险"体系,找到一条符合自身发展的"品牌传播之路"。依据互联网环境、技术和用户的特点,互联网品牌需要从多元交互的角度去审视自身的品牌建构。无论目前品牌的知名度高低与否,用前瞻性的目光为自身谋得可持续的发展才是得以生存的关键。因此,本章所讨论的互联网品牌生存法则,实质上也可以视作互联网品牌传播法则。

---

① 199IT. WeAreSocial:2020 年全球互联网概览报告[DB/OL]. (2021-02-09)[2021-03-20]. http://www.199it.com/archives/1199399.html.

一、互联网品牌的概念

什么是互联网品牌？总的来说,互联网品牌并没有十分明确的定义。因为它涉及品牌相关的产品内涵、传播渠道、营销形式等多方要素,不能简单地一概而论。在这里,本章所讨论的互联网品牌是从狭义上去界定的,即在互联网上建立起来,以互联网作为生存和发展空间的品牌。互联网品牌根据其所提供的产品和服务内容分类,大致可以分为两大类,分别是资讯类和电子商务类。资讯类互联网品牌的内容服务主要是各种信息资讯或应用服务,如门户网站、搜索引擎、财经信息、应用软件和网络游戏等;电子商务类的互联网品牌主要注重电子商务市场的开拓,通过为用户提供交易平台、交易服务等内容获取收益。①但近年来,越来越多的互联网品牌开始将目光转向品牌延伸领域的创新与开发,单纯地用其所提供的内容或服务为品牌分类似乎有失妥当,多元化的品牌内涵要求我们用发展的眼光去看待互联网品牌创新之路。

从技术的角度出发,如今的互联网发展是基于 Web2.0 向 Web3.0 过渡的阶段。Web2.0 时代的典型代表是社交平台,在互联网技术的支撑下,用户有了更为共享、紧密和移动的空间,他们在这里自我表达、交流互动。同时,这也为互联网品牌发展提供了一个极具潜能的传播渠道与升值平台。近年来,发展社交经济,注重用户的社区化、社群化,已经成为互联网品牌发展的趋向。不同于传统的品牌传播之路,互联网新环境下的品牌传播更加注重受众体验、资源联动和技术创新。

诚然品牌的可持续发展离不开企业的营收利润,但从根本上来说,真正的品牌价值来自消费者对品牌的美誉度与忠诚度。互联网环境下的受众,不同于以往传统商业模式中的消费者。他们有较强的自主能动性,面对互联网生产的内容与服务,他们有权选择自己最感兴趣的部分进行订阅和付费,这一消费行为将互联网品牌放在了被动的位置。在这个过程中,互联网品牌只能被动地展现、提供和分发内容,等待受众挑选、试用与购买。其次,互联网用户的注意力往往是分散的。不断更新迭代的互联网产品使得用户的注意力很难集中于产品本身,而是更多地分散在产品传播的渠道和挑选产品的过程中。最后,互联网用户对于互联网品牌的忠诚度较低。基于互联网产品的多样化和产品获取渠道的多元化,用户可以在多个产品和结点之间跳跃,只要某次体验或某个细节不尽如人意,他们随即转向另一个平台,选择另一个产品,以及享受另一种服

---

① 潘广锋.网站特征对互联网品牌忠诚的影响机理研究[D].济南:山东大学,2013.

务。因此,互联网用户对于互联网品牌的忠诚度往往很难被筑造起来,这也促使互联网品牌将发展重心朝品牌延伸的维度上偏移,从而催生了多样化的"互联网＋"模式。

二、互联网品牌与传统品牌的区别

从品牌理念的视角上看,互联网品牌与传统品牌的最大区别在于品牌发展平台的差异。借助网络社会的红利,以互联网为根基发展壮大的互联网品牌相较传统品牌并没有历时性意义上的深厚底蕴。一些老字号品牌如"同仁堂""五芳斋""老干妈"等,凭借其数十年甚至上百年经营累积的知名度和市场优势,往往具有不可撼动的品牌地位。传统品牌与互联网品牌在品牌理念的侧重点上也有所差异,传统品牌通常以成熟的制作手艺和时代记忆为卖点,培育代际消费者的品牌忠诚度;而互联网品牌为适应互联网的更新迭代与开放共享,其定位的受众通常只是一部分群体,且互联网受众的选择成本较低,他们只需要点击不同链接即可浏览多种竞品的信息,因而互联网受众的品牌忠诚度远没有传统品牌的消费者那般深厚,这就是发展平台差异导致的品牌理念差异,但可以确定的是,以受众为核心的品牌理念是互联网品牌得以生存的核心法则。

从品牌建设的意义上阐述,传统品牌通常采用线下实体店连锁分布的形式进行市场渠道的铺建,且在互联网渗透之前,传统品牌多依赖于传统媒体进行广告投放,如经常占据报纸、杂志、电视等媒体的巨幅版面进行广泛性的品牌认知普及等。一方面,传统品牌惯用的品牌建设方法相较互联网品牌成本高,风险高,管理难度大,且收益日渐式微。传统品牌在线下实体店铺的管理上,势必要付出巨大的人力、物力和时间,且垂直化的人员排布也使得传统品牌在上线之前呈现效率低下、人事情况混杂等问题,这对品牌的良性发展少有实质性的帮助。但另一方面,传统品牌成熟完善的生产线,雄厚的资本优势,有口皆碑的产品质量,都是其在互联网时代依然常青的理由。互联网品牌由于采用互联网手段进行品牌的搭建与铺设,因而成本低于传统品牌。在品牌铺建的过程中,与受众的每一次交集都是品牌建设的一次契机。基于互联网社交化的特性,互联网品牌的目标受众是自带流量的消费人群,他们能帮助互联网品牌更高效地捕获同质化的受众,为品牌带来源源不断的用户流量。

基于互联网技术革新的福利,互联网品牌进行品牌建设的渠道与平台也日趋广泛,视频类、音乐类、相机类、社交类应用程序的流行,结合各类渠道的社群化运营,为互联网品牌实现品牌拓建带来了蓬勃的生机。以受众为核心的互联网品牌需要解决的问题是,如何为用户打造舒适、便捷、安全的用户体验,激发用户的购买欲望、激活用户的购买意识,为用户创造只属于他们的购买体验,使用户真正成为品牌的粉丝。

从品牌传播的角度观察,互联网品牌与传统品牌的不同主要在于传播主体、传播模式、传播手段、传播内容以及传播技术。在这里,我们尝试从以下五个层面去探讨与归纳。

(一)品牌传播主体的多样性

互联网的出现打破了时空的界限,其包容、开放、共享的特性赋予了互联网用户更大的话语权力,单一的传播向度被颠覆重构,互联网品牌传播的主体权力与传统品牌相比不再单单是品牌企业本身,而是弥散到各个用户(体验者)的身上。特别是移动互联网的普及,加速了传播权力弥散的历程。据最新数据显示,截至 2021 年 1 月全球约有 52.2 亿活跃的移动网络用户,占到了同期全球总人口的 66.6%。① 这意味着互联网用户能更加便捷地进行信息的捕获、浏览、传递和反馈。与此同时,传统品牌的代言人身份在互联网环境下被每一个互联网用户所取代。互联网品牌的用户体验将通过用户的评论、打分、反馈和推荐等方式得以体现,而互联网品牌本身也在与用户的交互中得到传播与呈现。互联网用户的个性化特征使得他们更倾向于了解已经体验过意向产品或服务的用户的感受与建议,而并不十分重视品牌自身的说辞。这就是近年来互联网品牌常常与社交平台的"意见领袖"们展开合作的原因,用户更愿意相信自己追随的"意见领袖"的评价与建议,虽然这种体验并非来源于自身,却比亲身体验更有说服力。

(二)品牌传播渠道多元化

互联网品牌的传播渠道呈多元化趋势,这离不开互联网技术的迅猛发展。一方面,品牌方会在主流社交平台上开通属于自己的官方账号,依托社交平台的流量进行品牌传播;另一方面,他们也自主研发了独立的应用软件,进行整合式传播与营销,构建自己的用户社区,提供更为优质与个性的产品服务。而传统品牌通常采用在传统媒体上投放广告,开展线下即时体验活动等手段调动消费者进行体验,相较互联网的快速、精准、高效,传统品牌的普遍撒网、线下吸睛的模式已经相形见绌。活跃于主流社交平台的互联网品牌的常见做法是将社交平台的关注者引流到品牌的自建平台上,获取目标受众更为精确的个人信息和建议反馈。通过鼓励用户在社交平台上展示自己对于品牌的感受和体验,互

---

① 199IT. WeAreSocial:2020 年全球互联网概览报告[DB/OL].(2021-02-09)[2021-03-20]. http://www.199it.com/archives/1199399.html.

联网品牌实现了第二波流量扩张。就是凭借这样的循环机制,互联网品牌拓宽了自己的传播渠道,开始将目光转向线下。利用自身的品牌红利和用户流量,互联网品牌选择理念契合的实体企业进行合作,将用户的线上体验迁移至线下,致力于为用户打造更为真实立体的体验环境,同时这也掠夺了实体企业原有的客户资源,形成线上线下联动传播的局面。

(三)品牌传播受众的多维性

互联网技术的发展促进了新媒介的发展,两者以相互交融的姿态汇聚于互联网空间,促使互联网品牌迸发出更蓬勃的经济潜能。互联网大环境下的用户有别于传统品牌的消费者,他们更灵活、自由、能动,对于互联网品牌来讲,这既是裨益又是威胁。传播受众的多维性一方面体现在他们自身的独特属性之上,另一方面则体现在他们的传受角色和用户生产内容之上。话语权的重新分配和传播权力的瓦解,使得新媒介语境下的传受角色合而为一,加之手持移动端设备的发展普及,用户拥有更多时间和渠道在移动互联网上"游荡"。用户生产的内容成为互联网信息生产的主要组成部分,弥散在互联网空间之中,通过用户之间的虚拟交往传播与扩散。互联网品牌的传播多扎根于用户生产内容,运用新兴的新媒体平台,如抖音、小红书、微博、微信公众平台等,持续锻造品牌的互联网价值。但与此同时,应对品牌受众和用户生产内容的多样性对互联网品牌来说亦是一种挑战,如何根据不同的媒介渠道特性和媒介平台的用户特性,生产既有传播效力又契合品牌自身价值的内容和服务是互联网品牌亟待解决的问题。

(四)"碎片化"信息的聚合性

科特勒在谈到建立品牌时曾说:"品牌是一个名称、术语、符号、图案,或者是这些因素的组合,用来识别产品的制造商和销售商。它是卖方做出的不断为买方提供一系列产品的特点、利益和服务的允诺。"[①]虽然这是针对传统品牌所做的阐述,但对于当下互联网品牌的建构仍具现实意义。互联网品牌也有名称、术语、符号、图案等一系列的品牌标识,譬如说起腾讯就想到它的"企鹅"标识,说起百度就想到它的"脚印"标识等。但我们应该看到,互联网品牌的传播不仅仅局限于这些设计类的标识元素,而应从"产品的特点""利益和服务的允诺"等关乎品牌认知与联想的深层次要素上去考虑品牌的传播。所以,互联网品牌传播也是建立在一系列要素基础之上的传播,它们构成了品牌传播的信息源,并试图唤醒互联网用户的体验欲望。当聚合的互联网品牌信息流与弥散在

---

① 菲利普·科特勒.市场营销学导论[M].俞利军,译.北京:华夏出版社,2001:212.

网络空间的"碎片化"信息进行碰撞时,用户的注意力分配可能会出现紊乱,但足够强大的品牌架构体系能巧妙地将这些"碎片化"信息聚合到信息流之中,形成体量更为巨大、流速更为迅捷的品牌信息流,从而增收品牌的流量效益。

(五)品牌传播对互联网技术的依赖性

毋庸置疑的是,互联网品牌的传播比传统品牌更加依赖于互联网技术的发展。不断革新的互联网技术不仅扩增了互联网品牌的生存空间,更为互联网品牌的创新提供了多重路径。自 20 世纪 90 年代末即时通信软件的兴起,到社交网络的勃兴,再至时下人工智能与物联网的介入,技术的力量已渗透到人类生活的方方面面。明显的趋势是,人与人之间的交互关系正经历着"虚拟化",现实的人际关系被虚拟的社交关系所掩盖,而技术无疑加速了这一历程的演变。越来越多的互联网品牌尝试运用大数据算法的推荐机制向用户分发内容,此时算法承担了品牌定位的任务,而且很大程度上比人为判断更精确。通过个性化的定制服务,互联网品牌提升了用户体验的私密性和趣味性。同时,互联网品牌所拥有的互联网技术也对其他内容提供商和流量商有很大的吸引力,因为他们总是希望可以找到一个能为其精准定位的搭载平台。因此,互联网品牌的传播离不开互联网技术,可以说互联网技术是互联网品牌生存发展的无形资产。

三、互联网品牌传播的内涵

品牌传播是一种动态的操作性的实务,余明阳、舒咏平教授提出品牌传播,"即通过广告、公共关系、新闻报道、人际交往、产品或服务销售等传播手段,以最优化地提高品牌在目标受众心目中的认知度、美誉度、和谐度"[①]。

基于此,互联网品牌传播是指互联网品牌以其品牌的核心理念作为价值原则,根据互联网用户在消费过程中的新特点,发挥互联网品牌的核心技术优势,更新完善互联网品牌的识别系统,在具体的传播活动中,选择以互联网技术为依托的传播方式,通过互联网平台进行分发推送,从而将互联网品牌特定的理念和价值推广出去,不断巩固自己在互联网市场的品牌地位,打造更加丰富饱满的品牌形象,最终使品牌得到可持续发展。

在信息高度发达的互联网时代,社会的诸多内容均呈现符号化的趋势。与其说互联网品牌提供的是互联网产品或服务,不如说是一种基于消费场景的感官体验。用户在这个具有隐匿性的庞大共享空间里,渴望平等交流、自我表达,

---

① 余明阳,舒咏平.品牌传播刍议[J].品牌,2001(11):8-10;舒咏平.论"品牌传播"[J].国际新闻界,2002(3):63-68.

比起功能性的消费需求,他们更需要获得轻松自由的消费体验,这便赋予了互联网品牌传播全新的内涵。虽说以利益为发展根基的互联网品牌倾向于在传播策略上下功夫,往往会选择扩大具有可操作性的实务范畴,但若是因为过分关注传播手段而忽视了传播的本质,那么既达不到品牌预期的理想效果,也无法令品牌得到良性发展,实在是得不偿失。

再者,对于互联网品牌的感受与评价既然在于用户本身,品牌在构建自身体系之时,应该将受众体验置于中心的位置,再发散开去,完善与之相关的品牌定位、品牌战略、品牌管理、品牌营销、品牌延伸、品牌保护等一系列决策方针。值得注意的是,互联网品牌在考虑用户体验的同时,要结合产品或服务的应用场景,才能提出行之有效的解决方案。基于受众体验的品牌建设又会延伸出新的问题,如果互联网品牌完全以用户需求为导向进行生产与创新,势必在某种程度上造成道德和伦理的失范,因此这就要求互联网品牌在正确的品牌理念和价值观的指导下,进行品牌的发展和创新。

最后,互联网信息传播呈现"碎片化"的特性,赋予了互联网品牌传播另一种新的内涵。"碎片化"不仅指信息呈现方式的改变,更关乎信息传播方式的游移。这要求互联网品牌提高精准定位目标受众的能力,摸清各类网络传播渠道的特点,用"渠道＋目标受众"的传播模式,为品牌生存谋得新的机遇。值得思考的是,"碎片化"传播的背后是什么? 答案也许还得从受众阶层的"碎片化"展开。受众群体的属性决定了他们对于互联网的接受能力、使用频率以及理解程度,相应的这也决定了互联网品牌的大部分受众是时下的青年人。从用户的群体属性上来说,互联网品牌的受众有一定的共性;但从用户的个人属性上来看,互联网品牌的受众又别具个性。因此,互联网品牌的发展思路应该是找准品牌定位,挖掘集群式、多元化的业务市场,根据不同市场的受众群体进行个性化定制服务,降低品牌创新的投资风险。

四、互联网品牌的生存困境

之所以在这里讨论互联网品牌的生存法则,是因为互联网品牌在其品牌传播过程中的确会遇到不小的生存困境,这无疑阻碍了互联网品牌的可持续发展和创新。因此,只有知悉互联网品牌传播的困境,才能找准对策进行突破。

(一)传播创意的同质化

不同赛道的互联网品牌,拥有不同的技术优势和创意执行。例如科技类互联网品牌谷歌(Google)、脸书(Facebook)等,十分重视人工智能技术和虚拟/增强现实技术的发展,它们的品牌传播都是基于此类前沿科技所展开的,同时他们也大力发展品牌延伸领域的内容生产、设备更新和互联网服务。谷歌和脸书都成立了自己的人工智能实验室，希望通过人工智能和互联网的结合，加速开拓蓝海市场，挖掘产业潜能。与此同时，两家互联网巨鳄都对物联网的发展抱有热忱，例如谷歌研制的智能家居终端 Nest Hub Max，脸书推出的用来打造让用户远程控制车库门遥控开关和恒温计等家庭设备的开发者工具等。可以看到，性质相仿的互联网品牌往往有相似的品牌前瞻战略，这也就催生了在进行品牌传播时传播创意的同质化现象。值得一提的是，谷歌和脸书每年都会定时召开开发者大会，在大会上宣讲自己过去一年的成果，并向来自全球各地的互联网从业人员传递自己的品牌理念。

(二)传播效果无法掌控

互联网空间的传播效果很难用固定的标准进行衡量。一方面，如果将用户的注意力当作衡量尺度，那么能博取用户注意力的品牌，其传播效果就最佳吗？用户的注意力要用什么指标来衡量，时间还是卷入度？另一方面，只要能博取眼球，该互联网品牌的传播效力就高了吗？显然不是。这之间还存在一个转换率的问题，如何把用户的注意力变"现"？如何提高用户的使用留存率？如何将这种留存率升华至用户对互联网品牌的忠诚度？这三个"如何"才是互联网品牌应该关注的焦点。因此，互联网品牌传播的效果存在难以量化、难以控制的特点。前文也已提过互联网品牌的被动呈现，供过于求的互联网市场从来不缺内容和服务。如何将被动变为主动呢？这势必是一个漫长的过程，而且需要品牌全方位、全时段的管理体验，才能逐步获取互联网环境下的用户忠诚度。

(三)传播模式有待完善

近年来互联网品牌的线上传播模式已日臻成熟，可以说大部分是基于用户心理认知结构所设计的。注重用户的体验和社交需求反映出的"以人为本"的向善理念已经被互联网巨头采纳并付诸实践。但在与实体经济的联姻上，互联网品牌的传播模式还有待完善。互联网企业常用的品牌建构是收购实体企业或科技企业，试图吸纳被收购企业的线下资源和技术优势，扩张自身的产业布局。例如，谷歌自从 2006 年收购 YouTube 以来，就没有停下它的收购步伐，据最新数据显示，谷歌收购的公司已经超过 200 家。但互联网品牌的收购往往也伴随着外界对互联网企业内部结构的非议，谷歌就常常受到外界对其企业重组和运营危机的猜测。因此，收购是把双刃剑。任何收购都存在着风险，它既需要与企业的发展脉络一脉相承，也需要契合品牌自身的理念，才能为品牌所用，助力品牌的创新与发展。但是，在利用线下资源进行整合传播的过程中，互联网品牌还需要一套更完善的传播模式。如何充分利用实体企业的资源？如何充分发挥科技企业的技术优势？如何使品牌传播的效力增强？这些问题还有待进一步思考和实践总结。

（四）传播过程的监管问题

虽说互联网品牌在传播过程中要以用户体验为导向，但过度迎合也将导致品牌价值与伦理道德的背道而驰。技术手段一方面为我们的生活带来了诸多进步和便利，但另一方面也给互联网监管和审查带来了巨大挑战。互联网品牌应该在尊重市场公共秩序的前提下，以科学的品牌理念和品牌价值观为指导，进行有意义、有品格的品牌传播。互联网品牌若是一味地以用户需求为导向，盲目地追名逐利，无视自身的发展路径和发展理念，也许能为其带来一时的盈利，但长远看来实则是对品牌自身的戕害。事实上，监管并没有想象的那么容易。有些互联网品牌出于侥幸和投机心理，生产传播大量不合规、不合法、有违道德的恶性营销内容，并通过自身搭建的平台或是外部的引流渠道进行不良信息的炮制和传播。这种分源式的扩散模式加大了界定责任主体的难度，因此监管可以说是无从入手。

（五）传播渠道搭配不合理

互联网时代，用户的品牌忠诚度相对较低，所以大多数企业积极开展品牌延伸领域的业务，通过多元、零散的业务布局，降低品牌的创新风险。而在品牌延伸领域，往往会出现品牌传播渠道搭配不合理的现象。这有很大一部分原因是用户对于互联网品牌的品牌联想较为固定，例如一提到谷歌，我们就默认为它是一个搜索引擎，而不会想到它还有智能手机、智能家居、人工智能、云端计算等业务。因此，品牌延伸领域的内容与服务该如何进行品牌传播呢？该领域的品牌传播渠道又该如何搭配呢？如何利用品牌形象为延伸产品在激烈的同类市场中打通销路呢？专注于进行网络内容生产的互联网品牌在挑战"实体化"的进程中，又该如何应对实体经济的冲击呢？互联网品牌传播的转型存在风险，"实体化"延伸的背后又是什么？可以肯定的是，互联网平台的流量饱和加之用户的消费升级都是影响互联网品牌传播转型的重要因素。

五、互联网品牌生存之道

在阐述了互联网品牌传播的内涵与困境之后，我们来谈谈互联网品牌有哪些可以尝试的品牌生存法则。

（一）善用互联网创新技术

随着互联网技术的不断发展，一个大的趋势是未来人类的生活将依附于互联网,甚至人类将成为它的"俘虏"。互联网巨头们对前沿科技的热衷为此推测增添了凭证,大数据分析和算法分发机制现已被广泛地应用于互联网品牌的传播之中。正如前文提到的,通过算法和数据推演所得到的用户定位比人为判断要准确得多。因为在获得权限的前提下,用户在设备或是终端上的每一条痕迹和每一个数据都会被记录和留存下来。很多时候,算法和人工智能比你自己还要了解你自己。以这样的技术手段为支撑进行品牌传播,势必事半功倍。摒去转化率的问题不谈,互联网品牌的目标曝光率越高,它们的传播成本也就越低,受众消费倾向则越高。再来谈谈 VR/AR 技术对于互联网品牌传播的影响,这两种技术看似不同,实则本质是一样的,都是能够放大用户感官体验的手段。VR/AR 技术能为用户打造一个现实中不存在的场景,用户置身于其中不仅能实现生活中无法做到的事,还能邀请其他用户进入同一个虚拟场景。试想,当互联网品牌传播介入这样一个虚拟空间之后,品牌传播又会有怎样的传播效力呢?人工智能技术更是互联网品牌传播中不可忽视的一种方式,机器能够通过自我习得机制不断提升工作效率。

(二)构建互联网思维

互联网品牌传播究其根本是基于互联网思维的传播,所以在这里简要谈谈三种互联网思维对于互联网品牌传播的启示。

1.互联网品牌传播需要社群化思维。社交平台作为互联网品牌传播渠道中必不可少的部分,向来是互联网巨头们的必争之地,谁都希望获取社交平台的流量红利,抢先占据市场高位。互联网品牌看重社交平台的传播是有原因的,因为社交平台具有群体同质化的特点,也就是说当现实的人际交往被搬到互联网上之后,人与人之间的关系仍旧保持着社群化的形式。因为互联网赋予用户塑造多重身份的可能性和平等自由的表达权利,所以这种同质化的联结往往比现实生活中的关系来得更为猛烈和冲动。社群化的互联网思维要求互联网品牌在传播时,可以尝试对社交平台的受众进行分析,找出核心关联社群以及弱关联社群,有针对性地进行品牌传播。

2.互联网品牌传播需要平台化思维。平台化思维是以用户体验为中心的思考路径,在互联网空间中,产品、内容、服务都不应局限于它们自身,而是应该把它们打造成一个集成式的平台,用平台化思维代替生产性思维。互联网品牌自身固然需要优质的产品、内容、服务来支撑它的可持续发展,但为了扩大品牌的影响力,在制定品牌传播策略时应当尝试选择平台化的模式,即将产品、内容、服务整合到同一个应用端内,并为其他互联网品牌的入驻搭载渠道,从而使互联网品牌自身达成从单一的内容供应商到互联网平台运营商的角色转变。当互联网品牌在集成式平台上进行品牌传播时,就能迅速打通原先各内容模块之间的壁垒,增强用户群体之间的交互沟通。这样的良性机制同时也将吸引更多的互联网品牌入驻平台,最终形成一个品牌价值螺旋上升的闭环模式。

3.互联网品牌传播需要生态化思维。所谓生态化思维,就是以互联网产业为基点,整合联动其他朝阳产业的流量与资源,共同形成互联网辐射下的产业生态系统。例如,近年来逐渐回潮的互联网品牌"实体化"现象,一个典型的案例是美国电商巨头亚马逊公司于2018年收购了全美第一的有机食品超市——"全食"。互联网品牌反哺实体业的趋向越来越显著,扎克伯格(Mark Elliot Zuckerberg)在描绘Facebook的发展愿景时,曾这样说道:"未来十年,我们将建造各种东西,从Oculus头部设备,到太阳能飞机。我们的各个团队一直都有自己的实验室,但是我们的新实验室是一个枢纽,在这里工程师可以一起工作,让连接世界的进程变得更快。"①互联网品牌进军制造业这一行业风向究竟释放着怎样的信号呢?互联网品牌传播又能从中找到怎样的策略指向呢?不容忽视的是,在以互联网为核心的经济生态之中,互联网品牌传播的策略将更多元化、更灵活、更"无章法可寻"。

(三)打造"互联网+"全渠道模式

互联网品牌在传播过程中,要善于运用"互联网+"的模式,积极展开产业联动,为受众打造更极致的消费体验。例如,近年来电商类的互联网品牌十分推崇"新零售"模式。新零售的全渠道营销区别于原有的O2O,它不仅包含线上与线下,还需要改善消费环境,强化用户体验,升级物流,将线上、线下与物流这三者进行深度融合。② 互联网品牌在将自身触角延展至线下的同时,也要考虑相应配套的传播策略,提高品牌传播的效力,才能克服不同市场之间的价值壁垒,充分发挥产业融合的优势。通常的做法是,互联网品牌将线下渠道的受众引流至线上的集成式平台,以此激发受众的潜在消费需求,获取额外的市场效益。又如,互联网品牌与物联网的结合。"互联网+物联网"的商业模式大致有两种路径。一是互联网品牌自主研发物联网智能终端设备,并将其作为品牌传播的载体,这可以被视为一种"功能性品牌传播";二是互联网品牌注重物联网端口的研发,通过搭载其他智能终端的供应商,以这些供应商为品牌传播的媒介渠道,达到多元化品牌传播的目的。 总之,互联网品牌依托"互

---

① 第一财经.Facebook进军制造业:未来十年,我们将造各种东西[DB/OL].(2016-08-05)[2019-04-15].https://www.yicai.com/news/5057241.html.

② 姜佳金.新零售环境下互联网品牌运营的矛盾及解决方法[J].流通经济,2018(11):1-2.

联网＋"全渠道传播是基于互联网技术的发展与革新并通过全渠道、多维度传播的整合。

六、互联网品牌的生存法则

互联网时代风云莫测,这是朝气蓬勃的时代,也是危机四伏的时代。在互联网空间生存与发展的互联网品牌,如何才能在这场"互联网风暴"中找到生机与航向呢? 品牌自身优质的内容与服务固然重要,但也许品牌传播才是引领品牌走出困境的那盏明灯。根据本节所讨论的主要内容,现将互联网品牌的生存法则归结如下。

(一)清晰的品牌定位

互联网品牌最首要的任务就是找准自身的定位。在品牌发展的不同阶段,互联网品牌必须厘清:品牌传播的主体发生了哪些变化? 品牌传播的受众是谁? 他们具有什么特点? 他们的需求是什么? 品牌传播的渠道又有哪些特性?只有仔细考虑上述问题,互联网品牌在进行品牌定位之时才能进一步提升品牌传播的效力。

(二)用户体验为主导

用户主导是互联网品牌生存的重中之重,互联网品牌究其根本就是为互联网用户提供内容与服务的供应商,而用户的体验决定了他们对于品牌的感受与评价,这也就决定了品牌生存的命脉。互联网品牌的发展与创新应该建立在以用户体验为核心的价值导向上,只有这样品牌发展才能取得长足的进步。

(三)多样化的传播策略

互联网品牌在确立自己的品牌传播定位之后,就应着手考虑如何制定品牌传播策略。互联网品牌应用互联网思维来管理和制定品牌传播的路径。同时,互联网品牌也须注重社群化、平台化、生态化思维的运用,以品牌自身的理念为指导,以品牌自身的发展战略为导向,才能得出一套行之有效的传播策略。

(四)传播模式的创新

互联网品牌传播模式多依仗于互联网技术的发展与革新,例如采用前沿科技进行互联网内容与服务的更新迭代,以技术创新拓宽品牌传播的渠道,为品牌提供更多传播渠道的选择方案。因此当下的互联网品牌传播模式创新是建立在科技创新的前提之上的,互联网品牌只有加大技术创新的力度,才能在品牌传播效力上实现突破。

第二节　互联网品牌案例——Keep

21 世纪伊始至今,互联网凭借其开放、共享、便捷、交互等特性,给人类生活带来颠覆性的改变。据最新数据显示,截至 2021 年 3 月,全球使用互联网的人数已经占到全球总人口的 65.6%,其中北美地区的网络使用率更是高达93.9%,位居全球第一。[①] 汹涌的科技浪潮正席卷着现代生活的每个角落,并加速推动着社会发展的进程。

互联网市场的环境有别于传统的商业市场,正因为互联网企业是以互联网技术为支撑的生产商与供应商,因此无论是产品、服务还是整个市场环境都契合了互联网本身具有的新特性。首先,互联网市场具有覆盖面广的特征。全球网络渗透率也已过半,超过半数的全球人口正通过互联网与世界发生联结与互动。社交平台的出现与普及,使得用户的传受角色发生演变,同时消费者与生产者的界限也日益模糊。每个互联网用户既是消费者,又是生产者。他们既享有互联网企业提供的服务,又可以自行创造生产内容,通过与其他用户基于第三方平台进行不同层面的交易,对互联网市场的流动性作出"用户贡献"。例如,用户可以依托电子商务类第三方平台进行实物或虚拟财产的买卖,寻求情感或心理的咨询服务或是展开金融交易活动等。随着互联网市场渗透人们生活的各个方面,具有争夺全球市场野心的互联网品牌在面对难以计数的用户群体时,不得不考量如何对目标客户群进行精准定位。

其次,互联网市场具有较强的流动性。万维网技术从 Web 1.0 的静态呈现到 Web 2.0 的交互参与再走向 Web 3.0 的万物互联,可以看到,人与人之间、人与物之间的关系正愈发紧密。这样的紧密联结看似乎悖于互联网的流动性,但实则不然。越来越紧密的是传播信息的纽带与渠道,而象征流动性的信息流则随着传递路径的畅通密布不断加速。信息流的加速使得互联网市场的生产周期不断被压缩,互联网品牌的运营策略转而更为关注交易效率,即其提供的互联网服务内容能否即时、有效地被目标受众所使用。

最后,互联网市场的透明度较高。互联网品牌为吸引新用户,门槛设置较低,用户免费注册就能获得相应的平台账号。许多服务内容也是免费向用户开放,用户可以从这些公开透明的产品或软件信息中进行挑选。因此,互联网品

---

①　Miniwatts Marketing Group. World Internet Users and 2021 Population Stats[DB/OL]. (2021-12-08)[2021-12-20]. https://www.internetworldstats.com/stats.htm.

牌的用户忠诚度和留存率相对来说较低,如何提升用户的使用体验和满意度是互联网品牌需要致力的方向。

在互联网时代,人们工作、学习、生活的步伐紧凑急迫,在物质需求转向精神需求的过程中,人们对于掌控时间的渴求逐渐演变为消费升级的内因,同时伴随着不断变化的用户消费观和认知价值观,精神消费取向逐渐被视为互联网品牌打造产品的痛点。在这样的市场背景下,本节选取创新型运动科技品牌"Keep"进行探讨。

在运动健身文化成为时代风尚的今天,Keep 以"自由、运动、健康"等理念斩获 3 亿用户(2021 年数据)①,成为互联网移动端健身 APP 的黑马(图 10-2-1)。本节将从互联网品牌生存法则的四个维度对 Keep 的品牌发展之路进行分析,探寻该互联网品牌的成功之法。

图 10-2-1　Keep 官网主界面②

一、清晰的品牌定位

我国对于全民健身的重视始于 2008 年北京奥运会,奥运会之后发布了《全民健身条例》并设立"全民健身日",全民健身的热潮持续涌现。2014 年 10 月,在国务院印发的 46 号文件中,明确指出将"全民健身"作为国家战略,以此带动中国体育产业的发展,促进体育产业相关政策的相继出台。在这样的政策背景下,运动健身逐渐成为一项文化风尚活动,大众在物质消费趋同化的模式下,转而追逐差异化的精神消费模式,而最直接的体现就在于大众对身体和心理状况的双重重视。大众对于运动健身的模式偏向由过去的自发性的运动休闲模式转向专业指导模式,大众对于专业健身的需求增加,这也就是近几年遍布城市街巷的各类健身房兴起的缘由。后来又随着"互联网+"模式的勃兴,体育产业

① 数据来源:Keep APP 活动页面.
② 图片来源:https://www.gotokeep.com/.

加速实现与互联网的深度融合,互联网科技带动了运动健身行业的升级。彼时的市场红利吸引着有勇有谋的创业者跃身而入,Keep 创始人王宁正是抓住了这样的机遇,开始了他的创业之旅。

Keep APP 于 2015 年 2 月 4 日正式上线,致力于提供健身教学、跑步、骑行、交友及健身饮食指导、装备购买等一站式运动解决方案,其核心的品牌理念是通过科技驱动,让更多的人热爱健身,喜欢运动。[①] Keep 在上线一个月内就完成了 A 轮 500 万美元融资;2015 年 7 月,Keep 完成 B 轮 1000 万美元融资;2016 年 3 月,Keep 又完成了 C 轮 3200 万美元融资,而短短的 5 个月之后,Keep 便宣布完成来自腾讯的 C+轮战略投资;2018 年 7 月,Keep 又完成高盛领投的 D 轮 1.27 亿美元融资。2020 年 5 月,Keep 完成领投方为时代资本的 E 轮 8000 万美元融资。2021 年 1 月,完成软银愿景基金(SoftBank Vision Fund)领投的 3.6 亿美元 F 轮融资,Keep 在创业伊始后的 6 年时间里,便实现了 F 轮战略投资,可见品牌发展的强劲势头。根据艾媒北极星的全网 APP 排行数据,截至 2021 年 6 月,在运动健身类 APP 排行榜中 Keep 稳居第一位,活跃人数约为 1400 万用户(图 10-2-2)。

排名	对比	应用	行业分类	活跃人数（万）⇕	环比增幅（%）⇕
1	☐	Keep	运动健身	1,349.70	-2.63%
2	☐	咕咚	运动健身	681.96	-1.99%
3	☐	小米运动	运动健身	677.45	+1.56%
4	☐	悦动圈	运动健身	534.94	+2.01%
5	☐	乐动力	运动健身	265.24	-0.47%
6	☐	悦跑圈	运动健身	214.21	+2.36%
7	☐	乐心运动	运动健身	156.65	+0.86%
8	☐	薄荷健康	运动健身	147.54	-2.45%
9	☐	春雨计步器	运动健身	141.82	-0.15%
10	☐	咪咕善跑	运动健身	95.39	-1.74%

图 10-2-2　全网运动健身类 APP 排行榜(截至 2021 年 6 月)[②]

---

① Keep. About Keep,关于我们[DB/OL].（2021-06-10）[2021-11-20]. https://www.gotokeep.com/about.

② 图片来源:http://bjx.iimedia.cn/app_rank? mainType＝6&subType＝51.

是什么让 Keep 在短短 6 年的创业周期内就跃升为行业内炙手可热的强势品牌？首先应该肯定的一点是它从创办之初就精确瞄准大众健身的痛点，知道用户对运动健身的需求，了解用户对体态的审美追求，明白用户在运动过程中需要解决的问题，快速确立了自己的品牌定位，我们具体可以从 Keep 品牌发展的三个阶段进行定位的解读。

根据艾瑞咨询的调研结果，2018 年过半的国内运动健身用户（62.2%）反馈运动健身过程中最主要的问题是难以长期坚持运动，此外，运动行为无人激励（46.4%）、运动装备不够舒适（36.0%）等问题也困扰着国内的运动健身用户；在面对这些运动问题时，超过九成用户会选择主动去解决问题，其中70.7%的用户表示会通过寻找有效的运动伙伴来解决自身的运动困扰。进一步的调研显示，寻找有效的运动伙伴相比于社交需求的寻找伙伴有着本质不同，用户对于寻找有效的运动伙伴的初衷在于获取更专业的运动建议来指导训练。[①]

Keep 在创办之初就认识到了大众在运动健身过程中难以开始运动、难以长期坚持运动、无人激励陪伴、缺乏专业指导等问题，并喊出"自律给我自由"的品牌标语。于是 Keep 第一阶段的品牌定位是打造"具有社交属性的移动健身工具"。这样的定位解决了大多数"健身小白"的需求，即出于减脂塑形、加强体能、矫正体态等目的对运动健身有需求，却无法获得优质健身内容和专业训练指导的那部分群体，也正是这一庞大的群体构成了 Keep 原始的种子用户。Keep 抓住了互联网用户时间碎片化的特点，并通过运动打卡、每日分享、健身技巧等用户生产内容将社交化的弱连接关系转变为以内容消费为导向的强连接共享关系。Keep 运动健身社区与其他社交平台不同的地方在于，它不仅为注册用户提供优质的健身内容，还激励用户进行每日打卡，将同一时段做同一训练的用户集结起来，源源不断地形成若干个偶发社区，以用户之间的相互打卡来培养用户良好的运动习惯。Keep 通过精选用户上传的内容，促使社区内的成员清晰地感受到身体差异化带来的刺激，这无疑助力了运动健身与生产内容的持续循环。

Keep 品牌发展的第二阶段，在第一阶段"具有社交属性的健身工具"的基础上加入了"自由运动场"的定位理念。凭借创业初期运营优质健身内容的经验积累，Keep 吸引了一大批忠实的健身种子用户。2017 年，Keep 开始着手进行横向及纵向业务的拓展，在横向业务中增加了跑步、骑行、行走、瑜伽等多样

① 艾瑞咨询. 2018 年中国运动大数据行业研究报告［EB/OL］.（2018-11-14）［2019-03-20］. https://www.iresearch.com.cn/Detail/report? id=3287&isfree=0.

化的课程内容,同时增加健身饮食板块,为用户提供更全面细致的系统性健身内容,在纵向业务上则针对智能运动硬件及线下健身房进行拓展,并尝试上线自营的电子商城,销售自主推出的专业运动产品。例如,Keep Kit 是 Keep 推出的智能运动硬件系列,其三大亮点为社交性、标准化与屏幕指导;Keepland 则是 Keep 进军线下的出发点,充分将线上优势课程内容与线下健身房融合,意图将 Keepland 发展成为便利店形式的新型健身房,向健身用户提供更加全面的"运动一站式服务"。无论是课程内容的增加,智能运动硬件的研发,抑或是线下自由运动场的落地,都意味着在获取第一批活跃粉丝之后,Keep 将其目标用户由原先的健身新手扩增至专业的或已经有丰富运动健身经验的群体。这为 Keep 打造自营的线上电商输入了有效的用户资源,同时电商上线等于是在运动训练与内容生产的循环中加入消费变现环节,前期积攒的优势内容将持续为此项电商服务赋能。

伴随着线上运动健身行业与互联网的深度融合,用户对于运动健身的智能化要求越来越高,除了能够自主选择运动课程及专业指导之外,用户更希望结合自身的身体状况和健身目的,得到全方位的智能化健身服务。根据艾瑞咨询的调研结果,在选择运动 APP 的考虑因素方面,国内运动健身用户最为关注运动 APP 的智能化情况(44.7%),能否真正做到"智能",为用户运动过程提供便捷和有效信息是用户在选择不同 APP 时最为看重的因素;此外,APP 内容的专业程度和 APP 运动课程的效果也是国内用户较为看重的考虑因素;在被问及未来对于运动 APP 的主要期待内容时,国内用户主要选择了"训练中实时查看数据"(56.1%)、"训练效果分析报告"(54.2%)和"个性化定制和推荐训练"(52.1%)这三大内容。[①]

正是基于这样的用户需求,Keep 在前两阶段品牌发展过程中积累的产品功能的基础上,往品牌发展的第三阶段行进,将品牌定位为"科技互联的运动生态系统"。致力于打造解决用户所有运动需求的一站式智能训练计划。在持续进行内容深化的同时,Keep 亦注重增添内容的专业性、趣味性和娱乐性,以保持自身内容差异化的竞争力,提高竞争壁垒。Keep 通过大数据手段对有效的用户数据进行挖掘、采集、分析,通过绘制精准的用户画像,做到个性化、专业化的内容分发。同时 Keep 上线了自营的运动商城和硬件商店,主营以内容为核心的智能运动产品 Keep Kit,打造自己的潮牌周边 Keep Up。

---

① 艾瑞咨询. 2018 年中国运动大数据行业研究报告[EB/OL]. (2018-11-06)[2019-03-20]. https://www.iresearch.com.cn/Detail/report? id=3287&isfree=0.

纵观 Keep 在品牌发展周期中的三次定位,我们可以发现互联网品牌的定位并非一成不变,而是在秉持品牌核心理念的前提下,随着用户需求的转变以及互联网技术的迭代革新作出适宜的定位调整。互联网品牌只有依据不同生长周期找到清晰的品牌定位,才能在竞争激烈与瞬息万变的互联网环境中寻得自身的立足之地。

二、深耕多维场景,坚持"用户至上"

纵观互联网品牌的发展历程,我们发现助推品牌成长的核心力量来自参与品牌建构与传播的目标用户,因而如何高效绘制精准的用户画像,吸引用户体验品牌服务,最终转化为品牌发展的动能,是互联网品牌必须深思的问题。Keep 在上线之初就提出了"自律才能自由"这一品牌标记,细究这句口号不难发现,Keep 强调个体的能动性,肯定个体的价值以及鼓励个体去实现自我超越,用户至上的品牌理念为之后 Keep 的各项运营指明了方向。总而言之,为了支撑"自律才能自由"这一理念以及为品牌用户提供他们切实需要的服务体验,Keep 深耕"多维场景"的家庭健身模式来连接品牌与用户,建立品牌体验与情感价值。

(一)场景一:线上自选课程与私家课

Keep 的线上自选免费课程主要针对没有足够时间或没有精力去线下健身房运动的用户所设计,目前的运动自选课程有健身、跑步、瑜伽、操课、行走、球类六类。即使在碎片化的时间内用户也能得到针对性的课程进行身体训练,Keep 瞄准不同人群的需求开发许多趣味性的主题课程。例如,针对上班族压力大、时间紧等特点,Keep 特别推出了适合上班族的碎片减脂课程、身体舒展课程、摆脱亚健康课程等;针对日常生活在学生宿舍中又没有太多精力去健身房运动的学生人群,Keep 推出的是基于宿舍有限空间场景的训练课程,如一平米小空间健身课程(图 10-2-3)、暑假必练课程等。同时在每项课程的详情页中,Keep 会标注出运动等级(K1~K5,等级越高运动水平也就越高)、时间、消耗卡路里、有无器械等具体指标,底部还有动作详解以及上过此项课程的用户反馈,这样的信息呈现模式不仅刺激了用户的运动欲望,更能帮助用户选到自己真正需要的课程。

图 10-2-3　针对上班族和学生设计的主题课程、一平方米小空间①

另外,Keep 针对有丰富健身经验的用户推出高端定制私家课,这类课程采取付费模式,价格通常在 100 元以内,课时不等。私家课主要分为三大板块,分别是减脂、酷运动、增肌塑形,从饮食、皮肤、睡眠、体态、精神等层次满足用户精神和身体的多重需求,种类更是丰富多样,除了对免费自选课程中的减脂塑形训练进行更专业化的内容提升以外,还新开发了格斗、瑜伽、街舞、高尔夫等趣味运动训练课程,以满足用户多元化的运动需求。

(二)场景二:社交化的运动健身社区

互联网用户的典型特征在于社交化,以用户导向为核心的互联网品牌势必要考虑如何将用户的社交特性转化为品牌发展的势能。Keep 上线伊始,就将社交属性纳入品牌发展的整体战略,致力于打造一个拥有亿级活跃用户的移动健身社区,这也是 Keep 在开发过程中一直深耕的方向。

目前 Keep 的社区功能除了排布在登录界面的主标幅第一位之外,还渗透到了 Keep 线上功能的方方面面。例如 Keep 推出的打卡小分队,用户在自选线上课程时可以选择加入打卡小分队,这是一个由 100 个用户组成的小社区,每位社区成员为了同一个打卡目标进行每天的身体训练,每个小分队的目标和训练要求各不相同。像"每日减肥打卡"小分队,要求每位成员每天进行燃脂训练,晚餐主食减半,发照片记录。通过这样的社群打卡模式,不仅能帮助用户养成运动的好习惯,更增强了用户的使用黏性;在其他自选课程中,Keep 又上线

---

① 截图来源:Keep APP 发现课程界面.

了实时 Live 功能,用户可以在训练时开启此项功能,那么就有可能收到来自好友的加油助威。

在 Keep 社区的主界面上,共有四个主要的入口,分别是热门、关注、话题与日记本。在这些板块中,除了 Keep 推荐的用户内容外,还有各类由 Keep 发起,用户参与的热门话题、热点活动、打卡计划等内容,我们发现很多用户生产的内容已经不只局限于健身运动这一领域,而是转向更广阔的日常生活范畴。在这样的社交环境下,将 Keep 定义为一个垂直化的健身平台似乎是不恰当的,它更像是一个全方位辐射生活的社交化健身平台。有用户诟病发布 Keep 动态的形式过于"抖音化""微博化",从而弱化了处于品牌定位中心的健身功能,但平台社交化的趋势是无法改变的,如果一味停留在做产品的阶段,任何互联网产品都无法进行产能增值,没有收益自然也就没有产品升级这一说,这既无法保留原有的用户资源更吸引不了新用户的入驻。只是在社交化的过程中,如何让用户快速适应与接受并建构起自己在社区中的身份认知,是互联网品牌需要深入思考的部分。

(三)场景三:城市自由运动场 Keepland

2018 年 3 月,Keep 正式宣布推出城市运动空间品牌 Keepland。第一家 Keepland 于 3 月 21 日在北京华贸中心正式对外营业。截至 2019 年 8 月,Keepland 已经有 16 家门店,其中北京 12 家,上海 4 家。Keepland 采用的是单次出售团操课、便利店式的健身房模式,具体的课程内容部分,既延伸自线上课程,也有自研和外部合作,而用户运动后包括燃脂时间、心率变化等行为数据再次同步到线上,一节 Keepland 的课程,相当于一次线下互动加强版的 Keep 教学。①

Keepland 有展示和转化 Keep 品牌价值的场景意义:在每一家 Keepland,无论是实时记录用户运动数据的屏幕,Keep Kit 智能运动硬件,还是用明亮灯光、黑灰色装饰、Keep 品牌标识等元素强调出的科技感,都凸显出"自由、科技、开放"等品牌理念。Keepland 可以视为 Keep 品牌在互联网"新零售"模式下推出的产品,意在通过城市场景打通线上与线下的壁垒,以线上付费预约团体课程及线下实践体验的形式,为用户提供更生动、更真实、更专业的场景体验,课程结束后还可以在 APP 内查看具体的运动报告。Keep 加大对城市自由运动场的投入意味着品牌亦重视对自营智能运动硬件线下市场的开辟,因为进入

---

① 极客公园.一年将近,Keep 的线下空间成为理想运动场了么?[DB/OL].(2018-10-22)[2019-03-20]].https://baijiahao.baidu.com/s? id=16150166481932672618&wfr=spider&for=pc.

Keepland 的用户都被鼓励带上 Keep 智能手环进行运动数据的记录,同时 Keepland 内使用的健身器械都是 Keep 专属运营的,例如跑步机、健走机、体脂秤等。当用户置身于这样的场景时,运动健身的过程实际上也就是与 Keep 品牌不断对话的过程,独自练习时的孤独与迷惑不复存在,与伙伴们并肩作战就能收获坚持的力量。

三、多元共生的品牌传播策略

Keep 之所以能在较短的品牌发展周期内获得成功,除了各阶段清晰的品牌定位,对用户精准的需求洞察之外,也离不开其多样化的品牌传播策略。本节主要从四个方面对 Keep 的品牌传播策略进行概括,分别是全媒体传播矩阵、粉丝效应、跨界营销与谜米传播。

(一)全媒体传播矩阵

纵观 Keep 运营的新媒体矩阵,不难发现它在各大主流的社交平台都有自己的官方账号。Keep 在社交空间将品牌人格化,塑造出一个幽默、亲切、温暖的"Keep 君"形象,拉近了与粉丝之间的距离。根据不同的社交平台,Keep 采取了差异化传播策略。在微博平台,Keep 采用 KOL 联动的方式发起微博热门话题,引起全民参与热潮。在 2019 年 8 月初,Keep 联合"央视新闻"发起"运动求表扬"的话题,一方面体现了 Keep 响应"全民健身"号召的品牌追求,一方面又通过发布话题打卡、转发抽奖的形式调动微博用户的积极性为品牌持续引流。在微信公众号平台,Keep 注重原创文章的产出,几乎每天都发布健身知识和品牌营销相关的原创推文,同时微信内置的小程序可以直接引流用户下载 Keep APP。在抖音平台,Keep 拥有近 150 万粉丝,依靠明星和 KOL 等发布一些品牌活动内容和健身实况记录,点赞量最高的是品牌代言人易烊千玺的健身视频,"自律给了我们快乐的自由"。每周三开启固定直播,并和 Keep 课代表形成联动效应。同样抖音官方账号也能通过链接引流至 Keep APP 和电子商城。

在线上创意广告方面,Keep 的投入并不算太高,新推出的宣传短片是基于"害怕就不运动"的洞察,Keep 鼓励大众"立个目标打破害怕",挑战"害怕"去找下一个"害怕",意图将自律才能自由的品牌烙印刻在用户的心里。比起 TVC 的投放,Keep 似乎更愿意投入线上短视频节目的研发,Keep 食验室于 2019 年 8 月初推出第一期,是一档致力于挖掘各种低脂美食的健身美食节目,不难看出这是 Keep 为拓展自己线上健康轻食电商业务的前奏。

多变的疫情,肆虐的洪水,人生无常是人们对 2020 年上半年的感悟。2020 年 8 月,Keep 联合《人间世》团队推出纪录片《无常》(图 10-2-4)展现运动的自由,以"Keep,可以破"为主题,分为"春雷""夏火""秋刀""冬轮",讲述了四位处于人生不同阶段的普通人,在日常生活中坚持自律,用运动成就更好自己的故事。以"练日常,战无常"的信念和坚持,在"无常"频出疫情时局下找回自己对生活的掌控。该纪录片在 B 站、爱奇艺、网易等平台播放,好评不断,斩获 2021年上海国际广告节银奖。

图 10-2-4　2020 年 Keep 推出纪录片《无常》①

　　线下方面,Keep 的卡路里百货商店表现突出。这是 Keep 推出的创意线下快闪店,以专柜形式出售美好人生三大配料:能哭、能笑、身体好,购物所需要的货币是用户在这里消耗的卡路里。② 用户可以在多巴胺专柜、好身材专柜、零压力专柜、好朋友专柜,以运动消耗的卡路里兑取货币,也可以在汗水典当行用平

---

①　图片来源:https://www.ppsport.com/article/news/1026377.html.
②　Keep. Keep 卡路里百货商店限时开业专柜出售美好人生三大配料[DB/OL]. (2018-12-19)[2019-03-20]. http://creative.adquan.com/show/47775.

板支撑和跑步的形式换取金币,最终在活动兑换区兑换价值不等的实体运动礼品。这样的创意线下营销正是基于 Keep 对于用户心理需求的洞察——渴求财务自由、时间自由、灵魂自由的现代人,在 Keep 倾力打造的"美好人生贩卖店"里用户只要燃烧卡路里就能换钱花! Keep 的卡路里百货商店与 Keep APP 内置的卡路里工厂(图 10-2-5)呼应,可以视作一种激励用户运动的机制,线上的卡路里工厂有更多新颖有趣的玩法,如"掠夺能量""熔铸卡路里币""做任务""探索原石"等,用户可以在兑换区以熔铸得到的卡路里货币换取实物装备。

图 10-2-5　Keep 线上卡路里工厂①

(二)明星集聚粉丝效应

　　除了积极在新媒体平台构建品牌形象,发布优质的内容外,Keep 也十分擅长利用粉丝效应助力品牌传播。例如,2016 年 Keep 邀请演员李现成为第一位"明星践型者",与传统意义上的品牌形象代言人不同,明星践行者也是 Keep 3 亿用户中的一员,通过 Keep 平台接受运动挑战,与万千粉丝用运动与汗水相互连接,掌控身体就是主宰人生的第一步。前文提到的微博热门话题"运动求表扬"中,Keep 也加入李现"践型者"的角色认知,调动广大粉丝一起加入 Keep APP 与偶像同场健身。

　　2021 年 8 月 8 日,Keep 正式宣布易烊千玺成为 Keep 品牌代言人,号召用

---

　　①　图片来源:Keep APP 卡路里工厂截图.

户按自己的节奏蓄力向前,随心 Keep。消息经 Keep 官微和易洋千玺官微同时发布,一时间引爆社媒平台。两条官宣微博互动超 300 万,TVC 视频仅在微博平台就获得 6355 万次观看,♯Keep 品牌代言人易烊千玺♯话题阅读量高达 10.1 亿。

另外,Keep 还上线了明星课程(图 10-2-6),这些课程都由明星本人亲自示范,例如"李现碎片时间腹肌雕刻""Karlie Kloss 超模全身塑形""周笔畅的美背私家课"等,明星自带的话题性和影响力,自然为 Keep 带来更多的活跃用户。

图 10-2-6　Keep 上线明星课程[①]

(三)跨界合作聚集年轻力量

落地方面,2017 年 8 月 Keep 与摩登天空音乐节进行合作,首创"运动训练＋音乐现场"的线下潮流运动模式,希望通过运动和音乐的跨界碰撞让参与者在沉浸和专注中获得一次心流式的体验。通过音乐会现场的三大运动主题"热舞""搏击""特训",Keep 试图为现场参与者打造运动与音乐相互交融的极致体验,爱音乐也爱运动,这正是 Keep 想要获取的年轻力量。

2019 年 Keep 发布"K-Partner"计划,携手 Beats、光大银行、桂格、可口可乐、露露乐蒙、领克、露得清、斯维斯(Swisse)等开启跨界合作,玩法共创、渠道联合、跨界共赢,在跨界中实现"品牌相乘",共同构建开放共荣共赢的生态系统。

---

① 图片来源:Keep APP 内容截图.

(四)谜米传播,用户强参与

1976 年,英国生物学家道金斯(Richard Dawkins)在《自私的基因》(*The Extended Selfish Gene*)一书中,把希腊语"mimema"简化为"meme",以便与生物基因"gene"对应,正式提出了文化基因的概念,他把谜米定义为文化传播的小单位,传播过程是语言、观念、信仰、行为方式等的传递过程。[①] 相比简单复制的病毒式传播,谜米传播更强调用户的参与性、体验感、创造性,通过不同个体的选择倾向以及意义赋予,达到信息传播、价值共享、情感交流等目的。

Keep 鼓励用户参与各类线上活动,通常以各类运动挑战赛的形式实现用户之间情绪互通、自发接力等目的。Keep 在 2019 年七夕节前夕发起"爱要跑出来"马拉松挑战赛(图 10-2-7)。活动一经推出就得到热烈响应,截至 8 月 10日,共计 8.5 万名用户参与了本次挑战。用户在 APP 内报名选择自己要挑战的公里数,并一次性完成跑步挑战,打卡发布动态,就可获得 Keep 独家定制的奖牌一枚。这样的节日挑战赛不仅为用户创造了线上同台竞技、高手过招的刺激感,更是一次用户之间自主选择、主动体验的价值传播过程。通过价值共享链条的不断延伸,Keep 一方面为用户构建了一个"Keeper"的使用者身份,又基于这样的身份认同增强了用户的使用黏性,使用户主动选择成为品牌的挚友。

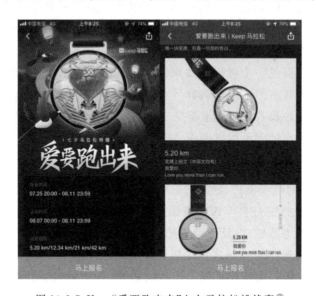

图 10-2-7:Keep"爱要跑出来"七夕马拉松挑战赛[②]

---

① 苏珊·布莱克摩尔.谜米机器[M].高申春,等译.长春:吉林人民出版社,2011:110.

② 图片来源:Keep APP 界面截图.

四、品牌传播模式的创新

互联网时代的崛起既为品牌发展带来了前所未有的机遇，也对品牌模式的创新提出了新的要求。与传统品牌以自身为传播主体的传播模式不同，互联网品牌更重视循环式传播模式的构建，不再有明确的传播主客体之分，互联网用户之间的意见分享、体验交流已然成为品牌传播的新模式。正如 Keep 品牌的核心理念"自律即自由"一样，品牌只有让用户体验到"人生主角"的价值感才能塑造用户对品牌的忠诚度。一切以用户为核心的互联网社会，品牌要想获得成功就应借力用户的价值认同构造"品效合一"的传播模式。在这样的品牌发展环境中，Keep 采取的品牌传播模式与创新策略依旧值得借鉴。

(一)场景联动构建多维传播模式

Keep 多次尝试与其他品牌跨界联动，致力于为用户打造多样化的场景体验。2018 年 Keep 与威斯汀酒店（Westin）联合打造的高端酒店运动空间就是一次有效的跨界场景传播，基于两大品牌对于"健康生活"的共同追求，Keep 与威斯汀酒店联合发起了跑步训练营、专属运动频道、健康饮食餐等多项服务，为消费者打造突破空间局限的丰富体验。在线上场景联动传播方面，Keep 联合 NBA 推出了颇具专业性质的"控球能力""专项体适能""辅助训练"等篮球训练课程，这是 NBA FIT 首次在国内与运动品牌做内容输出尝试。Keep 和 NBA 为篮球爱好者们提供一个可以自我训练、自我提升的在线学习平台，对于年轻用户运动观念的塑造产生深远影响。[①] Keep 将线下的篮球运动场搬到了线上，解决了大多数用户没有正规渠道接受专业篮球训练的痛点，同时场景联动与优质内容的融合输出加大了用户使用 APP 的频率和黏性。

(二)一站式整合传播模式

对于 Keep 的商业模式，创始人王宁曾这样概括道："Keep 为用户打造运动消费场景，围绕吃、穿、用、练四大场景进行产品布局，构建以智能硬件、运动服装、轻食、辅助训练器械，以及运动周边商品在内的产品矩阵。"[②]从品牌创立之初的健身工具到现在的一站式运动服务供应商，Keep 对于产品与功能的一站式整合传播从未停止脚步。从线上课程的研发，到运动装备的投入生产，Keep

---

① 公关界的 007. 颠覆年轻化体育营销模式，Keep 这次的营销案例有哪些看点？[DB/OL]. (2018-08-23)[2019-09-21]. https://www.sohu.com/a/249631800_228864.

② DoNews. Keep 开始卖外卖了[DB/OL]. (2019-05-05)[2020-01-05]. https://baijiahao.baidu.com/s? id=1632659410780 069468&wfr=spider&for=pc.

在建造完整的运动生态体系的同时也希望能够实现对用户资源的沉淀。依靠APP平台进行的商业价值链延伸,在某种程度上亦有一定的风险,仅仅凭借品牌原始积累的深度用户资源和运营资本在后期难以实现产品的深耕和规模化。因此,一站式整合传播模式的创新不宜过于分散,在不偏离品牌理念的基础上,选取最有价值、最符合用户需求的部分进行重点挖掘才能保证品牌的传播效果。

(三)技术赋能重塑传播模式

随着人工智能的迅猛发展,越来越多的互联网品牌开始转向"智能技术＋"的品牌传模式。依托平台积累的原始资本、数据资源以及技术优势,互联网品牌倾向于利用智能技术打造更生动丰富的使用体验。例如 Keep 在推出了业内首创的运动路线地图功能之后,又推出了升级版的 AR 运动地图功能,实现人与人、人与运动之间更好的连接。用户进入跑步地图功能模块后,切换到 AR 地图模式,周围附近的跑步路线及每条路线的"跑步主任"、跑步路线图和最近的跑步动态会通过 AR 技术呈现到实景中,增强用户使用路线地图的趣味性体验。[①] 另外,根据 Keep 的 AI 发展战略,目前 Keep 对 AI 技术的应用主要在三个方面:首先是 APP 页面,Keep 为用户建立了社交行为、运动习惯的标签,Keep 会根据用户的标签内容为用户推荐个性化的课程;其次是 Keep 基于传感器,结合用户的运动轨迹来给用户的运动打分;最后是线下整合方面,Keep 将会利用多种技术来加强用户的运动体验,如智能训练计划的制订等。[②]

五、小结

通过对互联网健身类品牌 Keep 的分析,我们可以看到未来互联网品牌的创新大致有以下几个方向。

(一)品牌定位创新

互联网品牌的定位并非一成不变,而是应该根据品牌的发展周期和基于对用户需求的敏锐洞察进行适时调整。在不偏离品牌核心理念的前提下,品牌定位的适时调整不仅能为品牌自身带来市场的潜在红利,又能进一步增强用户对品牌的忠诚度与信赖感。

---

① 环球网. Keep 5.0 推出 AR 运动地图功能成国内首个应用 AR 技术的 APP[DB/OL]. (2017-10-23)[2019-03-23]. http://smart.huanqiu.com/vr/2017-10/11335048.html? agt＝15438.

② 豆瓣. Keep 宣布将 AI 提升到战略高度的两个月,Keep 都做了什么？[DB/OL]. (2018-09-25)[2019-05-20]. https://www.douban.com/group/topic/124830179/.

(二)传播策略创新

互联网品牌趋向于采用多元化、离散型的传播策略。互联网品牌通常都有自己的媒体矩阵,通过原创优质内容的输出将其他平台的用户引流至自己的头部产品,品牌亦可借力粉丝效应与谜米式传播调动用户的参与度与积极性,实现流量的交互让渡。

(三)传播模式创新

互联网品牌的用户思维导向,决定了品牌传播模式的创新势必以用户需求的深入挖掘为基础。互联网品牌可以考虑采用场景联动、智能技术、一站式服务等创新形式,根据现有的商业模式适时调整品牌传播模式,力图在较大程度上为品牌发展注入动能,实现品效合一的战略要求。

互联网品牌通过时代更迭、环境变化与技术创新,不断挖掘用户需求,创造了新的品牌机遇。《未来品牌报告》指出,"中国消费者经历移动互联网洗礼、消费潜力释放后,不再接受品牌单向的理念灌输,而更愿意为与品牌的平等沟通分配时间、投入情感"[①]。未来,互联网品牌仍将以用户为中心,与用户协同共创品牌价值。"这是互联网的时代,而且未来属于那些能在网上出色地建立起品牌的人们。"[②]

互联网是一张空白的画布,品牌建设要把握好移动互联网和全球化浪潮,想象,改变,再创造。

---

① 谷雨欣.《未来品牌报告》发布:品牌迎来与用户共创时代[ED/OL]. (2020-11-09)[2021-05-23]. http://finance. people. com. cn/n1/2020/1109/c1004-31924059. html.

② 艾·里斯,劳拉·里斯.互联网商规 11 条:互联网品牌圣经[M].寿雯,译.北京:机械工业出版社,2013:Ⅺ.

参考文献

一、中文文献

（一）著作

[1]阿克,王宁子,等.品牌大师:塑造成功品牌的 20 条法则[M].陈倩,译.北京:中信出版社,2015.

[2]阿克.管理品牌资产[M].吴进操,常小虹,译.北京:机械工业出版社,2012.

[3]布莱克摩尔.谜米机器[M].高申春,等译.长春:吉林人民出版社,2011.

[4]布劳恩.品牌的哲学:伟大思想家关于品牌的看法[M].张涛,译.南宁:接力出版社,2005.

[5]陈放.品牌学:中国品牌实战原理[M].北京:时事出版社,2002.

[6]辞海编辑委员会.辞海[Z].上海:上海辞书出版社,1999.

[7]邓肯,莫里亚蒂.品牌至尊:利用整合营销创造终极价值[M].廖宜怡,译.北京:华夏出版社,1999.

[8]杜艳艳.中国近代民族品牌的广告传播研究[M].北京:中国社会科学出版社,2017.

[9]郭洪.品牌营销学[M].成都:西南财经大学出版社,2011.

[10]韩光军.品牌策划[M].北京:经济管理出版社,1997.

[11]何佳讯.品牌形象策划:透视品牌经营[M].上海:复旦大学出版社,2000.

[12]何佳讯.战略品牌管理——企业与顾客协同战略[M].北京:中国人民大学出版社,2021.

[13]黄合水.广告心理学[M].北京:高等教育出版社,2012.

[14]黄静,等.品牌管理[M].武汉:武汉大学出版社,2005.

[15]黄鹂,何西军.整合营销传播:原理与实务[M].上海:复旦大学出版社,2012.

[16]卡普费雷尔.战略品牌管理[M].5 版.何佳讯,等译.北京:中国人民大学出

版社,2020.

[17]凯勒.战略品牌管理[M].3 版.卢泰宏,吴水龙,译.北京:中国人民大学出版社,2009.

[18]科特勒,凯勒.营销管理[M].15 版.何佳讯,于洪彦,等译.上海:上海人民出版社,2016.

[19]科特勒.市场营销学导论[M].俞利军,译.北京:华夏出版社,2001.

[20]科特勒.营销管理[M].11 版.梅清豪,译.上海:上海人民出版社,2003.

[21]克洛,巴克.整合营销传播:广告、媒介与促销[M].谭咏风,胡静,译.上海:格致出版社,2015.

[22]匡文波.网络传播学概论[M].3 版.北京:高等教育出版社,2009.

[23]李光斗.卓越品牌七项修炼[M].杭州:浙江人民出版社,2003.

[24]里斯,劳拉.互联网商规 11 条:互联网品牌圣经[M].寿雯,译.北京:机械工业出版社,2013.

[25]里斯,特劳特.定位[M].王恩冕,译.北京:中国财政经济出版社,2003.

[26]林斯特龙.感官品牌[M].赵萌萌,译.天津:天津教育出版社,2011.

[27]卢泰宏,邝丹妮.整体品牌设计[M].广州:广东人民出版社,1998.

[28]卢泰宏.品牌思想简史[M].北京:机械工业出版社,2020.

[29]年小山.品牌学—壹—理论部分[M].北京:清华大学出版社,2003.

[30]琼斯.广告与品牌策划[M].孙连勇,等译.北京:机械工业出版社,1999.

[31]屈云波.品牌营销[M].北京:企业管理出版社,1996.

[32]佘元冠.品牌与名牌:企业名牌战略的理论与实践[M].北京:机械工业出版社,1997.

[33]舒尔茨,海蒂.整合营销传播:创造企业价值的五大关键步骤[M].何西军,等译.北京:中国财政经济出版社,2005.

[34]舒尔茨,凯奇.全球整合营销传播[M].黄鹂,何西军,等译.北京:中国财政经济出版社,2004.

[35]舒尔茨,田纳本,劳特朋.整合行销传播[M].吴怡国,钱大慧,林建宏,译.北京:中国物价出版社,2002.

[36]舒咏平,吴希艳.品牌传播策略[M].北京:北京大学出版社,2007.

[37]舒咏平.品牌聚合传播[M].武汉:武汉大学出版社,2007.

[38]宋秩铭,庄淑芬,等.奥美的观点[M].北京:中国经济出版社,1997.

[39]塔腾,所罗门,北京大学新媒体研究院社会化媒体研究中心.社交媒体营销[M].上海:格致出版社,2017.

[40]泰伯特,卡尔金斯.凯洛格品牌论[M].刘凤瑜,译.北京:人民邮电出版

社,2006.

[41]特劳特,里夫金.重新定位[M].邓德隆,火华强,译.北京:机械工业出版社,2017.

[42]卫军英.整合营销传播:理论与实务[M].北京:首都经济贸易大学出版社,2009.

[43]沃泰姆.奥美的数字营销观点:新媒体与数字营销指南[M].张志浩,译.北京:中信出版社,2009.

[44]薛可,余明阳.媒体品牌[M].上海:上海交通大学出版社,2009.

[45]余明阳,朱纪达,肖俊崧.品牌传播学[M].2版.上海:上海交通大学出版社,2005.

[46]余明阳.品牌学[M].合肥:安徽人民出版社,2002.

[47]约瑟夫.德国制造——国家品牌战略启示录[M].赛迪研究院专家组,译.北京:中国人民大学出版社,2016.

[48]张金海.20世纪广告传播理论研究[M].武汉:武汉大学出版社,2002.

[49]张雁白,等.品牌文化战略与创新[M].北京:经济科学出版社,2011.

[50]赵君豪.广告学[M].上海:申报馆,1936:51.

[51]周朝琦,侯文论等.品牌文化——商品文化意蕴、哲学理念与表现[M].北京:经济管理出版社,2002.

[52]朱力.品牌文化战略研究[M].北京:经济科学出版社,2006.

(二)期刊论文

[1]A. B.格鲁莎.王丽梅.薛巧珍.国家品牌:现代条件下国家形象的塑造技巧——以意大利为例[J].国际新闻界,2008(11).

[2]曹光明,江若尘,陈启杰.企业联想、消费者——企业认同与消费者公民行为[J].经济管理,2012(7).

[3]陈晓永.品牌概念全新演绎[J].中外管理导报,2001(1).

[4]程广云.从人机关系到跨人际主体间关系——人工智能的定义和策略[J].自然辩证法通讯,2019(01).

[5]邓勇兵.跨界营销:体验的综合诠释[J].中国市场,2007(42).

[6]丁夏齐,马谋超,王詠,樊春雷.品牌忠诚:概念、测量和相关因素[J].心理科学进展,2004(4).

[7]樊昊,李牧,仇宇宁,等.自发性知觉经络反应的研究进展[J].河南医学研究,2018(24).

[8]范秀成,陈洁.品牌形象综合测评模型及其应用[J].南开学报(哲学社会科

学版),2002(3).

[9]范秀成,罗海成.基于顾客感知价值的服务企业竞争力探析[J].南开管理评论,2003(6).

[10]方正,杨洋,江明华,等.可辩解型产品伤害危机应对策略对品牌资产的影响研究:调节变量和中介变量的作用[J].南开管理评论,2011(4).

[11]冯军平,刘静波.AI人工智能在卷烟营销中的应用初探[J].现代商业,2018(19).

[12]高学敏,姬雄华.新时期品牌概念的再定义[J].市场论坛,2013(8).

[13]关辉,董大海.中国本土品牌形象对感知质量—顾客满意—品牌忠诚影响机制的实证研究[J].管理学报,2008(4).

[14]郭元.借势营销方式的新探索[J].中国市场,2016(12).

[15]韩慧林,邹统钎,庄飞鹏.公司品牌形象对消费者购买意向的作用路径研究——基于中国跨国公司的实证分析[J].中央财经大学学报,2017(8).

[16]韩慧林.孙国辉.国家品牌研究述评与管理启示[J].现代管理科学,2014(9).

[17]何润宇.品牌社群营销(1):关键意见领袖[J].金融博览,2019(8).

[18]何润宇.品牌社群营销(2):网商潮起[J].金融博览,2019(9).

[19]何润宇.品牌社群营销(3):AI的无孔不入与无所不能[J].金融博览,2019(10).

[20]胡茉,夏健明.品牌文化构成要素及其传播路径研究[J].现代管理科学,2011(2).

[21]胡荣华,胡静.二战后德国的崛起及其原因[J].安徽文学,2007(11).

[22]胡晓云."品牌"定义新论[J].品牌研究,2016(2).

[23]黄鹂,何西军."整合营销传播"IMC的定义探析[J].广告大观(理论版),2008(6).

[24]黄胜兵,卢泰宏.品牌个性维度的本土化研究[J].南开管理评论,2003(1).

[25]黄迎新.理论建构与理论批评的互动——美国整合营销传播理论研究二十年综述[J].中国地质大学学报(社会科学版),2010(2).

[26]姜佳金.新零售环境下互联网品牌运营的矛盾及解决方法[J].流通经济,2018(11).

[27]蒋廉雄,卢泰宏.形象创造价值吗?——服务品牌形象对顾客价值—满意—忠诚关系的影响[J].管理世界,2006(4).

[28]蒋廉雄.从单向视角到整体视角:品牌知识研究回顾与展望[J].外国经济与管理,2008(6).

[29]李朝辉.在线品牌社区环境下顾客参与价值共创对品牌体验的影响[J].财经论丛,2014(7).

[30]李光斗.味觉营销:营销插位新利器[J].成功营销.2007(4).

[31]李皓华,申文果.虚拟品牌社群顾客互动对顾客参与创新的影响机制研究[J].价值工程,2019(32).

[32]李欣,张明立,罗暖,等.品牌形象对品牌关系利益的影响[J].管理科学,2016(6).

[33]李怡芳,曹睿.中国社交媒体营销策略研究[J].经济研究导刊,2013(36).

[34]李忠宽.品牌形象的整合传播策略[J].管理科学,2003(2).

[35]梁佐林.将品牌个性演绎到极致——中海名都个案分析[J].中国广告,2001(12).

[36]刘凤军,李敬强,李辉.企业社会责任与品牌影响力关系的实证研究[J].中国软科学,2012(1).

[37]刘凤军,王镠莹.品牌形象对顾客品牌态度的影响研究[J].科学决策,2009(1).

[38]刘洪.品牌、文化与知识产权[J].中华商标,2013(1).

[39]刘沫潇.国家品牌的三维塑造:独特性、创造力、贡献度[J].对外传播,2018(10).

[40]刘晓彬.符号品牌初解——品牌系列概念解读定义[J].社科纵横(新理论版),2008(2).

[41]鲁津,栗雨楠.形象修复理论在企业危机传播中的应用——以"双汇瘦肉精"事件为例[J].现代传播(中国传媒大学学报),2011(9).

[42]罗西.牌子和资格[J].机联会刊.1940(18).

[43]罗子明.品牌形象的构成及其测量[J].北京工商大学学报(社会科学版),2001,(4).

[44]念瑶.透析品牌——符号学的解读[J].公关世界,2001(2).

[45]上海质量管理科学研究院课题组.发达国家的品牌建设方略——"制造业质量与品牌发展战略"系列研究(三)[J].上海质量,2016(8).

[46]沈渊.整合营销传播5Rs及其现实意义[J].商业研究,2003(17).

[47]舒咏平.论"品牌传播"[J].国际新闻界,2002(3).

[48]唐文龙.国家品牌[J].企业管理,2008(4).

[49]汪涛,周玲,彭传新,朱晓梅.讲故事　塑品牌:建构和传播故事的品牌叙事理论——基于达芙妮品牌的案例研究[J].管理世界,2011(3).

[50]汪兴东.产品伤害危机中修复策略适配性对品牌形象评价的影响——时间

距离与企业声誉的调节作用[J].经济管理,2013(11).

[51]王晓璐,孙卫华.产品品牌与国家形象传播研究[J].新闻知识,2012(3).

[52]王新新,万文海.消费领域共创价值的机理及对品牌忠诚的作用研究[J].管理科学,2012(5).

[53]王宇琦,陈昌凤.社会化媒体时代政府的危机传播与形象塑造:以天津港"8·12"特别重大火灾爆炸事故为例[J].新闻与传播研究,2016(7).

[54]卫军英.整合营销传播的历史反思与发展趋向[J].中国传媒发展报告,2015(3).

[55]卫军英.整合营销传播中的观念变革[J].浙江大学学报(人文社会科学版),2006(1).

[56]温朝霞.从文化工业理论到世界品牌:德国文化建设的启示[J].探求,2020(1).

[57]谢贵荣,王晖.浅论数据库营销[J].科学学与科学技术管理,2003(12).

[58]徐进.国家品牌指数与中国国家形象分析[J].国际关系学院学报,2012(1).

[59]许静.论公共外交中的国家品牌化策略传播[J].南京社会科学,2012(6).

[60]许晓勇,吕建红,陈毅文.品牌形象的消费行为学研究[J].心理科学进展,2003(4).

[61]许颖.接触点管理模式及其传播学透视[J].国际新闻界,2005(2).

[62]薛敏芝.大数据时代的整合营销传播——对唐·舒尔茨教授最新研究的评述[J].中国广告,2014(1).

[63]杨宁,陈慧.虚拟品牌社群消费者公民行为缘何而来——基于社会资本理论的视角[J].企业经济,2019(9).

[64]余明阳,舒咏平.品牌传播刍议[J].品牌,2001(11).

[65]喻国明,张佰明,胥琳佳,吴文汐.试论品牌形象管理"点—线—面"传播模式[J].国际新闻界,2010(3).

[66]喻国明.镶嵌、创意、内容:移动互联广告的三个关键词——以原生广告的操作路线为例[J].新闻与写作,2014(3).

[67]张蔚.从品牌概念的不同演绎探析品牌的本质[J].当代经理,2006(5).

[68]张莹瑞,佐斌.社会认同理论及其发展[J].心理科学进展,2006(3).

[69]赵锋.刍议品牌整体概念[J].现代商业,2007(10).

[70]赵小岩,Mark Keida,冯若谷,盛夏.全球声誉竞争中的国家品牌指数调查[J].全球传媒学刊,2015(1).

[71]郑永球.论茶的品牌文化与产销实践[J].广东茶业,2000(4).

[72]周易军."品牌提升"还是"品牌升级"?[J].中国品牌与防伪.2010(8).

(三)硕博论文

[1]潘广锋.网站特征对互联网品牌忠诚的影响机理研究[D].济南:山东大学,2013.

[2]卫军英.整合营销传播观念及其理论构架[D].杭州:浙江大学,2005.

[3]阴雅婷.中国当代品牌文化传播变迁研究[D].上海:华东师范大学,2017.

[4]朱立.品牌文化战略研究[D].长沙:中南财经政法大学,2005.

[5]邹靖涛.企业应对可辩解产品伤害危机时的策略研究[D].南京:南京师范大学,2014.

(四)报纸文献

[1]创新成为中德合作新引擎[N].经济日报,2016-6-15.

[2]当"中国制造2025"遇上德国"工业4.0"[N].人民日报·海外版,2016-6-15.

[3]人民日报数据库.

[4]张晶.关注品牌的影响力(各抒己见)[N].人民日报,2006-2-20.

[5]中国正在成为奢侈品的世界第一大市场[N].世界报,2021-5-20.

二、外文文献

(一)著作

[1]AAKER D A,BIEL A L. Brand equity & advertising:Advertising's role in building strong brands[M]. Hillsdale:Erlbaum,1993.

[2]AAKER D A. Managing brand equity:Capitalizing on the value of a brand name[M]. New York:The Free Press,1991.

[3]ARNOLD D D. The handbook of brand management [M]. London:Cornerstone,1992.

[4]COWLEY D. Understanding brands by 10 people who do[M]. London:Kogan Page,1991.

[5]DINNIE K. Nation branding:Concepts,issues,practice[M]. 2nd ed. New York:Routledge,2015.

[6]DOUGLAS B H. Brand and brand building[M]. Boston:Harvard School Publications,2002.

[7]JACOBY J,OLSON J C. Perceived quality:How consumers view stores and merchandise[M]. Lexington,Mass. :Lexington Books,1985.

[8]JOHN D R,TORELLI C J. Strategic brand management[M]. New York:

Oxford University Press,2018.

[9]JOHN M. Branding: A key marketing tool[M]. Basingstoke: The MacMillan Press,1992.

[10]KAPFERER J N. Strategic brand management: Creating and sustaining brand equity long term[M]. London: Kogan Page,1994.

[11]LAMBIN J J. Strategic marketing: A european approach[M]. New York: Mc Graw-Hill,1993.

[12]NEWMAN J W. Motivation research and marketing management[M]. Boston: Harvard University Press,1957.

[13]NOEL K J. Strategic brand management: New approaches to creating and evaluating brand equity[M]. New York: The Free Press,1992.

[14]SCHULTZ D E,SCHULTZ H F. IMC,the next generation: Five steps for delivering value and measuring returns using marketing communication[M]. Blacklick: McGraw-Hill Professional,2003.

[15]SCHULTZ D E,TANNENBAUM S I,LAUTERBORN R F. Integrated marketing communications[M]. Lincolnwood,Ill. : NTC Business Books, 1993.

[16]WELLS F L. A statistical study of literary merit,with remarkds on some new phases of the method[M]. New York: Science Press,1907.

(二)期刊论文、会议论文

[1]AAKER D A. Building a brand: the saturn story[J]. California Management Review,1994(Winter):114-133.

[2]AAKER D A. Measuring brand equity across products and markets[J]. California Management Review,1996,38(3):102-120.

[3]AAKER D A. Should you take your brand to where the action is? [J]. Harvard Business Review,1997,75(5):135-143.

[4]AILAWADI K L,HARLAM B. An empirical analysis of the determinants of retail margins: The role of store-brand share[J]. Journal of Marketing,2004,68 (1):147-165.

[5]ATAMAN B,ÜLENGIN B. A note on the effect of brand image on sales [J]. Journal of Product & Brand Management,2003,12(4):237-250.

[6]AUSTIN J R,SIGUAW J A,MATTILA A S. Are-examination of the generalizability of the Aaker BP measurement framework[J]. Journal of

Strategic Marketing,2003,11(2):77-92.

[7]BIEF A L. How brand image drives brand equity[J]. Journal of Advertising Research,1992,32(6):RC6-RC12.

[8]BIRDWELL A E. A study of the influence of image congruence on consumer choice[J]. Journal of Business,1968,41(1):76-88.

[9]BLACKSTON M. A brand with an attitude:A suitable case for treatment [J]. Journal of the Market Research Society,1992,34(3):231-241.

[10]BLACKSTON M. Observations:building brand equity by managing the brand's relationships[J]. Journal of Advertising Research,2000,40(6): 101-105.

[11]BRASCO T C. How brand names are valued for acquisition? [C]// Leuthesser, L. Defining, measuring and managing brand equity:A conference summary report. Cambridge, M A: Marketing Science Institute, 1988:88-104.

[12]BRUCKS M,ZEITHAML V A,NAYLOR G. Price and brand name as indicators of quality dimensions for consumer durables[J]. Journal of the Academy of Marketing Science,2000,28(3):359-374.

[13] BULLMORE J. The brand and its image re-visited[J]. International Journal of Advertising,1984,3(3):235-238.

[14] CHERNATONY L. Brand management through narrowing the gap between brand identity and brand reputation[J]. Journal of Marketing Management,1999,15(1-3):157-179.

[15] CHERNATONY L. Strategic brand management or tactical branding? [J]. Journal of Brand Management,1995,3(2:)76-77.

[16]COOMBS W T. Information and compassion in crisis responses:A test of their effects[J]. Journal of Public Relations Research,1999,11(2):125-142.

[17] DICHTER E. What's in an image[J]. Journal of Product & Brand Management,1992,1(2):54-60.

[18]DOLICH I J. Congruence relationships between self images and product brands[J]. Journal of Marketing Research,1969,6(1):80-84.

[19] DUBOFF R S. Brands, Like people, Have personalities[J]. Marketing News,1986,20(1):8.

[20]DUNCAN T, KAYWOOD C. The concept, process, and evolution of integrated marketing communications[J]. Journal of Advertising Research,

1993,33（3）:30-39.

[21]DURGEE J F,STUART R W. Advertising symbols and brand names that best represent key product meanings[J]. Journal of Consumer Marketing, 1987,4(3),15-24.

[22]FAIRCLOTH J B,CAPELLA L M,ALFORD B L. The effect of brand attitude brand image on brand equity[J]. Journal of Marketing Theory and Practice,2001,9(3):61-75.

[23]FARQUHAR P H,EQUITY M B. Managing brand equity[J]. Marketing Research,1989,1(3):24-33

[24]FOMBRUN C,SHANLEY M. What's in a name? Reputation building and corporate strategy[J]. Academy of Management Journal,1990,33(2): 233-258.

[25]FOURNIER S,YAO J L. Reviving brand loyalty:A reconceptualization within the framework of consumer-brand relationships[J]. International Journal of Research in Marketing,1997,14(5):451-472.

[26]FOURNIER S. Consumer and their brands:Developing relationship theory in consumer research[J]. Journal of Consumer Research,March 1998,24 (4):343-373.

[27]GARDNER B B,LEVY S J. The Product and the brand [J]. Harvard Business Review,1955,33(2):33-39.

[28]GRAEFF T R. Using promotional messages to manage the effects of brand and self-image on brand evaluations [J]. Journal of Consumer Marketing,1996,13 (3):4-18.

[29]GÜRHAN-CANL Z,MAHEAWARAN D. The effects of extensions on brand name dilution and enhancement[J]. Journal of Marketing,1998,35 (4):464-473.

[30]HOGG M K,COX A J,KEELING K. The impact of self-monitoring on image congruence and product/brand evaluation[J]. European Journal of Marketing,2000,34(5/6):641-667.

[31]HSIEH M H. Identifying brand image dimensionality and measuring the degree of brand globalization:a cross-national study [J]. Journal of International Marketing,2002,10(2):46-67.

[32]JONES R. Finding sources of brand value:Developing a stake holder model of brand equity[J]. Brand Management,2005,13(1):10-32.

[33]KELLER K L. Brand research imperatives[J]. Journal of Brand Management, 2001(01):4-6.

[34]KELLER K L. Conceptualizing, measuring customer-based brand equity [J]. Journal of Marketing,1993,57(1):1.

[35]KELLER K L. Conceptualizing, measuring, and managing customer-based brand equity[J]. Journal of Marketing,1993. 57(1):1-22.

[36]KIM P. A perspective on brands[J]. Journal of Consumer Marketing, 1990,7(4):63-67.

[37]KOTLER P, LEVY S J. Buying is marketing too! [J]. Journal of Marketing,1973,37(1):54-59.

[38]KRISHNAN H S. Characteristics of memory associations: A consumer-based brand equity perspective[J]. International Journal of Research in Marketing,1996,13(4):349-405.

[39]LEVY S J. Symbols for sale[J]. Harvard Business Review,1959,37 (4): 117-124.

[40]MADDI S R. Meaning, novelty, and affect: comments on Zajonc's paper [J]. Journal of Personality and Social Psychology,1968,9(2):28-90.

[41]MALHOTRA N K. A scale to measure self-concepts, person concepts, and product concepts[J]. Journal of Marketing Research,1981,18(4):456-464.

[42]MARTINEAU P. Sharper focus for the corporate image[J]. Harvard Business Review,1958,36(6):49-58.

[43]MCALEXANDER J H, SCHOUTEN J W, KOENING H F. Building brand community[J]. Journal of Marketing,2002,66(1):38-54.

[44]MCKENNA R. Marketing is everything[J]. Harvard Business Review, 1991,69 (1):65-79.

[45]MORHART F M, HERZOG W, TOMCZAK T. Brand-specific leadership: Turning employees into brand champions[J]. Journal of Marketing,1963,73 (5):122-142.

[46]MUNIZ A M, GUINN T C. Brand community[J]. Journal of Consumer Research,2001,27(4):412-432.

[47]NOWAK G, PHELPS J. Conceptualizing the integrated marketing communication's phenomenon: an examination of its impact on advertising practices and its implication for advertising research [J]. Journal of Current Issues and Research in Advertising. 1994,16(1):49-60.

[48]OHANIAN R. Construction and validation of a scale to measure celebrity endorsers' perceived expertise, trustworthiness, and attractiveness[J]. Journal of Advertising,1990,19(3):39-52.

[49]PARASURAMAN A, ZEITHAML V A, BERRY L L. A conceptual model of service quality and its implications for future research[J]. Journal of Marketing,1985,49 (Fall):41-50.

[50]PITCHER A E. The role of branding in international advertising[J]. International Journal of Advertising,1985,4(3):241-246.

[51]RANGASWAMY A,BURKE R R,OLIVA T A. Brand equity and the extendibility of brand names[J]. International Journal of Research in Marketing,1993,10(1):61-75.

[52]REESE E T,MAGUIRE A H. Purine ribonucleosidase g from aspergillus foetidus[J]. Journal of Bacteriology,1968,96(5):1696-1699.

[53]ROMANIUK J,SHARP B. Measuring brand perceptions:testing quantity and quality[J]. Journal of Targeting Measurement and Analysis for Marketing,2003,11(3):218-229.

[54]ROSENBAUM M S, MASSJAH C A. When customers receive support from other customers: Exploring the influence of intercustomer social support on customer voluntary performance[J]. Journal of Service Research, 2007,9(3):257-270.

[55]ROSS I. Self-concept and brand preference[J]. Journal of Business,1971, 44(1),38-50.

[56]SCHULTZ D E. Integrated marketing communications[J]. Journal of Promotion Management,1991,1(1):99-104.

[57]SHETH J N,NEWMAN B I,GROSS B L. Why we buy, what we buy: a theory of consumption values[J]. Journal of Business Research, 1991(22): 159-170.

[58]SIOMKOS G,TRIANTAFILLIDOU A,VASSILIKOPOULOU A,et al. Opportunities and threats for competitors in product-harm crises[J]. Marketing Intelligence & Planning,2010,28(6):770-791.

[59]SIRGY M J,SAMLI A C. A path analytic model of store loyalty involving self-concept, store image, geographic loyalty[J]. Journal of the Academy of Marketing Science,1985,13(3):265-291.

[60]STOBART P. Alternative methods of brand valuation[C]//Murphy J.

Brand valuation：Establithing a true and fair view. London：The Interbrand Group,1989；23-31.

[61]TURNER J C,TAIFEL H. The social identity theory of intergroup behavior[J]. Psychology of Intergroup Relations,1986,13(3)；7-24.

[62]UPENDA K M,MISHRA P. What is a brand? A perspective on brand meaning[J]. European Journal of Business and Management,2012,4(3)3：122-134.

[63]ZINKHAN G M,WATSON R T. Advertising trends；Innovation and the process of creative destruction[J]. Journal of Business Research,1996,37 (3)；163-171.

(三)硕博论文

[1]GROTH M. Managing service delivery on the Internet；Facilitating customers' coproduction and citizenship behaviors in service organizations [D]. Tucson；The University of Arizona,2001.

[2]SCHRAUB A. A comparison analysis of the marketing strategy of Lufthansa and Emirates in Germany[D]. NSBE；Nova SBE-MA Dissertations,2016.

三、网络文献

[1]199IT. WeAreSocial：2020 年全球互联网概览报告[DB/OL]. (2021-02-09) [2021-03-20]. http：//www. 199it. com/archives/1199399. html.

[2]DoNews. Keep 开始卖外卖了[DB/OL]. (2019-05-05)[2020-01-05]. https：//baijiahao. baidu. com/s？ id＝1632659410780069468&wfr＝spider &for＝pc,2019-05-05.

[3]Keep. About Keep 关于我们[DB/OL]. (2021-6-10)[2021-11-20]. https：// www. gotokeep. com/about.

[4]Keep. Keep 卡路里百货商店限时开业专柜出售美好人生三大配料[DB/ OL]. (2018-12-19)[2019-03-20]. http：//creative. adquan. com/show/ 47775,2018-12-19.

[5]Miniwatts Marketing Group. World Internet Users and 2021 Population Stats [DB/OL]. (2021-12-8)[2021-12-20]. https：//www. internetworldstats. com/ stats. htm.

[6]Radley Yeldar. GREATBritainCampaign[EB/OL]. (2021-09-05)[2021-11-01]. https：//effectivedesign. org. uk/sites/default/files/DBA _ Radley _ Yeldar _

GREAT_Britain_Campaign. pdf.

[7]艾瑞咨询. 2018年中国运动大数据行业研究报告[EB/OL]. (2018-11-14) [2019-03-20]. https://www. iresearch. com. cn/Detail/report? id＝3287 ＆isfree＝0.

[8]第50次《中国互联网络发展状况统计报告》[EB/OL]. (2022-08-31)[2022-10-12]. http://www. cnnic. net. cn/NMediaFile/2022/0926/MAIN1664183 425619U2MS433V3V. pdf.

[9]第一财经. Facebook进军制造业:未来十年,我们将造各种东西[DB/OL]. (2016-08-05)[2019-04-15]. https://www. yicai. com/news/5057241. html, 2016-08-05.

[10]豆瓣. Keep宣布将AI提升到战略高度的两个月,Keep都做了什么? [DB/ OL]. （2018-09-25）［2019-05-20］. https://www. douban. com/group/ topic/ 124830179/.

[11]公关界的007. 颠覆年轻化体育营销模式,Keep这次的营销案例有哪些看 点? [DB/OL]. (2018-08-23)[2019-03-21]. https://www. sohu. com/a/ 249631800_228864,2018-08-23.

[12]谷雨欣.《未来品牌报告》发布:品牌迎来与用户共创时代[ED/OL]. (2020-11-09)［2021-05-23］. http://finance. people. com. cn/n1/2020/1109/c1 004-31924059. html.

[13]环球网. Keep 5.0推出AR运动地图功能 成国内首个应用AR技术的 APP[DB/OL]. (2017-10-23)［2019-03-23］. http://smart. huanqiu. com/ vr/2017-10/11335048. html? agt＝15438.

[14]极客公园. 一年将近,Keep的线下空间成为理想运动场了么? [DB/OL]. (2018-10-22)［2019-03-20］. https://baijiahao. baidu. com/s? id＝1615016 6481932672618＆ wfr＝spider＆for＝pc,2018-10-22.

[15]云南白药官网年度报告(2018—2020)[EB/OL]. (2021-03-25)[2021-04-15]. http://www. yunnanbaiyao. com. cn/list/ynbyPc/1/95/auto/12/0. html.

[16]中青在线. 李克强为什么要提工业4.0[EB/OL]. (2014-10-11)[2020-01-15]. 中央政府门户网站 http://www. gov. cn/xinwen/2014-10/11/content _2763019. htm.